FOTOGRAFIEREN

WISSENSWERTES · SPORT · TECHNIK

FOTOGRAFIEREN

traditionell und digital

Motivwahl • Bildausschnitt • Licht • Beleuchtung

Maurizio Capobussi

VERLEGT BEI
KAISER

Titel des italienischen Originals: »Fotografia«
Einzig berechtigte Übertragung aus dem Italienischen:
Manuela Eder
Fachlich redigiert: Reinke Weber

Redaktion: Valeria Camaschella
Bildredaktion: Centro Iconografico dell'Istituto Geografico De Agostini
Fotos: Maurizio Capobussi (wenn nicht anders angegeben)
Herausgegeben von Studio Booksystem, Novara

Deutsche Erstausgabe

Neuauflage 2002
E-Mail: office@kaiserverlag.com
Homepage: www.kaiserverlag.com

Einbandgestaltung: Volkmar Reiter
Satz: Context Type & Sign Pink, St. Veit/Glan
Gesamtherstellung: Gorenjski Tisk, Kranj-Slowenien

Inhaltsverzeichnis

Landschaftsfotografie

Gelegenheiten zum Fotografieren einer schönen Landschaft bieten sich häufig, speziell auf Urlaubs- und Geschäftsreisen. Daher zählen Landschaften neben Porträts sicherlich zu den beliebtesten und verbreitetsten Motiven bei Amateuren und professionellen Fotografen. Natürlich gibt es auch solche, die das Landschaftsbild zum Gegenstand persönlicher Interpretation oder Forschung machen, die es in einen größeren Zusammenhang einer wissenschaftlichen Dokumentation einbinden oder die damit der Macht, Schönheit und Dramatik der Natur künstlerischen Ausdruck verleihen wollen. Gründe, eine schöne Landschaft zu fotografieren, gibt es viele.
Wie entsteht jedoch ein schönes Landschaftsfoto? Bevor wir uns der Erörterung technischer Fragen widmen, sollten wir uns vorerst den Unterschieden zwischen den verschiedenen Arten der Landschaftsfotografie zuwenden. Denn je nach »Genre« werden die technischen Voraussetzungen darauf abgestimmt sein müssen. Natürlich gibt es mehrere Möglichkeiten, solche »Genres« zu definieren, und die Vielfalt ist schier unerschöpflich. Einige davon, die wahrscheinlich häufigsten, wollen wir hier näher betrachten.

DIE »ANSICHTSKARTENLANDSCHAFT«
Bei dieser Art der Landschaftsfotografie geht es gewöhnlich darum, eine Erinnerung von einer Reise mit nach Hause zu nehmen. Die Schönheit und die besondere Faszination, die von einem bestimmten Ort ausgeht, soll festgehalten werden. Das Foto soll den Ort nicht nur abbilden, sondern auch von der besten Seite zeigen, sei es nun ein schöner Strand, ein Gebirge oder ein historisches Stadtviertel. Es kann sich auch um eine »architektonische Landschaft« handeln, wie etwa das Tal der Könige, die Pyramiden oder das Forum Romanum. Wenn wir hier von Ansichtskartenfotografie sprechen, meinen wir damit nicht nur die professionelle Fotografie, sondern auch einfache Erinnerungsfotos, die, auf einer Reise gemacht, eventuell später in ein Album eingeklebt werden. Das eine oder andere Mal finden später auch richtige Ansichtskarten ihren Platz in einem solchen Fotoalbum, neben den Bildern der Familie und der Freunde.
Das geschieht unter anderem dann, wenn vor Ort schöne Postkarten entdeckt werden, mit der nötigen professionellen Ausrüstung gemacht und der Fotograf die Zeit

Malerische Ansicht von Amalfi auf Keramikfliesen.

*Diese Seite: Klassische Ansichten des Küstenstädtchens Amalfi, die die Besonderheit der Lage dokumentieren.
Folgende Seite: Im Karersee spiegeln sich die Gipfel der Latemar-Gruppe, eine bekannte »symbolische« Ansicht der Dolomiten.*

hatte, die richtigen Lichtverhältnisse abzuwarten, die das Motiv aufwerten. Oft werden Ansichtskarten allerdings auch kritisiert. Die Kritiker denken dabei wohl an eine immer wiederkehrende Motivwahl. So soll diese Art der Landschaftsfotografie in unserem Sinne natürlich nicht aussehen.

DIE SYMBOLISCHE LANDSCHAFT

Das ist eine »zeitlose« Landschaft, die symbolischen Aussagewert erhält. Oft kommt darin die Grandiosität einer Landschaft zum Ausdruck, vielfach handelt es sich auch um eine minimalisierte Landschaft, ein kleiner Teilausschnitt einer viel größeren Szenerie. Normalerweise steht dahinter die Absicht, die Harmonie der Natur im Gleichgewicht oder, seltener, auch die Dramatik des aus den Fugen geratenen natürlichen Gleichgewichts in Szene zu setzen. Sie kann zum Symbol der unberührten, idealen Natur oder auch zum mahnenden Zeugen der Bedrohung durch Umweltverschmutzung, Zersiedelung oder sonstige Eingriffe des Menschen werden, und noch vieles andere mehr. Genauer betrachtet spielt die symbolische Landschaft oft eine Doppelrolle: Die Fotografie zeigt ein »archetypisches« Motiv (wie etwa die »Drei Zinnen« als Symbol für die Dolomiten) von hohem Wiedererkennungswert.
Gleichzeitig ist das Erkennen nicht der einzige beabsichtigte Effekt: Zusätzlich werden dem Betrachter die Größe und Schönheit der Natur als absolutes Ideal einer Landschaft (in

Verschiedene Ansichten von Bauwerken der griechischen Antike. Oben: Mit dem Weitwinkelobjektiv wird die Wiese im Vordergrund stark betont. Unten: Mit dem Teleobjektiv kann der Tempel bildfüllend aufgenommen werden.

unserem speziellen Fall die majestätischen Felsentürme und die raue Unnahbarkeit der Natur in den Bergen) vermittelt. Hierfür spielt es keine Rolle, ob man die Landschaft »kennt«. Dies ist die eigentliche Landschaftsfotografie, der sich viele große Fotografen von Adams bis Weston und Haas verschrieben haben und die bis heute nichts von ihrer Faszination eingebüßt hat.

DIE INTERPRETIERTE LANDSCHAFT

Für diese Art der Landschaftsfotografie sucht der Fotograf nach einer besonders originellen Ansicht eines schönen Motivs, oder aber er versucht, ein Detail aus einer in ihrer Gesamtheit weniger perfekten Szenerie herauszulösen, das für uns ihn von Bc

Mit dem Zoom fällt die Wahl eines Ausschnitts eines antiken griechischen Theaters leichter.

deutung ist. Hier entdeckt das Auge des Fotografen Neues, Besonderes, Überraschendes. Jedenfalls geht es hier nicht so sehr um die Wiedererkennbarkeit des Ortes.
Hier kommt vielmehr die Kreativität zum Ausdruck, die in die Wahl eines ganz bestimmten Bildausschnitts einfließt. Auch eine ungewöhnliche Farbgebung kann einer Landschaft das gewisse Etwas geben und sie »malerischer« wirken lassen. Dazu kann man beispielsweise einen rosafarbenen, nach Ocker verlaufenden Filter einsetzen, wodurch die Aufnahme dann an die Hintergrundlandschaften der Maler des 15. und 16. Jahrhunderts erinnert. Mit den geometrischen Formen, den Linien und den unterschiedlichen Farben verschieden bestellter Felder lässt es sich ebenfalls herrlich experimentieren. Man kann markante, sich vom Horizont abhebende Formen wie große Bäume oder Zypressen oder kleine Häuschen in sanften Hügeln als Motiv wählen und eventuell die Raumtiefe durch die Verwendung eines starken Teleobjektivs einschränken, wodurch ein fast grafischer, zweidimensionaler Effekt entsteht. Die Möglichkeiten sind grenzenlos.

WISSENSCHAFTLICHE ODER DOKUMENTARISCHE LANDSCHAFTSFOTOGRAFIE

Als letzte Kategorie wollen wir hier die dokumentarische Landschaftsfotografie anführen, die mitunter auch wissenschaftlichen Zwecken dient. Oft handelt es sich dabei um Aufnahmen, die mit ähnlicher technischer Präzision und Rigidität durchgeführt werden wie Architekturfotos. Tatsächlich kann diese Dokumentarfotografie auch eine »städtische Landschaft« und ihren Aufbau als Motiv haben. Sie kann bestimmte Aspekte der Landschaft oder ihre allgemeine Beschaffenheit untersuchen, das Wachstum von Siedlungen dokumentieren oder das Entstehen eindrucksvoller Industrieanlagen oder ultramoderner, zukunftsweisender Gebäude. Beliebt ist im wissenschaftlich-dokumentarischen Bereich immer noch die Schwarzweißfotografie.

DIE BEKANNTE LANDSCHAFT

Der Amateurfotograf sucht beim Fotografieren von Landschaften ebenfalls nach einer Art absoluter Schönheit, doch er möchte auch einen Erinnerungswert haben und versucht deshalb zumindest, auch die vor Ort verspürten Emotionen wenn irgend möglich auf Film zu bannen. Manchmal steht er auch vor einem Problem: Er muss entscheiden, wie er sich Landschaften oder Motiven gegenüber verhält, die so bekannt sind, dass sie jeder schon gesehen hat, wie das bei vielen touristischen Anziehungspunkten der Fall ist. Doch jede Landschaft hat tausend Gesichter.

Hier wollen wir einige Betrachtungen vorwegnehmen. Zwischen der ersten und zweiten hier zitierten Kategorie, der Ansichtskartenlandschaft und der symbolischen Landschaft, sind die Grenzen fließend.
Der Fotograf, und ganz besonders der Amateur, der sich mit Landschaftsaufnahmen beschäftigt, kann sich mit Fug und Recht begeistern, wenn er eine für ihn neue Ansicht eines bekannten Motivs gefunden hat. Und selbst wenn es sich um ein schon tausend Mal fotografiertes Motiv handelt, sollte er sich nicht davon abhalten lassen, auch dann auf den Auslöser zu drücken, wenn er Zweifel an der Originalität seiner Aufnahme hat. Denn Fotografieren heißt vor allem auch, seine eigenen Erfahrungen zu machen, seine eigenen Erinnerungen festzuhalten und mit nach Hause zu nehmen. Die weite Verbreitung der Bilder von bekannten Motiven in Reiseprospekten, in den Medien und eben auch auf Ansichtskarten kann manchmal dazu führen, dass ein außergewöhnlicher Ort dem Betrachter nicht mehr so außergewöhnlich erscheint. Selbst ein Bild von einem Naturwunder ist im schlimmsten Falle dann nur noch ein geringschätziges: »Kenne ich schon, hab' ich schon gesehen«.
Gängige Beispiele hierfür sind Monument Valley in den USA, oder auch die Niagarafälle. Was erzählen diese Bilder? Sprechen sie noch von der grandiosen Schönheit und imposanten Macht der Natur, den Wundern dieses Planeten, oder sind sie nur noch Mittel zum Zweck, um unsere Freunde wissen zu lassen, dass wir nun auch mal in den USA gewesen sind? Genau das ist der Punkt: An einem Ort, der bereits tausend und abertausend Mal fotografiert wurde, sodass selbst ein perfektes Bild jegliche Wirkung einbüßen kann – sollen wir da noch auf den Auslöser drücken oder nicht?
Die Antwort auf diese Frage muss jeder für sich selbst beantworten. Eines ist jedoch sicher: Von einem solchen Motiv ein Foto zu machen, das sich von den üblichen Reise- und Erinnerungsbildern abhebt, gehört zu den schwierigsten Aufgaben, die man einem Fotografen abverlangen kann. Die Fantasie wird entscheidend, die Kreativität ist gefordert, die Fähigkeit, etwas anders zu machen als alle anderen, doch gleichzeitig einige Elemente im Bildausschnitt zu belassen, die das Wiedererkennen des Ortes und seine Berühmtheit mit einbeziehen. Wahrlich kein leichtes Unterfangen.

Auf der philippinischen Insel Cebú heben sich Strohdächer und Palmen gegen den blauen Himmel ab: Symbole, die unbeschwerte Ferienstimmung verbreiten.

Sonnenuntergang an einem See in Finnland. Die Lichtqualität hängt auch vom Breitengrad ab. Im hohen Norden können Sonnenuntergänge im Sommer Stunden dauern.

Tipps zu Landschaftsaufnahmen

Welche Art der Landschaftsfotografie man pflegen möchte, ist eine Sache der persönlichen Interessen und des Geschmacks. Was die Technik betrifft, ermöglicht es uns jedoch die Erfahrung, einige allgemeine Richtlinien zu formulieren, die man kennen und vor der Aufnahme sorgfältig erwägen sollte.

DIE WAHL DER TAGESZEIT ENTSCHEIDET

Unabhängig vom »Genre« kann man feststellen, dass das Mittagslicht für Fotografen eigentlich selten eine gute Wahl ist. Meistens ist es besser, sich für die Morgen- oder Abendstunden mit schräg einfallendem Licht zu entscheiden. Die längeren Schatten bringen mehr Tiefe ins Bild, und die warmen Töne des Abendlichts geben eine besondere Stimmung.

GUTE VORBEREITUNG ALS BASIS DES ERFOLGS

Es stimmt nicht ganz, dass Landschaftsfotografie einfach ist, weil sich das Motiv nicht bewegt, wie man vielleicht annehmen könnte. Natürlich muss man hier nicht so schnell sein wie beispielsweise in der Sportfotografie. Dennoch muss man stets aufmerksam sein, denn gerade in der Landschaftsfotografie kann der »magische« Moment, in dem das Licht das Motiv in einen besonders schönen Farbton taucht, nur von sehr kurzer Dauer sein. Daher sollte man sich darauf auch entsprechend vorbereiten. Dazu muss man:

a) rechtzeitig vor Ort sein;

b) den Bildausschnitt (etwa Quer- oder Hochformat sowie das Ausschließen eventuell störender Elemente) zuvor auswählen. Passend dazu wird die Brennweite des Objektivs gewählt.

c) das meist nötige Stativ vorbereiten, die Höhe einstellen und sicherstellen, dass die Kamera rasch darauf fixiert werden kann. Stativköpfe mit Schnellverschluss sind auf jeden Fall ein Vorteil.
d) Wenn der Moment gekommen ist, muss die Lichtmessung vorgenommen und unverzüglich ausgelöst werden. Bei Vorhandensein starker Kontraste kann es ratsam sein, eine so genannte Belichtungsreihe mit jeweils einer Einstellung unter bzw. über dem gemessenen Wert durchzuführen.

Technische Ratschläge

FÜR GUTE KONTRASTE SORGEN

Ein Detail darf nicht unterschätzt werden: Die frontale Linse des Objektivs muss besonders an sonnigen Tagen durch eine Gegenlichtblende geschützt werden und darf kein Streu- oder Reflexlicht empfangen. Wäre dies der Fall, so würde sich die Kontrastwirkung auf der Szene verringern, was einen manchmal deutlichen Schleiereffekt auf der Aufnahme zur Folge haben kann. Manchmal kann die Gegenlichtblende allein jedoch nicht ausreichend sein. In diesem Fall muss man überlegen, wie man das Objektiv sonst noch schützen kann, etwa mit einem Stück schwarzer Pappe, das von einem Assistenten gehalten wird. Selbstverständlich wird darauf geachtet, dass dieser nicht im Bildausschnitt zu sehen ist. Das Risiko, durch Streulicht einen »flauen« Schleier auf einem Bild zu erhalten, darf niemals unterschätzt werden. Besonders leicht passiert das bei Gegenlichtaufnahmen, aber auch bei normalen Aufnahmen an sehr klaren Tagen. Man achte vor allem darauf, ob sich im Randbereich des Bildausschnitts stark reflektierende Flächen befinden, wie etwa weiß gekalkte Häuser, sonnenbeschienener Sand, Wasserflächen oder Ähnliches. Sie können häufig die Erklärung für einen Schleier auf dem Bild sein.

EINE MITTLERE BLENDENÖFFNUNG WÄHLEN

Wenn irgend möglich, sollte man vermeiden, bei maximaler oder auch minimaler Blendenöffnung auszulösen, denn die meisten Objektive sind, von ganz wenigen Ausnahmen abgesehen, im mittleren Bereich (Blende 8 bis 11) am leistungsfähigsten. Man beachte zusätzlich, dass sich das Motiv bei Landschaftsaufnahmen bis ins Unendliche erstreckt und es daher nicht nötig ist, die Blendenöffnung an eine maximale oder minimale Feldtiefe anzupassen.

VORSICHT MIT DEM AUTOFOKUS

Die modernen Programmautomatiken an handelsüblichen Fotokameras funktionieren gewöhnlich auch bei Landschaftsaufnahmen perfekt.
Dennoch sollte man bedenken, dass manche Automatiken so arbeiten, dass die Fokussierung an einem fernen Punkt nicht wirklich der »Unendlich«-Einstellung entspricht. Diese sind so konzipiert, dass der Autofokus auf kürzere Distanzen mit größerer Präzision funktioniert, in Extremstellung jedoch nur eine Entfernung von 15 bis 30 m erreicht. Dies ist gewöhnlich bei Kompaktkameras der Fall, Spiegelreflexkameras sind hier ausgenommen. Wenn das der Fall ist und der Fotograf dennoch eine Schärfentiefe bis ins Unendliche wünscht, muss er einfach seine Bequemlichkeit überwinden und sich daran gewöhnen, nicht mehr in jedem Fall nur die Vollautomatik zu benutzen. Fast immer gibt es an solchen Kameras eine von Hand vornehmbare Einstellung für Landschaften mit großen Entfernungen. Normalerweise ist das ein Schieber oder eine Taste mit symbolisch dargestellten Bergen. Man hält den entsprechenden Knopf während der Auslösung gedrückt.
Derselbe Knopf ist übrigens hilfreich zum Ausschalten des Autofokus, wenn man durch ein Fenster, wie etwa aus dem Flugzeug oder dem Autobus, fotografiert.

DAS POLARISATIONSFILTER

Wenn der Himmel blau ist und sich die Sonne in einer seitlichen Position zum Fotografen und seinem Motiv befindet, sind die Bedingungen für den erfolgreichen Einsatz des Polarisationsfilters, auch oft kurz Polfilter genannt, günstig. Der Effekt des Polarisationsfilters lässt das Blau des Himmels intensiver und tiefer erscheinen und hebt die Wolken stärker dagegen ab. Damit darf man jedoch nicht übertreiben, bei extremen Weitwinkeloptiken kann das Polarisationsfilter bewirken, dass sich ein unnatürlich dunkler Streifen im Zentrum des Himmelsgewölbes bildet. Außerdem hat das Polarisationsfilter in Gegenlichtsituationen keinen Effekt, im Gegenteil, da es die Intensität der Luftspiegelungen erhöht, können sich Lichtreflexe innerhalb der Optik verstärken.

FILTER FÜR SCHWARZWEISSFOTOGRAFIE

Die Landschaftsfotografie in Schwarzweiß hat eine lange und glorreiche Tradition. Viele bekannte Fotografen sind damit berühmt geworden. Die verschiedenen Grautöne in unterschiedlichen Kontrasten zu tiefem Schwarz und reinem Weiß sind zweifellos von großer Ausdrucksstärke. Daher liegt der Reiz der Landschaftsfotografie hier vor allem in der Kontrolle der Helldunkelkontraste. In der Dunkelkammer erweist es sich als entscheidend, welches Papier man für die Vergrößerungen wählt, wie lang die Belichtungszeit ist und ob man eventuell bestimmte Bereiche während der Belichtung mit Masken abdeckt, abwedelt oder nachbelichtet. Aber bereits während der Aufnahme kann der Fotograf intervenieren, indem er die Realität verändert. Neben einer korrekten Belichtung (wobei man tendenziell etwas im unterbelichteten Bereich bleiben wird, um die Kontrastwirkung zu erhöhen) bieten sich dazu verschiedene Filter an.
Vor einer Landschaft mit viel Himmel wird meistens ein Gelbfilter eingesetzt, der die Wolken plastisch hervorhebt. Ein Orangefilter ist noch effektvoller, denn er führt zu noch stärkeren Kontrasten. Der Einsatz eines Rotfilters hingegen kann die Szene schon in eine gewitterartige Stimmung tauchen, denn die Wolken heben sich fast reinweiß vom sehr dunklen Himmel ab.

Ligurische Küste von Laigueglia bis Alassio. Die Panoramakamera, hier mit um 140° drehbarer Optik, eignet sich hervorragend für die landschaftliche Dokumentationsfotografie.

In jedem Fall jedoch ist eines zu beachten: Diese Filter funktionieren nur, wenn der Himmel tatsächlich blau ist, denn ihre Wirkung basiert auf dem Verhalten von Komplementärfarben. Bei trübem Himmel oder Nebel ist jeder Filter nutzlos.

MASSNAHMEN GEGEN TRÜBE ATMOSPHÄRE

Die diesig trübe Atmosphäre, die bei Landschaftsaufnahmen über eine lange Distanz oft zum Problem wird, zählt zu den größten Ärgernissen für den Naturfotografen. Atmosphärischer Staub, Luftfeuchtigkeit oder Strömungen in der Luft können die Schärfentiefe in der Landschaftsfotografie maßgeblich beeinträchtigen. Um den Einfluss dieser Komponenten zu reduzieren, kann der Fotograf auf verschiedene Art intervenieren. Wer mit Schwarzweißfilm arbeitet, kann Rot- oder Orangefilter zur Verstärkung der Kontraste einsetzen und wird damit zumindest teilweise Erfolg haben. In der Farbfotografie jedoch kann der Überhang an Blautönen und ultravioletten Strahlen, die die saubere Wiedergabe (besonders bei im Hinblick auf die Farbabweichung ungenauen Optiken) beeinträchtigen, nur teilweise durch den Einsatz eines UV- oder Skylightfilters kompensiert werden.

Man könnte sogar über die Existenzberechtigung dieser Filter philosophieren, denn seit die modernen Filme eine ausreichend wirksame Anti-UV-Schicht besitzen, bleibt für sie nicht mehr viel zu tun, außer die Linse des Objektivs zu schützen. Für klarere Aufnahmen bei trüber Atmosphäre und zur Reduzierung des »Dicke-Luft-Effekts« in der Ferne einer weitläufigen Landschaft empfehlen sich Wratten 81B- oder 81C-Filter in einem warmen Bernstein- bis Bronzeton.

Auch ein Polarisationsfilter kann dabei helfen, die Kontraste zu vertiefen. Es sei jedoch nochmals darauf hingewiesen, dass dieser nur bei entsprechendem Winkel

zwischen einfallendem Licht und der Achse Fotograf–Motiv wirksam ist und keinesfalls immer seine Wirkung entfaltet.

DIE WAHL DES RICHTIGEN FILMS

Soll die Landschaftsfotografie zu ansehnlichen Resultaten führen, ist auch die Wahl des richtigen Films entscheidend. Zuerst ist allerdings nötig, sich darüber klar zu werden, wozu das Foto später dienen soll.
Sollen die Bilder später extrem vergrößert oder auf eine große Leinwand projiziert werden, besteht kein Zweifel: Man greift zu einem Film mit niedriger Lichtempfindlichkeit (etwa ISO 50). Hier erzielt man die beste Kontrastwiedergabe, die durch trübe Atmosphäre beeinträchtigte Schärfentiefe wird ebenfalls teilweise kompensiert. Niedrig lichtempfindliche Filme sind feinkörniger, die Farben wirken intensiver. Doch genau darin liegt auch das Problem: Es kann manchmal sein, dass die »schreiende« Farbwiedergabe »magische« Stimmungen zerstört, wie etwa im diffusen Licht eines Sonnenuntergangs. Das ist zweifellos ein Risiko. Aber Vorsicht: bei höher empfindlichen Emulsionen, besonders über ISO 200, riskiert man, dass in schattigen Bereichen, die dunkel, aber nicht schwarz sind, die Körnung des Films bereits deutlich zu erkennen ist.

DIE WAHL DES FORMATS

Hat man die Absicht, extreme Vergrößerungen wie etwa Posters oder Plakate von seinen Fotos machen zu lassen, so ist man sicher mit einer Mittel- bzw. Großformatkamera am besten beraten. Besonders das Großformat, nicht umsonst Lieblingsformat vieler berühmter Meister der Landschaftsfotografie, bietet unbestreitbare Vorteile. Die Arbeit mit Planfilm erlaubt die individuelle Entwicklung jeder einzelnen Aufnahme. Dies ist eine unabdingbare Voraussetzung für den optimalen Einsatz des durch den großen Landschaftsfotografen Ansel Adams bekannt gewordenen Zonensystems, das eine sehr genaue und individuelle Kontrolle der Belichtung jeder einzelnen Aufnahme gewährleistet. Dabei wird auch das spätere Entwicklungsverfahren berücksichtigt, daher ist es möglich, die Grauwerte vorauszuberechnen, mit welchen die »Zonen« der aufgenommenen Szene später belegt werden.
In der modernen Landschafts- und Dokumentationsfotografie wird der Fotograf jedoch auch darauf achten, dass seine Ausrüstung ohne größere Probleme transportierbar ist. Das Kleinbildformat erweist sich in diesem Zusammenhang als besonders praktisch, was eingeschränkt auch für das Mittelformat gilt. Besonders das Format 4,5x6 stellt einen interessanten Kompromiss zwischen problemloser Handhabung und ausreichender Negativfläche dar, selbst beträchtliche Vergrößerungen sind damit ohne erheblichen Qualitätsverlust möglich. Das Format 24x36 kann dann in Frage kommen, wenn superstarke Teleobjektive eingesetzt werden, die ansonsten unmögliche perspektivische Effekte erzielen.

Linke Seite: Philippinen, Strand von Argao. Für die Belichtungsmessung wurde das Blau des Wassers angemessen, nicht der weiße Strand.

STATIVE

Das Geheimnis eines sauberen, durchgehend scharfen Landschaftsfotos besteht im Einsatz eines Stativs. Dieses für den Landschaftsfotografen unverzichtbare Ausrüstungsteil sichert die Kamera gegen kleinste Erschütterungen bei längeren Verschlusszeiten. Da der Fotograf auf der Suche nach schönen Landschaftsansichten häufig von einem Ort zum anderen unterwegs ist, sollte das Stativ möglichst leicht sein, ohne jedoch an Stabilität einzubüßen. Heute sind zahlreiche Stative aus Kohlefaser gefertigt, einem hochfesten Material, durch den sie nicht nur leichter, sondern auch schlanker geworden sind. Wie praktisch ein Stativ im täglichen Einsatz zu handhaben ist, hängt unter anderem auch vom »Kopf« ab, der darauf montiert ist. Es gibt Kugelkopfstative für rasche Beweglichkeit und Dreiwegköpfe für präzise Einstellung. Bei der Auswahl eines geeigneten Stativs sollte der Käufer auch auf ein praktisches und schnelles System zur Befestigung der Kamera achten. Eine gute und schnell verschließ- bzw. lösbare Halterung wie etwa ein Schlitten- oder Einrastmechanismus erleichtern nicht nur das rasche Wechseln zwischen zwei mitgebrachten Kameras, wie etwa wenn Farb- und Schwarzweißaufnahmen gemacht werden sollen, sondern kann auch unter extremen Bedingungen wie etwa bei winterlicher Kälte eine große Hilfe sein. Schraubhalterungen sind nämlich mit Handschuhen oder vor Kälte klammen Fingern nicht leicht zu bedienen und können auch im Dunkeln, etwa bei Nachtaufnahmen, Probleme bereiten.

Fotografieren am Meer

Strand und Buchten, Wasser und Wellen, die Unterwasserwelt: Die Möglichkeiten sind schier unbegrenzt, und es gibt immer Motive für schöne Bilder. Ob als Urlauber unterm Sonnenschirm am Badestrand, als professioneller Sportfotograf bei der Segelregatta oder als geografisch interessierter Studienreisender, über mangelnde Gelegenheit zum Fotografieren wird man sich nicht beklagen müssen.
Im Hinblick auf die Technik sind beim Fotografieren am und im Meer einige grundsätzliche Hinweise zu beachten, für Spezialisten erfordern einige Besonderheiten auch spezielle Sicherheitsvorkehrungen oder Ausrüstungsteile. Wer am Strand Erinnerungsfotos oder Porträts von der Familie schießen und sich auch das eine oder andere Bild vom Urlaubsort mitnehmen möchte, sollte im Interesse eines guten Gelingens einige Ratschläge befolgen.

DER HORIZONT

Es gibt nichts Ärgerlicheres, als auf einem schönen Bild mit einer ausgedehnten Wasserfläche feststellen zu müssen, dass Letztere nach oben oder unten geneigt ist: Sofort ist der Fehler deutlich zu erkennen, es gibt im Wasser nun mal keine schiefe Ebene. Hat der Fotograf in dem Moment, als er den Auslöser betätigte, die Kamera etwa nicht gerade gehalten? Vielleicht hat er das wohl getan, doch der Horizont erscheint dennoch schief. Um einen waagrechten Horizont zu erhalten, kann es unter Umständen sogar falsch sein, die Kamera »in der Waage« zu halten. Wenn man das Meer nämlich nicht von einem exakt frontalen Standpunkt aus betrachtet, können die Perspektive und die diagonale Flucht der Linien und des Horizonts selbst das Auge des Betrachters täuschen. Der Trick, auf dem Foto dennoch einen waagrechten Horizont zu erhalten, besteht darin, die Linie des tatsächlichen Horizonts immer parallel zu einer der Rahmenlinien des Suchers zu halten, entweder der oberen oder der unteren, je nachdem, welche der Horizontlinie näher liegt. Nur so erhält man – unabhängig davon, ob die Kamera nun waagrecht gehalten wird oder nicht (in den meisten Fällen wird man sie dafür sogar etwas neigen müssen) – auf dem Bild schließlich einen wirklich »horizontalen« Horizont.

Unten und rechte Seite unten: Ligurien. Am Strand ist der Fotograf mit vielen verschiedenen Farben und Formen sowie einer Vielzahl von Personen konfrontiert. Daher kommt der Wahl des Bildausschnitts erhöhte Bedeutung zu.

Oben: Mit dem Zoom kann man den Bildausschnitt rasch an das Motiv anpassen. Küstengebiet bei Amalfi, Zoom 70 bis 120 mm.

LICHTKONTRASTE

Strandszenen sind fast immer von starken Licht-Schatten-Kontrasten gekennzeichnet. Das bedeutet, dass Filme, die auf einen mittleren Kontrastumfang ausgelegt sind, diese extremen Helldunkelwerte oft nicht zufriedenstellend wiedergeben, besonders bei Diapositiven kann das vorkommen. Man steht somit vor der Wahl: Misst man besser die hellen Stellen an und riskiert, dass die Schattenbereiche durch die intensive Schwärzung keine Zeichnung mehr aufweisen (Belichten nach Licht), oder misst man die dunklen Stellen, wodurch jedoch die hellen Bereiche unweigerlich »ausbrennen« werden (Belichten nach Schatten)? Normalerweise wird man sich für erstere Lösung entscheiden, denn so erzielt man immer noch einen natürlichen Effekt.

DIE TAGESZEIT

Wie bei allen anderen Landschaftsaufnahmen ist auch am Meer die Tageszeit ein Faktor, der unbedingt berücksichtigt werden muss. Zur Mittagszeit senken sich Schatten horizontal am Objekt, das Resultat ist ein gewisser Verlust an räumlicher Wirkung in der Gesamtszene und eine oft unnatürlich wirkende Projektion dunkler Flächen. Besonders bei Porträts sollte man sehr vorsichtig sein, das Mittagslicht führt fast immer zu unattraktiven dunklen Schatten unter den Brauenbögen.

DAS PORTRÄT

Bei Porträtaufnahmen außerdem zu beachten: weichere Kontraste wirken fast immer attraktiver. Eine wirkungsvolle Methode ist das Aufhellen mit reflektierenden Schirmen oder Gegenständen, die außerhalb des Bildausschnitts von einem Assistenten in Richtung der Schattenseite des Motivs gehalten werden. Oft genügt schon ein weißes Handtuch, das so positioniert wird, dass es das Sonnenlicht reflektiert. So werden die Schattenstellen aufgehellt. Wird mehr Licht benötigt, kann man auch einen Blitz einsetzen. Die meisten modernen Blitzgeräte verfügen über eine Funktion zum Aufhellen in Zusammenarbeit mit der Belichtungsautomatik der Kamera. Man spricht in diesem Fall von Aufhellblitzen.

Fragen der Ausrüstung

Um am Meer zu fotografieren, braucht man normalerweise keine spezielle Ausrüstung, wohl aber gibt es Zubehör, das sich in diesem Umfeld als besonders praktisch erweist. Wie in allen Bereichen können Spezialgebiete sehr wohl Sonderausrüstung erfordern, dazu gehört etwa das Fotografieren von Off-Shore-Rennen. Immer sollten jedoch einige Ratschläge zum Schutz der Ausrüstung beachtet werden.

Ein Polarisationsfilter reduziert die Lichtreflexe auf der Wasseroberfläche, hilft aber insbesondere auch dabei, satte Farben und damit eine lebendige Szene zu erhalten.

ZOOMOBJEKTIVE

Ganz oben auf der Liste der benötigten Ausrüstungsgegenstände für Wassersportaufnahmen stehen bei den Fotografen der Off-Shore-Rennen Zoomobjektive mit sehr langem Brennweitenbereich. Schnelle Boote in einem Rennen aus einem mit 170 km/h fliegenden Helikopter nur auf einer kleinen Plattform festgebunden zu fotografieren ist nicht leicht, und der Objektivwechsel wird zu einem gefährlichen, wenn nicht unmöglichen Manöver. Aus diesem Grunde haben sich in diesem Bereich einige spezielle Zoomobjektive mit sehr langen Brennweitenbereichen durchgesetzt, wie etwa das Canon 35 bis 350, mit dem man in einem Augenblick von einer Detaileinstellung auf eine große Totale wechseln kann.

FILTER
Am Meeresufer gibt es reichlich ultraviolette Strahlen. Dieselben Strahlen, die die begehrte Sonnenbräune erzeugen, haben auf Fotofilmen eine weniger geschätzte Wirkung: Sie führen zu einem Überschuss an Blautönen. Heute sind die Emulsionen handelsüblicher Filme bereits mit einer UV-Schutzschicht versehen, zusätzlich kann man ein UV- oder Skylight-Filter verwenden, um die Farbabweichung zu mildern. Außerdem schützt dieses Filter die Linse gleichzeitig vor Kratzern durch feine Sandkörner oder Spritzwasser.

SCHUTZ DER AUSRÜSTUNG
• Spritzwasser, Salzgehalt in der Luft, Sandkörner: Sie zählen zu den größten Feinden feinmechanischer Geräte. An einer Fotoausrüstung können sie großen Schaden anrichten, daher gilt es, Kameras und Objektive ausreichend davor zu schützen. Für den Transport empfiehlt sich ein luft- und wasserdichter Koffer, man kann sich aber auch mit Plastiktüten, die fest um Kameras und Objektive gewickelt werden, behelfen. Ein professioneller Fotograf, der besonders oft bei Sahara-Expeditionen arbeitet, wickelt alle seine Ausrüstungstelle in handelsübliche Frischhaltefolie. Videokameras sind besonders empfindlich und benötigen unbedingt Schutz gegen Feuchtigkeit und salzhaltige Luft.

• Hitze und Feuchtigkeit: Die Funktion von Teilen der Fotoausrüstung kann dadurch stark beeinträchtigt werden. Große Hitze kann Objektivverschlüsse lockern und Kunststoffteile verformen sowie Schmierfette übermäßig verflüssigen. Diese können sich dann an unerwünschten Stellen ablagern, wie zum Beispiel auf den Lamellen des Verschlussvorhangs, der dadurch gebremst wird. Feuchtigkeit kann zu Oxidation auf elektrischen Kontakten führen und ist oft für einen besonders raschen Verbrauch der Batterien verantwortlich.

• Hitze und Feuchtigkeit sind die größten Feinde insbesondere der Filme. Wer eine Filmrolle auf der Instrumentenablage des in der Sonne geparkten Autos liegen lässt, riskiert einen unnatürlichen Farbstich auf seinen Aufnahmen. Hitze lässt die Emulsionen schneller altern, Feuchtigkeit verstärkt diesen Effekt noch.

• In tropischen Ländern ist die hohe Luftfeuchtigkeit auch für die Linsen gefährlich, sie können speziell an den Rändern von Schimmel befallen werden. Eine besondere

Eine geometrische Komposition aus Linien: Hier wurden die Fischerboote im Hafen mit einer langen Brennweite (200 mm) fotografiert. Wie man sieht, entsteht dadurch der typische Kompressionseffekt, das Bild wirkt flach.

In einem Hafen braucht man nicht lange zu suchen, das eine oder andere lohnende Motiv findet man rasch, oft sind reizvolle Farbkontraste dabei. Teleobjektiv 180 mm.

Gefahr ist der Schimmel für Filter, die aus mehreren Schichten bestehen, wie etwa Polarisationsfilter. Aus diesem Grunde gibt es auch Polarisationsfilter mit versiegelten Rändern.

UNTERWASSERFOTOGRAFIE

Dies ist ein Spezialgebiet der Fotografie, das sowohl eine spezielle Ausrüstung als auch viel Erfahrung erfordert, damit die Aufnahmen gelingen.

• Es gibt wenige Fotokameras, mit denen man tatsächlich in größeren Tiefen (bis zu 50 m) fotografieren kann. Diese hoch speziellen Ausrüstungsteile müssen nicht nur wasserdicht sein, sondern auch dem Druck in größeren Wassertiefen standhalten. Ob es sich nun um voll wasserdichte und druckbeständige Amphibienkameras (die selbstverständlich auch an Land benutzt werden können) oder um in speziellen Gehäusen betriebene herkömmliche Fotokameras handelt, immer muss der Fotograf auch für eine korrekte Wartung sorgen, um lange an der Ausrüstung Freude zu haben. Nach jedem Tauchgang müssen Kamera und/oder Gehäuse gesäubert und gründlich mit Süßwasser gespült werden, die Dichtungen (meist O-Ringe) dürfen nicht mit Sandpartikeln verunreinigt aufbewahrt und sollten regelmäßig mit Silikonfetten geschmiert werden. Weiters sind alle Wartungshinweise zu beachten, die die Hersteller der jeweiligen Geräte angeben.

• Der Fotoamateur auf Urlaub wird nicht gleich größere Summen in eine aufwändige Unterwasser-Fotoausrüstung investieren wollen. Heute gibt es auch billigere Ausrüstungsteile, die bereits einiges zu bieten haben. Da sind zum Beispiel wasserdichte, kostengünstige Kompaktkameras, mit denen man in geringen Tiefen einwandfrei fotografieren kann und die bei Wassersportarten wie Segeln oder Rafting ebenfalls gute Dienste leisten. Auch Einwegkameras gibt es bereits in wasserdichter Ausführung, sie arbeiten noch in einigen wenigen Metern Wassertiefe. Allerdings sind sie meist nicht mit Blitz ausgerüstet und daher im Hallenbad und bei ungenügenden Lichtverhältnissen unter Wasser nicht geeignet.

Fotografieren im Gebirge

Beim Fotografieren im Gebirge geht man grundsätzlich von zwei Voraussetzungen aus, die nicht ganz leicht miteinander zu vereinbaren sind: Man will zum einen für alle Aufnahmesituationen mit den entsprechenden Brennweiten ausgestattet sein, während man zum anderen unbelastet und mit leichtem Gepäck die oft weiten und steilen Wege zurücklegen möchte. Mehrere Brennweiten sind notwendig, weil sich in einer Berglandschaft viele unterschiedliche Ansichten ergeben und der Fotograf damit unterschiedliche Bildausschnitte wählen wird. Einmal wird eine große Panoramaansicht faszinieren, dann kann es wiederum interessant sein, ein Detail wie eine Seilschaft aus einer Felswand herauszulösen, daher wird vom Weitwinkel- bis hin zum starken Teleobjektiv so gut wie alles benötigt. Auf der anderen Seite jedoch bedeutet jedes zusätzliche Gramm im Rucksack mehr Anstrengung und raschere Ermüdung. Daher sollte man die Ausrüstung für das Fotografieren im Gebirge besonders sorgfältig wählen und auf unnotwendiges Zubehör verzichten.

DIE OBJEKTIVE

Die Erfordernisse für die Aufnahmen in den Bergen sind oft widersprüchlich. Zum Beispiel soll ein weiter Raum umfasst werden, ohne dass dabei der Ausdruck der Grandiosität verloren geht. Sehen wir uns dieses Problem einmal näher an. Oft greift man zum Weitwinkelobjektiv, wenn man »mehr« einzufangen, eine sehr große Szenerie festhalten will. In den Bergen aber ist Vorsicht geboten: Weitwin-

Grödnertal, Blick auf die Langkofelgruppe, Weitwinkel 24 mm.

kelobjektive haben eine kurze Brennweite. Je kürzer die Brennweite, umso schwächer der Vergrößerungseffekt, die Landschaft rückt in weite Ferne. So werden selbst die imposantesten Berge zu kleinen Hügeln, die majestätische Größe wird nicht entsprechend wiedergegeben.
Daher ist es ratsam, bei großen Panoramaaufnahmen einen nicht allzu extremen Weitwinkel zu wählen. Stattdessen greift man in anderen Situationen dazu, wie etwa wenn man die dramatisch fliehende Perspektive einer steil abfallenden Wand festhalten möchte. In solchen Fällen geht es nämlich nicht nur darum, die Szene möglichst natürlich abzubilden, sondern auch und vor allem um die emotionelle Komponente, die mit eingebracht und eventuell sogar verstärkt werden soll. Auf diese Weise rückt die Gefahr, in der sich etwa ein Kletterer bewegt, für den Betrachter des Fotos in greifbare Nähe.

DIE GEFAHR DER FLUCHTLINIEN

Ein besonderer Aspekt der Fotografie im Gebirge ist die korrekte Wiedergabe der Perspektive. Besonders wenn es einmal erforderlich ist, die Fotokamera zu neigen, ist darauf zu achten, denn es können sich bei einem hohen Berg ebenso Fluchtlinien ergeben wie bei einem Wolkenkratzer.
Wenn man von unten, aus der »Froschperspektive« sozusagen fotografiert, so ist die direkte Folge eine drastische Verkürzung der vertikalen Linien, dadurch kann der Berg den majestätisch-imposanten Ausdruck verlieren, nach dem der Fotograf eigentlich gesucht hat. In solchen Fällen bieten sich zweierlei Lösungen an:

- der Einsatz einer Fachkamera oder einer herkömmlichen Kamera mit zur Filmebene verstellbaren Shiftoptik, wie sie bei Architekturaufnahmen verwendet werden;

- der Einsatz herkömmlicher Objektive, jedoch von einem anderen, höheren Standpunkt aus, etwa auf einem Gegenhang.

- Ein weit vom Motiv entfernter Standpunkt, sodass man ein stärkeres Teleobjektiv verwenden kann. Aufgrund der größeren Entfernung muss die Kamera nicht mehr

Blick auf einen Bergkamm. Die Figur im Vordergrund gibt dem Bild mehr Tiefenwirkung.

gekippt werden, um den gewünschten Ausschnitt zu erfassen. Am geeignetsten ist ein Objektiv mit langer Brennweite, das die Vertikalität der Berghänge betont. Ein unerwünschter Nebeneffekt ist allerdings, dass der zwischen Objektiv und Motiv liegende Raum komprimiert wird und einen guten Teil der Schärfentiefe wegnimmt.

• Ein weit vom Motiv entfernter Standpunkt, sodass man ein stärkeres Teleobjektiv verwenden kann. Aufgrund der größeren Entfernung muss die Kamera nicht mehr gekippt werden, um den gewünschten Ausschnitt zu erfassen. Am geeignetsten ist ein Objektiv mit langer Brennweite, das die Vertikalität der Berghänge betont. Ein unerwünschter Nebeneffekt ist allerdings, dass der zwischen Objektiv und Motiv liegende Raum komprimiert wird und einen guten Teil der Schärfentiefe wegnimmt.

PRAKTISCHE RATSCHLÄGE
Aus der Praxis ergeben sich einige Ratschlägen für verschiedene Situationen in der Landschaftsfotografie in den Bergen, deren Beachtung bei der Erzielung guter Resultate hilfreich sein kann.

• Es ist oft vorteilhaft, einen Vordergrund mit ins Bild zu nehmen, um die Raumtiefe zu betonen. Das ist besonders wirkungsvoll, wenn der Vordergrund lebhaft gefärbt ist und einen Kontrast zum Hintergrund bildet. Natürlich sollte darauf geachtet werden, dass der Vordergrund nicht unscharf ist, Unschärfe im Vordergrund springt sofort ins Auge und wird vom Betrachter meist als Fehler interpretiert. Daraus ergibt sich die Notwendigkeit einer großen Schärfentiefe, daher sollte die Blendenöffnung immer klein sein.

Hior wurdon Wanderer auf einem Weg leicht von unten mit einem Normalobjektiv (1/500, f/16, Film ISO 100) aufgenommen.

• Bei der dafür erforderlichen längeren Belichtungszeit kann es unter Umständen notwendig sein, ein Stativ zu verwenden.

• Bei bestimmten Motiven ist es von großer Wichtigkeit, die Tageszeit für die Aufnahme sorgfältig zu wählen, zuallererst weil man dem die Schärfe beeinträchtigenden Effekt der dunstigen Luft aus dem Weg gehen will. Zur Mittagszeit ist die Verdunstung am größten, daher ist es oft gut, diese Stunden zu meiden. Durch große Temperaturunterschiede kann es nach kalten Nächten auch zu morgendlichem Dunst kommen. In den meisten Fällen sind die späten Nachmittagsstunden eine gute Wahl. Zu dieser Zeit steigert das flach einfallende Licht die Reliefwirkung und hebt Details an Felswänden und Bäumen deutlich hervor.

• Zur Mittagszeit kann man ein schöneres Blau am Himmel erzielen, wenn man einen Polarisationsfilter verwendet. Zur Milderung von Dunstschleiern in der Luft können UV- oder Skylight- sowie verschiedene Korrekturfilter nützlich sein. Allerdings dürfen diese nicht zusammen mit dem Polarisationsfilter verwendet werden.

• Wenn möglich, sollte man auch die Jahreszeit wählen, in der man eine bestimmte Aufnahme macht, denn sie kann sich als ebenso entscheidend erweisen wie die Tageszeit. Will man beispielsweise in den Alpen Aufnahmen von tadelloser Schärfe über eine längere Distanz machen, sind die späten September- und die Oktobertage sicherlich geeigneter als der August.

Beim Fotografieren im Schnee öffnet man die Blende weiter als vom Belichtungsmesser angezeigt. Unten: Verschneite Bänke auf einer Passhöhe in Südtirol.

FOTOS IM SCHNEE

Oft erscheinen im Schnee aufgenommene Fotos wie von einem Grauschleier bedeckt. Dieser entsteht durch die Eichung der eingebauten oder externen Belichtungsmesser auf einen als Mittelwert angenommenen Grauwert, bei sehr hellen Flächen tendieren sie daher zur Unterbelichtung. Aus diesem Grunde ist es immer empfehlenswert, beim Anmessen größerer, hauptsächlich weißer Flächen das Ergebnis um den Wert ungefähr einer Blende nach oben zu korrigieren, man arbeitet also mit dem nächstkleineren Blendenwert. Reflektiert die Fläche stark, können sich auch zwei Blendenwerte als Korrektur ergeben. Bei verschiedenen Automatikkameras, be-

Folgende Seite: Zwei Aufnahmen, bei denen ein Weitwinkelobjektiv benutzt wurde, um den Vordergrund zu betonen.
Links: Wird nur die helle Stelle angemessen, erscheint die Person als dunkle Silhouette.

sonders auch Kompaktkameras ohne vorgesehene händische Belichtungskorrektur, kann man sich mit der B.C.- oder B.L.-Automatik behelfen, die für die Belichtungskorrektur bei Gegenlichtaufnahmen bestimmt ist.

KÄLTE

Extrem niedrige Temperaturen können zu Problemen mit der Fotoausrüstung führen. Am empfindlichsten sind elektronische Kameras, die mit Batterien betrieben werden. Die Kälte bewirkt einen Spannungsabfall in der Batterie, wodurch sich Probleme beim Betrieb von Motoren oder eines starken Blitzes ergeben können, da

diese Ausrüstungsteile einen hohen Energieverbrauch haben (500 mA). An sehr kalten Tagen sollte man daher immer einen Satz Ersatzbatterien dabeihaben und diese warm, vorzugsweise am Körper, aufbewahren. Akkus widerstehen der Kälte etwas besser. Manche der professionellen Fotokameras können mit einem Kabel an externe Stromversorgungen (wie etwa Powerpack) angeschlossen werden. Der Vorteil dabei ist, dass die Stromversorgung am Körper getragen und damit warm gehalten werden kann.

Ein weiteres Problem in der Kälte ist die Ansammlung von Kondensationsfeuchtigkeit auf der kalten Ausrüstung beim Eintritt in einen warmen Raum wie etwa eine Schutzhütte. Diese Feuchtigkeit lagert sich auf der Kamera ab und kann beim Wiedereintritt in die Kälte gefrieren. Wie man sich vorstellen kann, führt das zu allerlei Problemen, weil mechanische Teile blockieren. Eine mögliche Lösung ist es, die Kamera vor dem Eintritt in die Wärme in einen engen Plastikbeutel zu geben, die Luft so gut es geht hinauszupressen und ihn fest zu verschließen, so bleibt das Kondenswasser auf der Plastiktüte.

Draußen sollte man aus demselben Grund darauf achten, beim Wechseln der Filme nicht in das Kameragehäuse zu atmen.

Temperaturen weit unter dem Gefrierpunkt führen auch zu einem Gefrieren des Wassergehalts in den Filmstreifen. Dadurch wird der Film spröde und reißt viel leichter, ein ärgerlicher Zwischenfall, da man die Kamera im Dunkeln öffnen und den Film in einen lichtdichten Behälter geben muss, um die Fotos zu retten.

Die Emulsionen selbst arbeiten jedoch selbst unter extremen Temperaturen noch sehr gut, es sind keinerlei physikalisch-chemische Veränderungen oder Sensibilitätsverluste zu befürchten. Auch die Verschlussvorhänge der meisten Fotokameras arbeiten selbst unter eisigen Temperaturen einwandfrei. Die beweglichen Teile der modernen Apparate, wie Übertragungsmechanismen, Zahnräder oder Verschlusslamellen, werden heute aus selbstschmierenden Materialien wie Teflon, Kunststoff oder Metall hergestellt. Damit sind selbst für Polarexpeditionen keine speziellen Wartungsarbeiten mehr nötig.

Menschen fotografieren

Die Reportage

Wenn man mit einem waschechten Fotoreporter spricht und ihn nach seiner Arbeit fragt, wird er einem zuallererst einen gravierenden Unterschied erklären, der besonders in der professionellen Fotografie eine große Rolle spielt: Ein schönes Foto ist nicht notwendigerweise auch ein gutes Foto. Zur reinen Abbildung des Gesehenen muss die Fähigkeit, das Geschehen auf schlüssige Art und Weise wiederzugeben kommen, um die mit dem Bild in Zusammenhang stehende »Geschichte«, ihren Sinn mit einzubringen. Sicherlich wird er auch vom »Auge« und dem »Gespür« für das Wesentliche sprechen, Qualitäten, die den Fotoreporter von einem Fotografen unterscheiden, der sich darauf beschränkt, das Gesehene abzubilden.
Diese Kunst der »Synthese«, der Fähigkeit, ein Ereignis zu beobachten und mit Bildern nachzuerzählen, ist sicherlich nicht einfach zu erlernen, kann aber mit der Zeit geschult werden. Man kann viel lernen, indem man die Arbeit anderer Fotografen betrachtet, Ausstellungen besucht und in Bildbänden berühmter Meister blättert. In gewisser Weise handelt es sich um eine Gabe, die jedoch sehr wohl stimuliert und bis zu einem gewissen Maße erlernt werden kann, indem man sich bei jeder Gelegenheit kleine visuelle Übungen auferlegt. Die Begabung der besten Reportage-Fotografen liegt in der Fähigkeit, vorauszusehen, was in einem bestimmten Augenblick passieren wird.
Es ist interessant, die Bilder eines berühmten Fotografen einmal unter diesem Gesichtspunkt zu analysieren: Wie viele davon sind nur so schön, so ausdrucksstark, wie viele »funktionieren« nur, weil sie in eben diesem ganz bestimmten Augenblick aufgenommen worden sind. Die Hauptperson vollführt diese oder jene Geste, die übrigen Personen und/oder Gegenstände befinden sich in eben dieser ganz bestimmten Position, die dem Augenblick die Spannung verleiht. Auch im Sport gilt diese Regel, die Hauptakteure befinden sich in Bewegung, doch in dem auf einer guten Fotografie festgehaltenen Augenblick stehen sie gerade in einem ganz bestimmten Bezug zu einem wichtigen Teil der Disziplin, »am Ball«, »vor dem Tor« etc. In jedem Fall musste der Fotograf den Verlauf der Ereignisse antizipieren, um von einer solchen entscheidenden Szene nicht überrascht zu werden.

Eishockey, Film ISO 400, lichtstarkes Teleobjektiv 180 mm.

Das Porträt

Am 7. Januar 1839 stellte der Astronom und Physiker François Dominique Arago der Académie Française eine Methode zur Herstellung von Abbildungen der Realität nach einer Erfindung von Daguerre vor. Dies war die offizielle Geburtsstunde der Fotografie, und Paul Delaroche, seines Zeichens Maler, stellte betroffen, aber voller Überzeugung fest: »Ab heute ist die Malerei gestorben!«

Heute muss man über diesen Kommentar lächeln, doch damals schürte die Neuerung sehr wohl die Ängste der Maler, war doch vor allem die Porträtmalerei ihre wichtigste Einnahmequelle. Heute würde man sagen, die neu geborene Fotografie stellte sich gleich mit ihrem wichtigsten wirtschaftlichen Vorteil vor, nämlich der Möglichkeit, Menschen mit bislang unerreichter Detailgenauigkeit und Realitätsnähe in dramatisch weniger Zeit abzubilden, als das in der Malerei möglich war.

Das Porträt ist bis heute eine der Hauptaufgaben der Fotografie geblieben. Manche Fotografen spezialisieren sich eigens darauf, in manchen Ländern herrscht auch von der Ausbildung her eine starke Spezialisierung vor. Abgesehen von der professionellen Fotografie gehören auch für den Amateur Porträts zu den wichtigsten Motiven, man denke nur an das Familienalbum. Porträts findet man überall, in Ausweisen und Führerscheinen, in mehr oder weniger geschmackvollen kleinen Rahmen auf dem Kaminsims der Großmutter ebenso wie auf dem Schreibtisch des Top-Managers, der sich für den Jahresbericht eines internationalen Konzerns an seinem Arbeitsplatz ablichten lässt. Heute ist auch das Internet voll mit Porträts, die meist mit Hilfe von Digitalkameras ins Netz gestellt werden.

Aber auch hier gibt es einen feinen, in der Wirkung aber gravierenden Unterschied: Es ist eine Sache, eine Person einfach so abzubilden, dass sie wiedererkannt und identifiziert werden kann, eine ganz andere ist es, einen Gesichtsausdruck einzufangen, der dem Betrachter etwas über die Persönlichkeit des abgebildeten Menschen sagen kann, kurz ein Porträt zu machen, das auch Stimmung oder Charakter vermittelt. Dazu können allerlei Details wie Kleidung, Haltung und Gestik herangezogen werden, aber auch Hintergrund und Accessoires.

Im Gegensatz zur Porträtmalerei reicht es in der Porträtfotografie nicht aus, einfach nur das Licht genau zu beobachten und einen Standpunkt zu wählen, um mit der Arbeit beginnen zu können.

Rechte Seite: Diese zwei Fotos wurden mit Blitz ausgeleuchtet. Die kurze Brenndauer lässt Porträts immer etwas hart wirken, um das Blitzlicht weicher zu machen, wurde ein Diffusor vor die Lampe montiert. Unten: Große Blendenöffnungen sind bei der Porträtfotografie immer von Vorteil, da sich so die Aufmerksamkeit auf das Motiv konzentriert und es effizient vom Hintergrund abgehoben wird.

Es sind zuvor noch eine Reihe technischer Fragen zu klären, wie die optimale Brennweite für den jeweiligen Fall, die Farbtemperatur des vorherrschenden Lichts, der Einsatz von Blitzlampen und vieles mehr.
Im weiteren Sinne kann man auch Mode- und Beautyfotografie (Nahaufnahmen von Details des Gesichts) als Porträts betrachten, obwohl es sich hier bereits um ein hoch spezialisiertes Fachgebiet der professionellen Fotografie handelt. Andere Porträtspezialisten sind Kinderfotografen und solche, die sich vorwiegend damit beschäftigen, ihre Motive im Zusammenhang vor einem Hintergrund oder in einem Umfeld aufzunehmen, das ihre Persönlichkeit oder bestimmte einzelne Wesenszüge bzw. Qualitäten auszudrücken hilft.
Ein Porträt zu machen heißt immer auch, die Emotion einzufangen, die in einem Blick oder einer Haltung steckt. Der Fotograf ist dabei gefordert, den Finger stets am Auslöser zu haben und mit seiner ganzen Aufmerksamkeit bei der Sache zu sein, denn oft ist gerade der gesuchte Ausdruck nur von kurzer Dauer. Außerdem sollte er sich Zeit nehmen, mit dem Modell plaudern und ein Umfeld schaffen, das keine Anspannung oder gar Stress aufkommen lässt, denn wer sich wohl und entspannt fühlt, kann sich dabei besser selbst »ausdrücken«. Das ist nicht immer eine leichte Aufgabe, es gehört neben der rein technischen Komponente auch eine Portion Einfühlungsvermögen und psychologisches Fingerspitzengefühl dazu.
Was die Ausführung betrifft, gilt es einige Aspekte zu bedenken, die das Resultat in verschiedener Weise beeinflussen. So müssen Beleuchtung, passendes Objektiv, Hintergrund, Lichtqualität und auch das eine oder andere Accessoire vorbereitet und aufeinander abgestimmt werden. Nachfolgend wollen wir die wichtigsten der zahlreichen technischen Aspekte dieser besonderen Art der Fotografie behandeln.

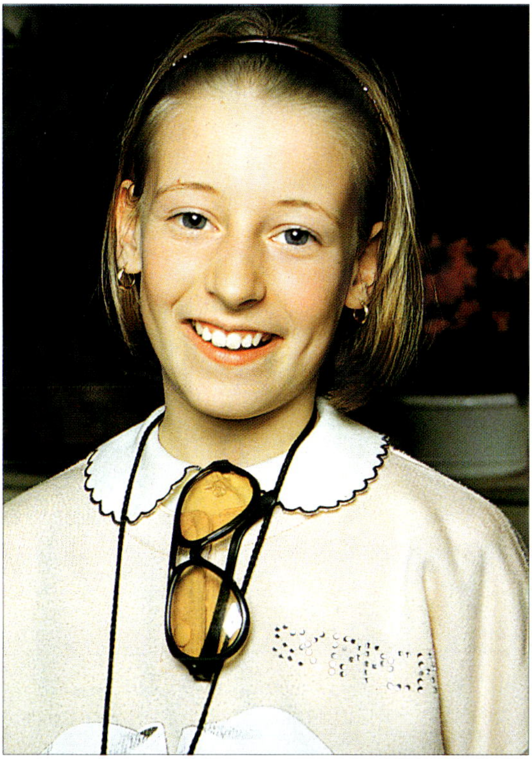

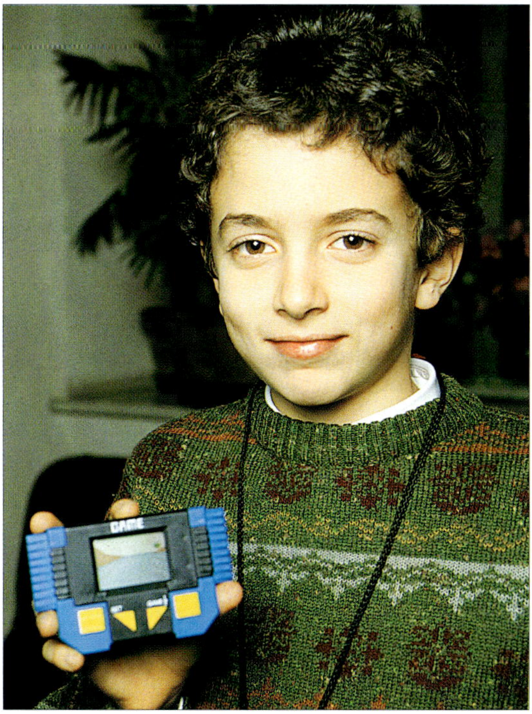

POSIEREN MUSS MAN KÖNNEN

Wer sich eingehender mit Porträtfotografie beschäftigt, wird bald feststellen, dass es Menschen mit einem natürlichen Talent zum »Posieren« gibt. Es ist als spielten sie eine Art Rolle, als setzten sie sich selbst in Szene. Diese Menschen verstehen es, sich von ihrer Schokoladenseite zu zeigen, ihre Vorteile ins rechte Licht zu rücken und durch eine bestimmte Haltung kleine »Schönheitsfehler« zu kaschieren. Diese Fähigkeit ergibt sich oft aus der Übung, aus der Betrachtung der Resultate vorhergehender Fotos. Solche »Modelle« vereinfachen die Aufgabe des Fotografen. Auch Schauspieler sind aufgrund ihres Berufes meisterhaft in der Lage, ihren äußeren Ausdruck zu kontrollieren.

Andere Modelle, die überzeugt sind, auf Fotos immer »schlecht herauszukommen«, müssen vom Fotografen beruhigt und davon überzeugt werden, dass diese Schwierigkeiten nur auf der großen Lebhaftigkeit ihres Mienenspiels und der Beweglichkeit ihrer Gesichtszüge beruht.

Gelingt eine entspannte Sitzung, kann man oft sehr interessante Resultate erzielen.

In solchen Fällen ist es für den Fotografen naturgemäß schwieriger, aus der abzubildenden Person einen Charakterzug »herauszuarbeiten«, der durch eine bestimmte Haltung unterstrichen werden kann, insbesondere wenn die Gesten jeglicher Spontaneität entbehren.

Kindern sollte man etwas zu tun geben, damit sie die Anwesenheit des Fotografen vergessen. Man arbeitet mit Blitz und stellt Lampe wenn möglich so ein, dass das Licht auf den gesamten Raum verteilt wird.

ATMOSPHÄRE SCHAFFEN

In diesen Fällen muss der Fotograf flexibel sein. Es kann wahre Wunder wirken, die Sitzungen immer wieder für längere Pausen zu unterbrechen, damit sich das Modell entspannt. Dann beobachtet man, was sich in diesen Pausen verändert, erhält einen natürlichen Ausdruck und versucht diesen dann in der nachfolgenden Sitzung einzufangen.

Professionelle Fotografen machen sich meistens auch bei der Arbeit mit professionellen Modellen die Mühe, eine angenehme Atmosphäre zu schaffen, die die Arbeit erleichtert. Oft kann Hintergrundmusik dem Modell helfen, sich zu konzentrieren, Spannungen abzubauen oder auch sich zwanglos im Rhythmus zu bewegen.

FOTOGENE MODELLE

Die Fotogenität, die Gabe, auf Fotos natürlich und ungezwungen zu wirken, ist nicht jedem gegeben. Sie hat nichts mit Schönheit oder Spontaneität zu tun. Sie hängt mit einem Gefühl der Präsenz zusammen, der Übereinstimmung zwischen dem, was ein Betrachter in einer Person zu sehen gewohnt ist und dem auf der Fotografie wiedergegebenen Bild. Manchmal kann man feststellen, dass Personen mit ausgeprägter Mimik weniger fotogen sind. Die Veränderlichkeit ihrer Gesichtszüge steht in gewisser Weise ihrer Wiedererkennbarkeit auf den Fotos im Wege, denn ein Betrachter sucht in einem Foto immer das wiederzufinden, woran er gewöhnt ist. Wie schon gesagt, es geht nicht um Schönheit oder Unansehnlichkeit. Das soll auch einem eventuell nicht so fotogenen Modell erklärt werden, damit es sich entspannt und natürlich bleibt. Oft gelingen sehr gute Fotos von als »unfotogen« bekannten Personen, weil es der Fotograf schafft, im richtigen Moment abzudrücken: Daher ist es immer wichtig, viele Bilder zu schießen.

Mit dem Teleobjektiv lassen sich interessante Details einfangen, wie zum Beispiel hier das Lösen eines Ballons aus dem Knoten. So kann ein Bild viel über einen Beruf oder eine Beschäftigung aussagen. Hier wurde ein Teleobjektiv 300 mm bei großer Blendenöffnung verwendet, so wird der Hintergrund unscharf und wirkt nicht mehr störend.

VOM BRUSTBILD ZUM PASSFOTO

Ein Brustbild von einer Person ist nicht gleichzeitig auch ein Passfoto, das für Ausweise verwendet werden kann. Letzteres muss nämlich verschiedenen Anforderungen entsprechen, unter anderem ist die Person frontal zu zeigen, sodass beide Ohren sichtbar sind, der Hintergrund muss hell sein, dunkle Brillen oder Brillen mit getönten Gläsern, durch die man die Augen nicht mehr erkennen kann, sind verboten.

Bei optischen Brillen, die die Person auf dem Foto trägt sind einige Regeln zu beachten:

• Es dürfen keine Lichtreflexe auftreten, die das Erkennen der Augen erschweren.

• Bei fotochromen Gläsern, die sich bei stärkerem Licht (auch durch die Fotolampen, die ebenso wie das Sonnenlicht UV-Strahlen enthalten) dunkel einfärben, sollte man die Brille im Dunkeln aufbewahren und dem Modell erst kurz vor der Aufnahme aufsetzen, damit sie möglichst durchsichtig ist.

DAS LICHT FÜR DAS PORTRÄT

Zuerst einmal muss zwischen direktem Licht, das hart ist, aber auch die Schärfenwirkung verbessern kann, und diffusem Licht unterschieden werden, das die Konturen und Schatten weicher erscheinen lässt. Diffuses Licht hat in der Porträtfotografie außerdem den Vorteil, dass die abzubildende Person die Augen entspannt geöffnet halten kann, ohne geblendet zu werden. Gerade bei Kinderfotos ist diffuses Licht sehr zu empfehlen.

Bei direktem Licht, auch bei Sonnenlicht im Freien, besteht fast immer die Gefahr, dass die Person das Gesicht verzieht oder die Augen zusammenkneift. In diesem Fall ist es besser, die Aufnahme zu drei Viertel im Gegenlicht zu machen, sich jedoch dabei aufhellender Hilfsmittel zu bedienen. Das kann ein gut positionierter Aufhellschirm, aber auch ein Blitzlicht sein.

Künstliche Lichtquellen kann man in zwei große Familien einteilen, Dauerlicht und Blitzlicht. Aus der Sicht des Fotografen haben beide Vor- und Nachteile.

Beide hier gezeigten Aufnahmen wurden in rascher Folge hintereinander gemacht: Einmal wurde mit dem Autofokus auf die Brillengläser des Bläsers scharf gestellt, das zweite Mal auf den bestickten Wimpel. Der Unterschied ist minimal, doch die Aufmerksamkeit des Betrachters wird auf andere Details gelenkt.

Der mobile Buchhändler verbringt seine Zeit mit Lesen. Ein leichtes Weitwinkel- oder auch Normalobjektiv erlaubt uns, ihm dabei ein wenig über die Schulter zu schauen.

DAUERLICHT

Dauerlicht wird mit Hilfe von Glühlampen erzeugt. Dieser Ausdruck wird zwar auch für ganz normale Haushaltslampen verwendet, die der Fotografen sind jedoch um ein Vielfaches stärker, es handelt sich um so genannte Nitraphotlampen. Sie geben nicht nur viel mehr Licht ab, es hat auch eine bessere Qualität (Lichttemperatur). Doch sie haben einen Nachteil: Sie sind nicht sehr haltbar und oft bereits nach wenigen Stunden durchgebrannt. Heute verwendet man daher vielfach Halogenlampen zum Fotografieren, das Licht ist sehr intensiv. Aber Vorsicht, viele Halogenlampen geben eine hohe Menge an UV-Strahlen ab, die zu Augenirritationen führen können.
Der Einsatz von Dauerlicht hat den Vorteil, dass die Beleuchtung auf diese Art meist kostengünstiger ist als mit Blitzlampen. Bei der Aufnahme selbst erweist es sich als günstig, dass die vom Licht geschlagenen Schatten auf dem Motiv gut sichtbar und damit kontrollierbar sind. Natürlich gibt es auch Nachteile: Die Dauerlichtlampen entwickeln starke Hitze, die umso größer ist, je stärker sie sind. Ein Studio für Porträtaufnahmen muss daher mit einer leistungsfähigen Klimaanlage ausgestattet sein, denn sonst beginnt das Modell unweigerlich zu schwitzen und eventuell vorhandene Schminke verläuft.
Ein Grundproblem ist das der Farbtemperatur, kurz der Farbe des Lichts. Dauerlicht ist rötlicher als Tageslicht und erfordert daher die Verwendung eines Kunstlichtfilms oder eines blauen Konversionsfilters, wenn man mit Tageslichtfilm arbeiten will.
Meist ist die vorhandene Menge an Dauerlicht nicht besonders groß, es ist daher nicht möglich, extrem kurze Verschlusszeiten zu wählen. Das Fotografieren von Objekten in rascher Bewegung ist daher bei Dauerlicht kaum durchführbar.
Die Lichtmessung ist wiederum ganz einfach, man kann sich eines externen Belichtungsmessers bedienen, aber auch den in die Kamera eingebauten benutzen.

BLITZLICHT

Das Blitzlicht ist eine kurzfristige Lichtgabe aus einer speziell für die Fotografie konzipierten Vorrichtung mit elektronisch gesteuerter Blitzlampe.
Einer der Vorteile des Blitzlichts ist seine kurze Dauer. Der nur Bruchteile einer Sekunde dauernde Lichtstrahl erlaubt das Festhalten eines kurzen Augenblicks, während das Motiv sich bewegen kann, wie etwa bei Porträtaufnahmen mit einem

Kind, das gerade mit einem Hund spielt. Ein weiterer großer Vorteil ist die abgegebene Lichtmenge, die eine kurze Verschlusszeit ermöglicht. Die Lichtqualität ist der des Sonnenlichts sehr ähnlich, daher können Tageslichtfilme ohne Konversionsfilter verwendet werden. Durch die kurze Dauer des Lichtstrahls ergibt sich auch keine Hitzeentwicklung.

Das Blitzlicht kann sehr gut zum Aufhellen dunklerer Stellen verwendet werden. Die Dosierung der erforderlichen Lichtmenge erfolgt bei manchen Fotokameras automatisch, kann aber auch anhand einer leicht verständlichen Formel vom Fotografen errechnet werden.

Der größte Nachteil bei der Arbeit mit dem Blitzlicht ist die schwierige Voraussehbarkeit der Schlagschatten auf dem Motiv. Viele professionelle Studioblitzanlagen sind daher auch mit Dauerlichtlampen ausgestattet, die dem Fotografen erlauben, die Situation schon vorher zu beurteilen. Man spricht hier vom so genannten Einstelllicht. Die besten dieser Lampen stellen gleichzeitig eine Alternative zum eigentlichen Blitzlicht dar, sie können auch für Dauerlichtaufnahmen herangezogen werden. Trotzdem sollte man immer darauf achten, sie wegen der großen Hitzeentwicklung nicht allzu lange brennen zu lassen.

Ein Porträt kann auch Detail einer Straßenszene sein. Bei solchen Schnappschüssen hilft der Autofokus natürlich beim spontanen Scharfstellen.

Studioblitzanlagen sind äußerst kostspielig und brauchen leistungsstarke Generatoren, zusätzlich benötigt man zur Errechnung der Belichtungszeit einen speziellen Belichtungsmesser, der auf Blitzlicht ausgelegt ist.

ZUBEHÖR FÜR DIE LICHTKONTROLLE

Es gibt bewegliche schwarze Abschirmklappen an den Lampen, die dazu dienen, den Lichtstrahl zu leiten und insbesondere Zonen, die im Schatten bleiben sollen, abzuschirmen.

Reflektoren sind weiße oder schwarze Schirme, die in der Nähe des Motivs positioniert werden. Weiße haben die Aufgabe, das Licht zu reflektieren, um es besser zu verteilen und zu dunkle Stellen aufzuhellen. An einem sonnigen Meeresstrand kann es zum Beispiel nützlich sein, eine solche helle Fläche hinter dem zu drei Viertel vom Sonnenlicht beleuchteten Motiv anzubringen, um die der Sonne abgewandte Seite aufzuhellen. Dazu kann ein Assistent ein weißes Handtuch oder ein Stück Haushalts-Alufolie in Position halten (Alufolie sollte man zuvor zerknüllen, damit das Licht diffus reflektiert wird). Ein Spiegel ist in der Regel weniger geeignet, weil das Licht zu stark richtungsorientiert einfällt. Es gibt im Fachhandel sehr praktische, zusammenfaltbare Aufhellschirme in Weiß, Silber oder Gold.

Schwarze Schirme haben die Aufgabe, Lichtreflexe zu absorbieren. So kann man verhindern, dass sich an gewissen Stellen, wie etwa in den Brillengläsern des Mo-

dells, störende Reflexe bilden oder sich gar Kameraaufbauten spiegeln. Schwarze Schirme wirken auch Reflexen entgegen, die von glatten Flächen wie etwa einer Autokarosserie auf eine Person geworfen werden, die daneben abgebildet werden soll.
Speziell für die Porträtfotografie konzipierte Hintergründe können ein Foto entscheidend verändern. In Studios wird gewöhnlich eine Vielzahl verschiedener Hintergründe aus Papier oder Textilien in verschiedenen Farben und Mustern bereitgehalten: Weiß, Grau und Blau sind beliebt, doch es gibt keine festen Regeln, erlaubt ist was gefällt. Mit Farbfiltern vor auf den Hintergrund gerichteten Lampen kann man weitere Nuancen schaffen.
Aber Vorsicht: Je stärker das Licht auf dem Hintergrund, umso stärker fallen kleine Unregelmäßigkeiten auf. Man achte daher immer darauf, die Schärfenebene präzise auf die abzubildende Person einzustellen und eine große Blendenöffnung zu wählen, damit der Hintergrund die Aufmerksamkeit des Betrachters nicht vom Motiv ablenkt.

Auch ein an einem Pfosten lehnendes Gemälde mit Rahmen kann zum Hauptmotiv des Geschehens werden. Dem Fotografen obliegt es, Details ins rechte Licht zu setzen und durch gezielte Einstellung auf eine bestimmte Schärfenebene die Aufmerksamkeit des Betrachters zu wecken.

DIE AUSWAHL DES OBJEKTIVS

Welches Objektiv man verwendet, hängt von dem Bildausschnitt ab, den man erzielen will. Wenn man eine Person betrachtet, sorgen das menschliche Auge bzw. das Gehirn dafür, dass sie von ihrer Umgebung losgelöst wird, die Aufmerksamkeit konzentriert sich auf die Person. So verhält sich das Auge in gewisser Weise ähnlich wie ein Teleobjektiv. Verwendet man daher in der Porträtfotografie ein Teleobjektiv, so nähert man sich damit der natürlichen Art zu sehen an. Das Teleobjektiv komprimiert die Bildebenen und liefert daher eine natürlichere Perspektive als ein Normalobjektiv.
Von der Verwendung eines Weitwinkelobjektivs wird man normalerweise Abstand nehmen, denn es umfasst ein zu großes Feld, das Motiv wird verkleinert, die Perspektive betont. Unweigerlich wird der Fotograf dann versuchen, den Bildausschnitt mit dem Motiv zu »füllen«, indem er nahe an es herangeht. Das ist jedoch meistens ein Fehler, denn gerade weil das Weitwinkelobjektiv einen so weiten Ausschnitt erfasst und die Raumtiefe überbetont, werden die Gesichtszüge verzerrt. So sieht dann zum Beispiel die Nase übergroß aus, die etwas weiter entfernten Ohren dafür winzig klein. Das Resultat ist im besten Fall witzig, aber immer unnatürlich.

BRENNWEITEN UND AUFNAHMEABSTAND

Die Wahl der Brennweite hängt von der Entfernung ab, aus der man ein Motiv aufnehmen will. Für Brustbilder empfiehlt sich eine Brennweite, die der zweieinhalbfachen Länge der Diagonale des Negativs entspricht. Daher wird man in solchen Fällen zu einem mittleren Teleobjektiv (100 oder 90 mm) greifen. Für Ganzkörperaufnahmen bevorzugt man eine Brennweite, die ein- bis eineinhalb Mal der Länge der Diagonale des Negativs entspricht. Das wäre ein Normalobjektiv oder ein leichtes Teleobjektiv. Bei Kleinbildkameras mit Negativformat 24x36 mm ergeben sich daraus 50, 70, 85 oder 90 mm oder aber 100 bis 105 mm als empfehlenswerte Brennweiten.

Ein Porträt im familiären Rahmen, wie hier zum Beispiel »Papa beim Lesen der Zeitung« erfordert keine große Ausstattung mit Studiolampen. Es genügt schon das Licht, das durch das Fenster einfällt. Vorteilhaft ist in solchen Situationen immer, ein Objektiv mit mittlerer Brennweite zu besitzen. Ein klassisches 100 mm ist ideal und kann mit einem Zweifachkonverter bis 200 mm Brennweite erweitert werden.

SOFTOBJEKTIVE UND WEICHZEICHNER

Zu viel Schärfe kann bei Porträts störend sein. Besonders die guten Objektive, die gerade wegen ihrer »gestochenen« Schärfewiedergabe so sehr geschätzt werden, können kleine Unregelmäßigkeiten der Haut unschön hervorheben. Aus diesem Grunde wurden für die Porträtfotografie einige technische Hilfsmittel entwickelt, die eine »weichere« Wiedergabe ermöglichen. Softobjektive sind Optiken, bei denen die sphärische Abweichung teilweise korrigiert wurde und die die Konturen so weniger scharf definiert wiedergeben. So wirkt das Bild »romantischer«, malerischer und stimmungsvoller. Wer sich nicht eigens ein spezielles Objektiv für Porträts anschaffen will, kann sich mit den überall im Fachhandel erhältlichen Filtern behelfen und seine Objektive damit bestücken. Es handelt sich dabei um auf verschiedene Art verarbeitete, geraute Oberflächen, die vor die Linse der Objektive gesteckt werden. Sie erzeugen ein diffuses Licht, das die Konturenschärfe ein wenig einschränkt und harte Lichtreflexe in weich leuchtende Zonen verwandelt.

FILME

Alle handelsüblichen Filme sind für die Porträtfotografie geeignet. Niedrig empfindliche Filme sind günstiger, denn sie erlauben größere Vergrößerungen und eventuell auch eine Verwendung für den Druck. Sie haben den Vorteil, sehr feinkörnig zu sein und weisen eine gute Kontrastwiedergabe auf. Letzteres ist allerdings manchmal ein Nachteil, speziell wenn man Unregelmäßigkeiten der Haut kaschieren möchte. Filme mit höherer Lichtempfindlichkeit ermöglichen rasche Schnappschüsse auch ohne Blitz, sind aber wegen des gröberen Korns für große Vergrößerungen weniger geeignet. Allerdings kann die Grobkörnigkeit manchmal erwünscht sein und wird in der Fotografie für bestimmte Effekte gezielt eingesetzt.

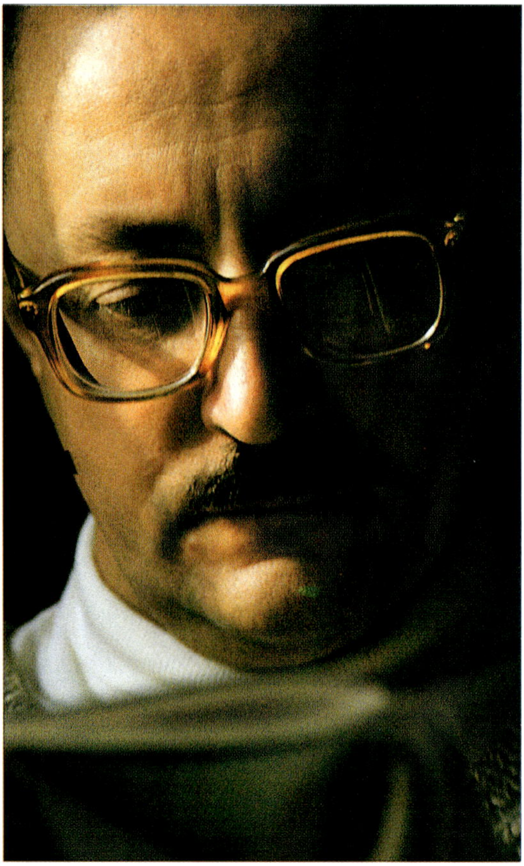

Oft ist es ratsam, den Mittelweg zu wählen, und so greift man in Alltagssituationen meistens zu Filmen mit einer Lichtempfindlichkeit von ISO 100 oder 200.

Es gibt einige spezielle Filme für Porträtaufnahmen, die oft zu sehr originellen Resultaten führen. Einer davon ist der Infrarotfilm, zum Beispiel Kodak Highspeed Infrared oder Konica Infrared 750nm, ein anderer der Ilford SFX200, kein eigentlicher Infrarotfilm, aber ebenfalls hoch empfindlich für intensive Rottöne. Diese Emulsionen bewirken einen sehr hellen Hautton, die Augen erscheinen dunkler, Falten oder Hautunreinheiten verschwinden. Vorsicht ist jedoch geboten, wenn man diese Filme im Freien verwendet. Blätter erscheinen sehr hell, der Himmel dagegen unnatürlich dunkel, insbesondere wenn der Effekt noch durch die Verwendung eines Rotfilters verstärkt wird.

DIE FARBE DES PORTRÄTS – FILTER

Eine natürliche Wiedergabe der Hautfarbe ist eine der härtesten Prüfungen für jeden Film. Manchmal sind Abweichungen der Farbe jedoch nicht auf das verwendete Material zurückzuführen, sondern auf äußere Faktoren in der Umgebung, in der die Aufnahme gemacht wird. Ein typisches Beispiel hierfür sind Farbstiche, die sich aufgrund der Tageszeit ergeben. Porträtaufnahmen im Freien zur Stunde des Sonnenuntergangs zeigen die abgebildeten Personen wie sonnengebräunt, was meistens durchaus attraktiv wirkt. Zumindest solange man nicht übertreibt: Durch zu starke Rottöne können Touristen am Strand leicht wie Rothäute auf dem Kriegspfad wirken.

Außerdem können sich auch aus Reflexionen Farbabweichungen ergeben. Eine rote Ziegelmauer in einer Straße kann einen unnatürlichen Rotton auf ein daneben fotografiertes Modell werfen, eine Hecke kann einen Grünstich ergeben. Selbst ein wunderschön blauer Himmel kann, wenn man etwa ein Gebäude im Schatten stehend aufnimmt, ein unnatürliches, kühles Licht auf das gesamte Motiv werfen. Aus eben diesem Grund wurde das so genannte Skylight-Filter entwickelt. Es ist zart lachsfarben, kontrastiert also zum Blau des Himmels und hat einen diskreten Effekt. Es kann fest auf das Objektiv montiert werden und bietet auch Schutz vor Kratzern und Fingerabdrücken auf der Linse.

Für deutlichere Effekte benutzt man bernstein- bis bronzefarbene Filter wie Wratten 81A, 81B und 81 C mit in dieser Reihenfolge ansteigender Intensität.

Ein Zoom ist immer praktisch, wie hier zum Einfangen von Straßenszenen im Vorübergehen. Wer nicht mit Modellen arbeitet, die Posen längere Zeit halten, muss eben schnell genug einstellen können.

Kinder fotografieren

Bei der Arbeit mit Kindern ergibt sich meistens am Anfang ein gewisses Problem mit der Spontaneität. Wenn die Kinder nicht mehr klein genug, sind um gar nicht zu merken, dass sie fotografiert werden, nehmen sie meistens dem Fotografen gegenüber eine »defensive« Abwartehaltung ein oder beobachten gebannt, was er vor ihnen macht. Somit verlieren sie ihre spontane Natürlichkeit. Das Geheimnis guter Kinderfotografen ist, dass es ihnen immer wieder gelingt, die Kinder abzulenken und sie für etwas anderes zu interessieren. Meistens ist es eine gute Idee, mit einem Spielzeug oder einem außergewöhnlichen Vorgang die Aufmerksamkeit des Kindes zu fesseln. Das kann der Hund sein, der gerade im Garten spielt, irgendeine kleine Szene in der Nähe oder zur Not auch ein Fernsehprogramm. Ist das Kind abgelenkt, achtet es nicht mehr auf den Fotografen, und dieser erhält viel natürlichere, lebendigere Bilder.

Bei kleinen Kindern ist es meistens hilfreich, wenn die Mutter dabei ist. Sie sollte jedoch darauf achten, das Kind nicht noch nervöser zu machen, etwa indem sie es drängt, eine bestimmte »Pose« zu zeigen. Jede Art von Zwang verschlimmert die Anspannung nur.

Sie sollte vielmehr einfach nur da sein, dem Kind Gesellschaft leisten und Geborgenheit vermitteln, mit ihm zu spielen, entspannt plaudern und ihm dabei helfen, den Fotografen zu vergessen.

In diesem Fall war das Blitzlicht sehr nützlich, um die beiden Kinder gegenüber dem hellen Hintergrund aufzuhellen. Ohne den Aufhellblitz wäre die Belichtungsmessung der Kamera vom durch das Fenster einfallende Licht beeinflusst worden und der Vordergrund wäre vermutlich viel zu dunkel geraten.

DER AUFNAHMESTANDPUNKT

Der Fotograf und ein eventuell vorhandener Assistent sollten bereits zuvor überlegen, wo sich die Begleitperson des Kindes aufhalten soll. Für eine gute Aufnahme ist es sehr wichtig, dem Fotografen den besten Blickwinkel zu überlassen, nicht nur um den Ausdruck des Kindes am besten einzufangen, sondern auch um sich in einem möglichst guten Winkel zum einfallenden Licht zu befinden. Diese Überlegung ist natürlich viel wichtiger, wenn man mit natürlichem Licht arbeitet, das vielleicht durch ein Fenster einfällt. Der Blitz vereinfacht die Lage in diesem Zusammenhang, kann aber auf der anderen Seite oft die Stimmung durch den zu direkten Lichteinfall zerstören.

IM FREIEN

Unterhaltung, ein paar Scherze, ein Spiel sind geeignete Mittel, Kinder abzulenken und oft der einzige oder zumindest wirksamste Weg, zu einem wirklich guten Foto zu kommen. Im Freien fällt diese Aufgabe um einiges leichter. Man kann einfache Spiele organisieren, bei denen es genügend Gelegenheit gibt, spontane Bewegungen, ein Lachen, einen gewissen Gesichtsausdruck festzuhalten. Im Garten, im Wald, im Park oder am Strand bieten sich hunderte von Möglichkeiten: »Gib mir doch mal den Ball da drüben« oder »Steig auf das Tretboot dort« sind zwanglose Aufforderungen, denen jedes Kind sicher gerne Folge leistet. Wenn sich die gesamte Aufnahmesituation in einem größeren Freiraum abspielt, werden steife, angelernte Posen vermieden und man erhält stattdessen freie, natürliche Bewegungen und Gesichter. Natürlich ist auch hier davon auszugehen, dass in jeder Situation immer viele Aufnahmen gemacht werden müssen. Wenn man einen so flüchtigen Moment wie ein frohes Kinderlachen für immer festhalten will, muss man auch in Kauf nehmen, dass dafür einige Aufnahmen »verschossen« werden.

Ein solcher Schnappschuss gelingt auch mit der Kompaktkamera und fängt perfekt das Glück des Kindes in den Armen der geliebten Mama ein. Fotografiert wurde leicht von unten, aus Augenhöhe des Kindes, das uns auf diese Weise viel »näher« kommt.

DER HINTERGRUND

Zu den häufigsten Fehlern in der Porträtfotografie gehören einige »Klassiker«. Vor dem Auslösen ist auf jeden Fall noch einmal der Hintergrund zu kontrollieren. Ein Pfosten, der sich direkt hinter dem Kopf befindet, ruiniert das schönste Foto. Wenn man mit Blitz arbeitet, sollte man auch auf den Schlagschatten achten, den die Blitzlampe hinter das Modell wirft. Er kann sich in ungünstigen Fällen in eine unförmige dunkle Masse verwandeln, die den Kopf oder die Frisur unnatürlich vergrößert erscheinen lässt. In jedem Fall ist es besser, ein Modell nicht zu nahe vor einem Hintergrund mit Blitz zu fotografieren. Auch auf geometrische Linien wie Fenster- oder Türrahmen hinter dem Motiv ist zu achten.

Wer sein Modell gerne vom Hintergrund »loslösen« möchte, kann auch dafür sorgen, dass nur der Vordergrund im Licht und der Hintergrund im Schatten liegt. Misst man nun nur die hellen Stellen an, so wird der Hintergrund zu einem undefinierbaren Dunkel verschmelzen und eventuell störende Details sind nicht mehr sichtbar.

Hier sei noch einmal unterstrichen, wie vorteilhaft eine begrenzte Schärfentiefe sein kann. Lichtstarke Teleobjektive mit sehr langen Brennweiten geben den Hintergrund so unscharf wieder, dass er niemals störend wirkt.

Action-Fotografie

Verwandte Themen

Filme
Welcher Film für welche Zwecke?
S. 73

Filme
Empfindlichkeitsskalen
S. 76

Technik
Entfernungsmessung: Autofokus
S. 116

Technik
Der Sucher der Spiegelreflexkamera
S. 119

Den richtigen Moment abwarten

Die größte Faszination beim Fotografieren bewegter Objekte, sei es nun beim Sport, für Reportagen oder einfach nur als Schnappschuss, liegt im »Einfrieren« eines flüchtigen Augenblicks während der Bewegung, da es uns ermöglicht, diesen Moment festzuhalten und später in aller Ruhe anzusehen. So kann man eine Bewegung, die oft nur einen Bruchteil einer Sekunde gedauert hat, später noch einmal genau analysieren.
Um diesen Zweck zu erfüllen, muss der Fotograf nicht nur schnell reagieren, sondern auch über die dafür geeignete Ausrüstung sowie über einige Vorkenntnisse verfügen.

SCHÄRFEVOREINSTELLUNG

Der entscheidende Faktor in der Action-Fotografie ist sicherlich, den Punkt, an dem das bewegte Motiv eine bestimmte Stelle passieren wird, **vorauszusehen.** Es ist vorteilhafter, sich einen Punkt auszusuchen, im Voraus scharfzustellen und im richtigen Moment auszulösen – wobei natürlich auch die **Verzögerung** beim Auslösen mit einberechnet werden muss – als das Motiv ständig zu verfolgen und die Schärfe nachzustellen. Diese Methode ist sowohl bei der Arbeit mit manuellen Kameras als auch mit Autofokuskameras mit nicht ausreichend schnellem Autofokus zu empfehlen. Die Autofokusfunktion wird dazu ausgeschaltet. Am besten werden die Resultate jedoch ausfallen, wenn man mit einer schnellen Autofokuskamera arbeitet, die eine Funktion zur Vorausberechnung der Schärfe besitzt.

EINBERECHNUNG DER AUSLÖSEVERZÖGERUNG

Gerade in der Action-Fotografie ist es sehr wichtig, dass der Verschluss der Kamera sofort auf das Betätigen des Auslösers reagiert. Bei hochwertigen Spiegelreflexkameras gehört eine möglichst kurze Auslöseverzögerung zu den Qualitätsmerkmalen. Diese hängt von der Geschwindigkeit, mit der der Reflexspiegel hochklappt und natürlich vom allgemeinen mechanischen Aufbau ab. Aus diesem Grunde ist es in manchen Fällen notwendig, den Spiegel bereits vor der Aufnahme **anzuheben,** um die Reaktionszeit zu verkürzen. Vor allem in der Naturfotografie, wo Tiere oft in Fotofallen mit automatischer Auslösung fotografiert werden, arbeitet man häufig so, unter anderem auch um die Tiere nicht durch das Geräusch des **hochklappenden** Spiegels zu verscheuchen. Bei Sucherkameras ist die Verzögerung kürzer, da der Spiegel nicht umgeklappt werden muss. Vorsicht ist jedoch geboten, wenn mit dem Auslöser auch die **Belichtungsmessung** aktiviert wird, sie benötigt ebenfalls eine gewisse Reaktionszeit.

Die Schärfenvorausberechnung bei modernen Autofokusprogrammen ermöglicht perfekt scharfe Aufnahmen bei schnell bewegten Motiven.

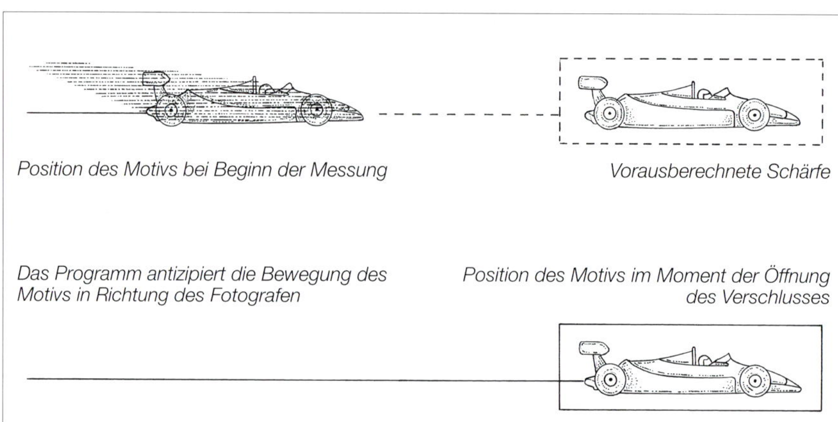

Position des Motivs bei Beginn der Messung

Vorausberechnete Schärfe

Das Programm antizipiert die Bewegung des Motivs in Richtung des Fotografen

Position des Motivs im Moment der Öffnung des Verschlusses

Abwarten und an einem bestimmten Punkt auslösen. Durch eine relativ lange Verschlusszeit (1/125) ergab sich eine gewisse Bewegungsunschärfe, der dynamische Effekt kommt gut zur Geltung (oben). Die Canon EOS-1N RS (links) ist mit einem teildurchlässigen feststehenden Reflexspiegel ausgestattet und hat dadurch eine besonders kurze Auslöseverzögerung.

TEILDURCHLÄSSIGER REFLEXSPIEGEL

Einige Spiegelreflexkameras, wie etwa die Modelle EOS-1N RS, EOS-RT und Pellix von Canon sind mit einem feststehenden, **teildurchlässigen** Reflexspiegel ausgestattet: 30% des einfallenden Lichts wird durch das Prisma des Suchers geleitet, 70% auf den Film. Die Auslösung des Verschlusses erfolgt praktisch ohne Reaktionszeit (die Verzögerung beträgt nur etwa 8 Millisekunden im Vergleich zu 50 bis 70 bei herkömmlichen Spiegelreflexkameras) sowie geräusch- und vibrationsfrei. Dadurch entsteht jedoch ein **Lichtverlust** von ca. 1/3 Blende. Der teildurchlässige Reflexspiegel muss immer **absolut sauber** gehalten werden.

SCHÄRFEVORAUSBERECHNUNG

Wenn man bei einer modernen Autofokuskamera auf den Auslöser drückt, so ruft man gleichzeitig eine Programmautomatik ab. Diese Programme sind in der Lage, die Distanz zum Motiv **automatisch** zu messen, die Schärfe am Auslösepunkt **vorauszuberechnen** und die Stellung der Linsen noch während der Anhebung des Reflexspiegels zu **korrigieren,** nachdem die Autofokusmessung bereits abgeschlossen ist. Wenn man Motive fotografieren möchte, die sich dem Fotografen rasch nähern oder sich von ihm entfernen, sind solche Kameras **unverzichtbare Hilfsmittel.** Sie bewahren einen davor, eine ganze Reihe unscharfer Fotos in Kauf nehmen zu müssen.

FREMDKÖRPER

Bei der Arbeit mit einer Autofokuskamera muss man unbedingt auf Fremdkörper im Sucherfeld achten. Wenn man beispielsweise ein Basketballmatch fotografiert und plötzlich ein Arm eines Spielers zwischen Motiv und Kamera auftaucht, könnte dieser in das Messfeld geraten und eine neue Suche nach der Schärfe auslösen. Dieser Nachteil wird ausgeschaltet, wenn die Kamera über eine so genannte **Memory-Funktion** verfügt, mit der ein einmal fokussiertes Motiv festgehalten werden kann. Auf diese Weise arbeitet zum Beispiel das Lock-On-System der Nikon F-5. Solche Funktionen wurden unter anderem auch deshalb entwickelt, weil das Motiv sich dadurch auch aus der Bildmitte in einen anderen Bereich des Messfeldes bewegen kann, ohne dass der Autofokus sofort auf einen anderen Punkt in der Mitte scharfstellt.

Mitziehen (Panning)

Verwandte Themen

Filme
Welcher Film für welche Zwecke?
S. 73

Objektive
Lichtstarke Objektive mit Bildstabilisator
S. 131

Technik
Der Verschluss der Kamera
S. 104

Action-Fotografie
Den richtigen Moment abwarten
S. 42

Der Blick durch den Sucher
Bildkomposition
S. 61

Nicht immer steht ausreichend Licht zur Verfügung, um bei einem schnell bewegten Motiv eine Verschlusszeit zu wählen, die kurz genug ist, um ein scharfes Bild zu erhalten. Außerdem ist zu beachten, dass ein wenig Bewegungsunschärfe im Bild den **dynamischen Ausdruck** bewahrt und damit das dokumentierte Ereignis in seiner Stimmung besser wiedergibt.

Hier bietet sich die Technik des **Panning** oder Mitziehens an. Grundsätzlich wird dabei eine eher längere Verschlusszeit gewählt und die Kamera beim Auslösen mit dem Motiv gleichmäßig mitbewegt. Würde der Fotograf die Kamera ruhig halten, gelänge es ihm bei derselben Verschlusszeit nicht, das schnell vorbeiziehende Motiv »einzufrieren«. Durch die Verfolgung der Bewegung während der Verschlusszeit reduziert er jedoch den **Geschwindigkeitsunterschied** zwischen Motiv und Filmebene. Je näher man dabei an die Neutralisierung der Geschwindigkeit herankommt, umso eher wird das Motiv aussehen, als sei es in unbewegtem Zustand aufgenommen worden: Die Konturen sind perfekt durchgezeichnet und scharf. Der Unterschied ist jedoch, dass es sich von einem stark bewegten Hintergrund abhebt. Diese **Bewegungsunschärfe** gibt den Eindruck der Geschwindigkeit gut wieder.

Die Technik des Mitziehens selbst ist nicht schwierig, dabei jedoch schöne Bilder zu erhalten sehr wohl. Zwei Ratschläge können den Erfolg erheblich beeinflussen: Zunächst sollte nicht nur **während des Auslösens** mitgezogen werden. Man beginnt schon vorher damit und führt die gleichförmige Bewegung der Kamera danach weiter, um sicherzustellen, dass sie fortgesetzt wird, bis der Verschluss wieder geschlossen ist. Zweitens ist es wichtig, keine zu unruhigen Hintergründe auszuwählen. Durch die Unschärfe könnte der Hintergrund leicht verwirrend wirken und den Betrachter vom Motiv ablenken.

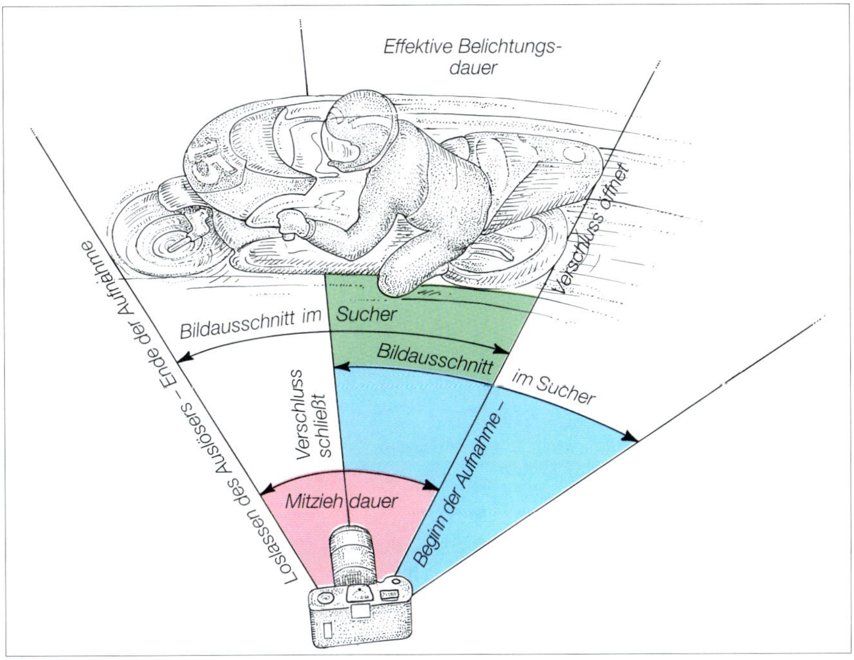

STABILISIERUNG

Natürlich kann man für das Mitziehen auch Stative mit drehbarem Kopf verwenden, die beim Drehen gewährleisten, dass die Bewegung in einer Ebene erfolgt. Auch Einbeinstative sind nützlich, speziell für Sportfotografen, die häufig mit großen, schweren Teleobjektiven arbeiten müssen.

Einen Spezialfall stellen Objektive mit **Bildstabilisatoren** dar. Hier muss man zwischen der vertikalen Stabilisierung unterscheiden, die ähnlich wie ein Einbeinstativ vor allem gegen Vibrationen absichern soll, und der horizontalen Stabilisierung, die die waagrechte Beweglichkeit einschränkt und beim Mitziehen somit hinderlich ist. Daher ist darauf zu achten, dass sich beim verwendeten Objektiv die **horizontale Stabilisierung** ausschalten lässt. Falls nicht, sollte man besser ganz auf eine Stabilisierung verzichten.

Die Kamera muss das Motiv vor und nach dem Auslösen »verfolgen«, damit das gewünschte Resultat erreicht wird (oben).
Linke Seite, oben: Das Teleobjektiv Canon EF 300 mm f/4 L-IS mit Stabilisator hat einen Schieberegler zum Ausschalten der horizontalen Stabilisierung.
Links: Mitziehen mit 1/30 s Belichtungszeit: die Bewegung der Arme bleibt sichtbar.
Linke Seite, unten: Mitziehen mit 1/60 s und Teleobjektiv 300 mm.

Naturfotografie

Verwandte Themen

Objektive
Die Aufnahmeperspektive
S. 125

Objektive
Variable Brennweiten
S. 127

Filme
Welcher Film für welche Zwecke?
S. 73

Filme
Die Nennempfindlichkeit überschreiten
S. 77

Tierporträts

WILD LEBENDE TIERE

Das Fotografieren von Tieren in freier Wildbahn erfordert doppelte Kompetenz. Zum einen benötigt man die eines **Fotografen** zusammen mit der Ausrüstung und dem für ihren Einsatz nötigen technischen Verständnis, wie etwa im Umgang mit lichtstarken Optiken oder Fotofallen, Fernauslösesystemen, ultraschnellem Blitzlicht und so weiter. Zum anderen ist auch **naturkundliche Kompetenz** gefragt, nicht nur um zu wissen, wo und zu welcher Zeit die betreffenden Tiere anzutreffen sind, sondern, um sich ihnen nähern zu können, ohne sie zu stören oder ihnen gar Schaden zuzufügen.

OBJEKTIVE

Im Allgemeinen benutzt man **Teleobjektive,** die umso stärker sein müssen, je kleiner und scheuer das zu fotografierende Tier ist: 300 mm f/2,8 für Hirsche und Rehe im Unterholz und in den Abendstunden, 400 und 500 mm für Vögel, wobei oft von einem Hochstand aus fotografiert wird, auch 800 mm für große Raubvögel und Horste von getarnten Unterständen in größerer Entfernung aus. Die Supertele- oder auch 80 bis 200 f/2,8 Zoomobjektive werden oft bei Fotosafaris in Steppengebieten verwendet, wobei man in den Geländefahrzeugen meistens ziemlich nahe an die Tiere herankommt.

UNTERSTAND UND FOTOFALLE

Der Unterstand des Fotografen muss – ähnlich wie der eines Jägers – so konstruiert sein, dass es sich darin auch stundenlang ausharren lässt. Im Inneren wird man natürlich ein **Dreibeinstativ** mit leicht verstellbarem Kopf aufbauen. Starke Zoom-Teleobjektive (100 bis 300 oder 200 bis 600 mm) sind eine gute Wahl für rasche Ausschnittwahl und Reaktion.

Eine **Fotofalle** ist technisch schon aufwändiger gestaltet. Normalerweise werden solche Fallen für längere Zeit aufgestellt, damit sich die Tiere daran gewöhnen. Manchmal muss man sie, obwohl sie ganz harmlos aussehen, auch geruchsmäßig tarnen, damit ihnen die Tiere nicht ausweichen. Die **Stromversorgung** der Apparate muss über längere Wartezeiten gewährleistet sein, und alle Komponenten müssen auch dann einwandfrei arbeiten, wenn sie über längere Zeit nicht gewartet werden und sich in den Nachtstunden Feuchtigkeit auf ihnen ablagert.

GELEGENHEITEN FÜR AMATEURFOTOGRAFEN

Man muss jedoch kein Spezialist für Naturfotografie sein, um zu ein paar schönen Tieraufnahmen zu kommen. Reichlich Gelegenheit bieten **Wild- und Nationalparks** mit ihren dichten Populationen.

Der Fuchs ist nicht leicht zu fotografieren. Besonders tagsüber ist er äußerst wachsam und scheu.

Am Meer: Möwen im Flug, Teleobjektiv 300 mm.

Dabei sind einige einfache Regeln zu beachten: Erstens sollte man sich immer langsam fortbewegen und die Tiere bereits aus der Entfernung beobachten (ein gutes **Fernglas** ist dabei unerlässlich); zweitens empfiehlt es sich immer, sich gegen den Wind anzunähern. Wenn man auf Nester stößt, ist besondere Umsicht geboten. Zweige, Blätter und Gräser dürfen nicht entfernt werden, denn es handelt sich dabei um eine Tarnung gegen Raubtiere. Entfernt der Fotograf dieses für seine Zwecke »störende« Material, könnte das Gelege hinterher leichte Beute für natürliche Feinde sein. Auch starke Sonneneinstrahlung kann Gelegen schaden. Bei großen Naturfotografiewettbewerben werden aus ebendiesem Grund keine Fotos von Nestern angenommen.

HAUSTIERE

Ein schönes Erinnerungsbild oder ein Foto, das das Wachstum des kleinen Lieblings dokumentiert, ist sicher viel leichter zu machen, denn im Gegensatz zu seinen wild lebenden Verwandten ist das Haustier immer verfügbar und flieht nicht vor uns. Doch aus ebendiesem Grund sind unsere Ansprüche an eine solche Fotografie ganz anders, in gewissen Dingen viel höher. Fotos von Wildtieren sollen die Aktivitäten der Tiere in freier Wildbahn zeigen, oft dienen einfache Schnappschüsse dazu, das jeweilige Verhalten später genauer zu analysieren. Manchmal soll nur das Vorkommen der einen oder anderen Spezies in einem bestimmten Gebiet gezeigt werden, da ist es unerheblich, wie groß das Tier darauf abgebildet ist und ob es vorteilhaft getroffen ist oder nicht. Bei Haustieren jedoch ist der Fotograf gefordert – und auch in der Lage – mit größerer Präzision zu arbeiten. Er hat genügend Zeit, die am **besten geeigneten Lichtverhältnisse** abzuwarten, er kann das Tier, etwa einen Hund, eine Katze oder ein Pferd, an einen Ort führen, wo der Hintergrund als passend und nicht zu unruhig empfunden wird. Wenn man ein Teleobjektiv verwendet, dann tut man es hier nicht etwa weil das Tier so scheu wäre, sondern weil man die **Schärfentiefe** dadurch beeinflussen und einen unruhigen Hintergrund »verschwimmen« lassen kann.
In vielen Fällen ist ein Tele- oder Zoomobjektiv mit nicht zu extremer Brennweite zu empfehlen, damit lassen sich auch schöne Nahaufnahmen machen. Um ein gutes Tierporträt zu bekommen, kann man sich derselben Tricks bedienen wie die Profis: Man ruft einen **Assistenten** zu Hilfe, der das Tier mit einem Leckerbissen oder einem Spielzeug dazu bringt, verschiedene Posen einzunehmen.

Zoos und Wildparks

Verwandte Themen

Filme
Welcher Film für welche Zwecke?
S. 73

Technik
Belichtungsreihen
S. 114

Technik
Entfernungsmessung: Autofokus
S. 116

Technik
Autofokus: Fehlerquellen
S.118

Objektive
Bildwinkel
S. 125

Anlässlich eines Besuchs im Zoo oder im Wildpark schöne Tierfotos zu erhalten ist keine Selbstverständlichkeit. Die größte Schwierigkeit ergibt sich dabei meistens aus der **Beschaffenheit der Anlagen.** Störende architektonische Elemente befinden sich sowohl im Vordergrund (Gitter und Zäune) als auch im Hintergrund (Betonwände, Kabel, Kanäle, Gerüste).

Hier einige Ratschläge, wie man trotzdem gute Bilder bekommt:

- Ein grobmaschiger Zaun verschwindet oft, wenn man das Objektiv nahe an den Zaun bringt, die **größte Blendenöffnung** wählt und auf ein weiter entferntes Objekt scharfstellt.
- Ein starkes **Teleobjektiv** lässt den Hintergrund verschwommen erscheinen.
- Kleine Tiere ziehen sich oft an geschützte Stellen im **Schatten** zurück. Ein Blitzlicht (wenn erlaubt) kann daher nützlich sein. Vorsicht jedoch mit Gegenständen, auch dünnen Zweigen oder Grashalmen zwischen Motiv und Kamera, durch das Blitzlicht angestrahlt werden sie überbelichtet und können als undefinierbare helle Flecken erscheinen.
- Mit einem **Telekonverter** zwischen Gehäuse und Objektiv erhält man eine größere Vergrößerung des Motivs bei gleichbleibender Naheinstellgrenze.
- Mit Autofokuskameras können sich Schwierigkeiten beim Scharfstellen ergeben, da Zäune oder Gitter im Vordergrund mit der Messung auf das Motiv inter-

Oben: Lama.
Unten: Löwen, vom Auto aus fotografiert.

ferieren. In solch einem Fall misst man das Motiv an, betätigt die Memory-Funktion zur **Speicherung der Schärfeeinstellung** (bei manchen Kameras erreicht man das auch wenn man den Auslöser leicht gedrückt hält), wählt dann den Bildausschnitt und löst aus. Natürlich kann man auch manuell arbeiten.

- Für die Tierfotografie eignen sich besonders Filme mit mittlerer bis hoher **Lichtempfindlichkeit,** auch wenn niedriger empfindliche Filme eine bessere Farbwiedergabe gewährleisten. ISO 100 bis 200 ist empfehlenswert, denn oft wird man die Tiere an einem schattigen Plätzchen vorfinden. Auch die Arbeit mit weniger lichtstarken Teleobjektiven oder Telekonvertern erfordert einen höher empfindlichen Film.

Im Zoo: Kronenkranich, Teleobjektiv 300 mm.

Alpenzoo Innsbruck, der Braunbär beobachtet die Besucher von seinem Aussichtsplatz aus. 180 mm.

Aquarien und Terrarien

Verwandte Themen

Filme
Kontrastumfang
S. 81

Licht
Farbtemperatur
S. 190

Licht
Kunstlicht
S. 192

Zubehör
Konversionsfilter
S. 144

Aufnahmetechnik
Blende und Schärfentiefe
S. 181

Aquarien und Terrarien bieten ebenfalls reichlich Gelegenheit und Motive für schöne Fotos. Normalerweise ist das freie Fotografieren in Aquarien und Terrarien erlaubt, sofern man kein Blitzlicht verwendet. Diese **Einschränkung** ist unbedingt zu beachten, denn das intensive Licht aus großer Nähe kann die Tiere nicht nur erschrecken, sondern ihnen auch körperlichen Schaden zufügen. Sowohl beim Fotografieren mit **Kompaktkameras** als auch mit **Spiegelreflexkameras** ist einiges zu beachten. Hier die wichtigsten Ratschläge:

- Bei Kompaktkameras ist unbedingt nach jeder Aufnahme zu kontrollieren, ob der Blitz ausgeschaltet ist. Manche Automatiken stellen nach jeder Aufnahme oder jedes Mal, wenn der Objektivschutz geschlossen wird, auf die **Standardeinstellung** zurück.
- Filme mit **höherer Lichtempfindlichkeit** sind vorzuziehen. Bei ISO 400 etwa erhält man ausreichend kurze Verschlusszeiten, um ein Verwackeln der Aufnahme zu vermeiden.
- **Farbnegativfilme** sind vorzuziehen. Sie haben einen größeren Kontrastumfang und sind weniger empfindlich gegen Farbabweichungen, die durch die Neonbeleuchtung der Aquarien hervorgerufen werden können.

Rechts: Fische in einem Aquarium. Die Sonnenblende des Objektivs wurde direkt an die Scheibe gehalten. Oben: Wasserschildkröte hinter der Glaswand eines Terrariums. 21 mm aus 20 cm Entfernung.

Aquarium im Ozeanografischen Museum in München. Weitwinkel 18 mm, freihändig, f/3,5, 1/4 Sekunde, Film ISO 100.

• Wer trotzdem mit Diafilm arbeitet, sollte daran denken, einen **entsprechenden Filter** mitzunehmen, um den durch das Neonlicht auftretenden Grünstich auszugleichen (etwa FL-D von B+W).

• **Weitwinkelobjektive** helfen dabei, Erschütterungen auch bei sehr langen Zeiten vorzubeugen.

• Ein sehr wichtiges Zubehörteil ist die **Sonnenblende.** Fest ans Objektiv montiert erlaubt sie dem Fotografen, die Optik direkt an der Glaswand aufzusetzen und dort durch leichten Druck zu stabilisieren. So wird das Bild auch bei langen Verschlusszeiten nicht verwackelt, gerade bei Amphibien, die sich wenig bewegen, eine gute Methode. Die lange Verschlusszeit erlaubt eine kleinere Blendenöffnung und damit größere Schärfentiefe.

Im großen Terrarium eines Wildparks bei Novara. 100 mm, f/2,8, ISO 200, Neonlicht.

Pflanzen und Blüten

Verwandte Themen

Objektive
Makro- und Spezialobjektive S. 129

Licht
Infrarotfotografie S. 198

Aufnahmetechnik
Makrofotografie S. 172

Filme
Der Diapositivfilm S. 85

Objektive
Variable Brennweiten S. 127

Frei nach dem Motto »Fotografieren, nicht Berühren«, das unter dem Aspekt der wachsenden Bedrohung bestimmter Pflanzenarten heutzutage verstärkt an Bedeutung gewinnt, widmen sich viele Fotografen mit Begeisterung dem Fotografieren von Pflanzen. Das können **Gartengewächse** sein oder auch seltene **Wildpflanzen,** die der Wanderer auf einem Ausflug ins Gebirge entdeckt. Ein gutes Foto mit nach Hause zu bringen ist dabei nicht immer leicht.

An Ausrüstung ist in den meisten Fällen nicht mehr mitzunehmen als ein **Normalobjektiv mit Nahvorsatzlinsen,** mit denen man bis zu 30 cm nahe an sein Motiv herangehen kann. Meistens nimmt man eine nicht allzu starke Linse von ca. 3 Dioptrien. **Balgengeräte** sind häufig so stark, dass man mit einem Normalobjektiv eine zu starke Vergrößerung erhält als dass man die ganze Pflanze abbilden könnte, für bestimmte Details wie etwa eine Blütenkrone eignen sie sich jedoch sehr wohl.

TECHNISCHE FRAGEN

Beim Fotografieren von Pflanzen arbeitet man fast immer mit großer Schärfentiefe, daher wird man möglichst **kleine Blendenöffnungen** wählen. Somit ist es ratsam, ein Stativ dabeizuhaben, um mit den längeren Verschlusszeiten ohne Verwackeln zurechtzukommen.

Eine der Hauptschwierigkeiten ist der eventuell vorhandene **Wind.** Er bewegt die Blütenstängel, sodass sie bei den längeren Verschlusszeiten unscharf erscheinen können. In vielen Fällen lässt sich jedoch leicht Abhilfe schaffen, etwa mit einem zwischen zwei

Rechts: Vergrößerung mit Makrooptik (Leica Makro Elmar-R 60 mm, f/2,8 mit Balgengerät). Sehr gute Farbwiedergabe. Oben: Eine technisch leichtere Aufnahme aus der Nähe, ein blühender Zweig im Tageslicht.

Ästen gespannten Tuch oder einem aufgespannten Regenschirm. Natürlich ist darauf zu achten, dass der Schatten des Windschutzes nicht in den Bildausschnitt fällt.
Der unruhige Hintergrund verschwindet durch die entsprechende Wahl der Blendenöffnung, aber vor allem durch den Einsatz **langer Brennweiten** (mittlere oder starke Teleobjektive mit **Konverter** oder Nahlinsen zur Verkürzung der Entfernung zur Schärfeebene).

Nahaufnahme mit Normalobjektiv und Nahlinse. Um mit f/22 arbeiten zu können, wurde ein Blitzlicht eingesetzt.

FILM UND MENSCHLICHES AUGE

Die **Farbwiedergabe der Fotofilme** ist ähnlich, aber nicht gleich der des menschlichen Auges. Der Film reagiert auf einige Wellenlängen speziell im Infrarotbereich, die das Auge nicht wahrnimmt. Die Blüten einiger Pflanzen wie Lobelie, Ackerwinde oder Leberbalsam können dadurch auf Fotos eine andere Farbgebung haben als die für den Menschen in der Natur sichtbare, Magentarot wirkt intensiver, Violett ebenfalls. Bei Farbnegativfilmen ist dieser Effekt schwächer als bei Diafilmen.

Durch den Blitz wird das Weiß der Magnolienblüte unverfälscht wiedergegeben. Leica APO-Macro Elmarit-R 100 mm, f/2,8.

Insekten

Verwandte Themen

Objektive
Makro- und Spezialobjektive
S. 129

Aufnahmetechnik
Makrofotografie
S. 172

Zubehör
Der Blitz
S. 155

Naturfotografie
Aquarien und Terrarien
S. 50

Zubehör
Das Stativ
S. 153

Ob zu Hause im Garten oder draußen auf der Wiese: Insekten fotografieren ist wie eine Fotosafari im Miniaturformat. Es kommt die Technik der **Makrofotografie** zur Anwendung, bei sehr kleinen Insekten auch mit erheblicher Vergrößerung. Für eine Heuschrecke oder ein Tier ähnlicher Größenordnung genügt zwar ein Normalobjektiv mit Nahlinse zwischen 4 und 5 Dioptrien, ein Makroobjektiv ist allerdings bequemer. Oft wird man jedoch feststellen, dass es problematisch ist, sich den Tieren genügend anzunähern ohne sie zu verjagen. Aus diesem Grund ist es ratsam, besonders wenn man es auf Insekten wie Schmetterlinge abgesehen hat, ein **Makroobjektiv** mit langer Brennweite (100 bis 200 mm) zu verwenden. Eine durchaus nützliche Notlösung kann es in manchen Fällen sein, mit viel längeren Brennweiten wie 300 oder 400 mm und **Balgengerät** oder **Zwischenringen** zu arbeiten.

DIE AUFNAHME

So winzige Zeitgenossen wie die Insekten werden **nur selten stillhalten,** während wir sie fotografieren. Meistens befinden sie sich in mehr oder weniger hektischer Aktivität, man denke nur an die Biene, die eine Blüte umschwirrt. Oft kommt zu der Schwierigkeit, die sich aus der Bewegung des Motivs ergibt, auch noch die **Bewegung einer Pflanze,** auf die sich das Tier gerade setzen will.

Unten: Ringblitz speziell für die Makrofotografie.

Daher muss man immer mit **schnellen Verschlusszeiten** arbeiten, gleichzeitig sollte jedoch die Blendenöffnung klein genug sein, um die nötige **Schärfentiefe** zu erhalten. Denkt man außerdem daran, von seinen Aufnahmen später großformatige Abzüge herstellen zu lassen, benötigt man dazu noch einen niedrig empfindlichen Film wegen des feineren Korns und der intensiveren Farbe. Aus all diesen Gründen braucht man in der Makrofotografie eine ganze Menge Licht und wird kaum ohne **elektronisch gesteuertes Blitzgerät** auskommen.
Wenn man ein Blitzgerät mit elektronischer Belichtungsmessung, am besten mit in die Kamera integrierter TTL-Messung, verwendet, kann man bei Aufnahmen aus nächster Nähe die Lichtgaben sehr kurz halten.

Oben: Schmetterling, Makro 100 mm.
Linke Seite, oben: Marienkäfer, Makro 60 mm auf Balgengerät.

Gerade bei solchen Aufnahmen erweist sich das als sehr vorteilhaft, denn eigentlich ist es die **Dauer der Lichtgabe,** die über die effektive Belichtungszeit entscheidet. Je kürzer sie ist, umso eher wird es gelingen, auch sehr **schnelle Bewegungen** »einzufrieren«. Das Tageslicht hat bei den kleinen Blendenöffnungen und der niedrigen **Lichtempfindlichkeit** der Filme so gut wie überhaupt keinen Einfluss.

Bei der Aufnahme selbst kann es von Vorteil sein, den Autofokus abzuschalten. Man stellt besser vorab auf eine **bestimmte Entfernung** ein, die der gewünschten Vergrößerung entspricht, und nähert sich dem Motiv dann langsam. Im Sucher beobachtet man die Schärfe und löst aus, wenn das **Motiv exakt scharf** ist.

Rechts: Heuschrecke, Makro 100 mm.
Oben: Totenkopffalter, Makro 60 mm.

Die Annäherung an das Motiv

Wahl des Bildausschnitts

Als Fotograf muss man sich daran gewöhnen, den Ausschnitt der Realität im Sucher als zweidimensionales Bild zu betrachten. Da wir im Alltag die Dinge **dreidimensional** sehen und erfahren, erfordert es einige Gewöhnung, sich beim Fotografieren auf eine »flache« Betrachtungsweise zu konzentrieren. Einen Bildausschnitt wählen heißt, den zweidimensionalen Charakter der fotografischen Abbildung zu betrachten, um die **Beziehungen zwischen den Formen** einzuschätzen und auch nicht greifbare »Objekte« wie etwa Schatten in ihrer Wirkung zu beurteilen.

ACHTUNG AUF DEN HINTERGRUND

Unerwünschte Details im Hintergrund können leicht die Stimmung ruinieren. Ein Souvenirkiosk in einer Ecke eines mittelalterlichen Schlosses, der zufällig ins Bild gerät, kann das historische Flair zerstören, das der Fotograf an diesem Ort fühlte und zum Ausdruck bringen wollte. Oft genügt ein Schritt nach vorn, um den **Ausschnitt etwas zu verkleinern** oder ein leichtes Drehen der Kamera, und das unerwünschte Detail ist verschwunden.
Ein Porträt im Freien mit einem Lampenmast direkt hinter dem Motiv ist sicherlich wenig attraktiv. Auch hier genügen ein, zwei Schritte nach rechts oder links, und das Problem ist behoben.

ACHTUNG AUF DIE SCHATTEN

Porträts in der Mittagssonne zeigen harte, **vertikale Schatten** unter den Augen. Selbst das sanfteste Gesicht kann so zur theatralischen Maske werden.
Bei schräg einfallendem Licht ist besonders auf die Schatten nicht abgebildeter Objekte zu achten, die in das Bild fallen. Mit der Sonne im Rücken muss der Fotograf sich auch vergewissern, nicht selbst einen Schatten zu werfen.

ACHTUNG AUF DIE SCHÄRFE

Das menschliche Auge selektiert selbstständig die wichtigen Details. Es isoliert den Gegenstand des Interesses und beachtet im Hintergrund oder am Rande des Gesichtsfeldes befindliche Objekte nicht. Das Objektiv hingegen ist nicht in der Lage, selbstständig zu selektieren. Wenn man mit einer kleinen Blendenöffnung arbeitet, werden alle Ebenen des Bildes perfekt scharf abgebildet. Doch man kann den Hintergrund bewusst **verschwimmen** lassen oder ganz **unkenntlich** machen, wenn man große Blendenöffnungen oder ein Teleobjektiv wählt. Es ist ebenso wichtig, die Schärfentiefe über die Blendeneinstellung zu kontrollieren wie im richtigen Moment den Auslöser zu betätigen, wenn man ein schönes, ausdrucksstarkes Foto haben will. Während man bei der Action-Fotografie zuerst die **Verschlusszeit** wählt und die Blende daran anpasst, verfährt man in vielen anderen Bereichen der Fotografie genau umgekehrt. Man wählt die Blendenöffnung, indem man sich für eine **Bildebene** entscheidet, die man scharf abzubilden wünscht, und wählt dann die **entsprechende Belichtungszeit** dazu.

Auf ein Detail scharf zu stellen heißt bewusst entscheiden, worauf die Aufmerksamkeit des Betrachters gelenkt werden soll.

Verwandte Themen

Der Blick durch den Sucher
Aufnahmeperspektive
S. 65

Der Blick durch den Sucher
Aspekte der Perspektive
S. 63

Technik
Der Sucher der Spiegelreflexkamera
S. 119

Technik
Optische Sucher
S. 123

Objektive
Der Bildwinkel
S. 125

Wie wählt man einen Ausschnitt?

Verwandte Themen

Formate
Filme in allen Formaten
S. 89

Objektive
Bildwinkel
S. 125

Technik
Entfernungsmessung: Autofokus
S. 116

Der Blick durch den Sucher
Bildkomposition
S. 61

Der Blick durch den Sucher
Aufnahmeperspektive
S. 65

STÖRENDE ELEMENTE AUSSCHLIESSEN

Wie in der Bildhauerei, von der oft gesagt wird, es gehe dabei darum, **Überflüssiges zu entfernen,** ist die Kunst in der Fotografie etwas ganz Ähnliches: die Konzentration auf das Wesentliche.

HOCH- ODER QUERFORMAT?

Ein Foto ist normalerweise rechteckig, und die meisten Kameras sind so gebaut, dass, wenn wir sie ans Auge führen, automatisch ein querformatiger Bildausschnitt entsteht. Viele Fotoamateure denken nicht einmal an die Möglichkeit, auch einmal im **Hochformat** zu fotografieren. Natürlich ist das Querformat für eine Landschaftsaufnahme am besten geeignet, doch passt für ein Porträt nicht das Hochformat besser? Die Wahl des Formats ist der erste Schritt zu einem perfekt an das Motiv angepassten Ausschnitt.

DIE AUFNAHMEPERSPEKTIVE WÄHLEN

Der Blickwinkel des Fotografen, aus der er seine Aufnahme macht, ist ein wichtiges Stilmittel, das den Ausdruck des Bildes erheblich beeinflusst. Die Aufnahmeperspektive kann jedoch auch dabei helfen, **störende Details** aus dem Bildausschnitt **auszuschließen.** Kleine Änderungen des **Standpunktes** können Störfaktoren beseitigen, die sich anders nicht entfernen lassen. Ein Schritt nach rechts oder links, und schon sind unattraktive Objekte im Hintergrund hinter dem eigentlichen Motiv verborgen.

AUSWAHL DES OBJEKTIVS

Die Größe des Bildausschnitts hängt weit gehend von der Wahl des Objektivs ab. Gerade die bequeme Möglichkeit, rasch die **Brennweite variieren** und den Bildausschnitt auf diese Weise vergrößern oder verkleinern zu können, hat wesentlich zum Erfolg der Zoomobjektive beigetragen. Aber Vorsicht: Zoomen oder das Objektiv wechseln beeinflusst auch andere Faktoren wie Schärfentiefe oder Perspektive. Bevor man daher die Brennweite wechselt, sollte man immer überlegen, ob es nicht besser wäre, ein paar Schritte **nach vorne** auf das Motiv zu oder **nach rückwärts** vom Motiv weg zu gehen.

Hochformat, offene Blende, um den Hintergrund unscharf erscheinen zu lassen, auch eine lange Brennweite leistet hier gute Dienste.

VIELE AUFNAHMEN MACHEN

Sobald man das erste Foto geschossen hat, fragt man sich meist gleich, ob man es nicht **noch besser machen** könnte. Man hebt ein bestimmtes Detail stärker hervor, variiert den Bildausschnitt ein wenig, macht eine Hochformataufnahme, wenn die zuvor in Querformat erfolgte, benutzt ein anderes Objektiv. Es macht keinen Sinn, einfach draufloszuknipsen und ein Foto nach dem anderen zu schießen in der Hoffnung, durch die große Anzahl die **Wahrscheinlichkeit** zu erhöhen, ein perfektes Bild zu erhalten. So verschwendet man nur Film. Stattdessen sollte man gezielt vorgehen und sich immer wieder fragen, was genau verbessert werden könnte und über den jeweils geeigneten Weg zur Perfektion nachdenken.

Das richtige Licht

Ein fundamentaler Aspekt der Fotografie ist die Verwendung des Lichts als Ausdrucksmittel. Das Licht lässt das Bild entstehen, generiert erst den Effekt, der aus einem beliebigen Objekt ein interessantes Fotomotiv macht. Dieselbe Szene in anderer Beleuchtung könnte ebenso gut uninteressant sein.

Verwandte Themen

Licht
Farbtemperatur
S. 190

Licht
Kunstlicht
S. 192

Technik
Belichtungsmessung
S. 108

Licht
Die Farbe des Tageslichts
S. 193

Aufnahmetechnik
Gegenlicht
S. 176

DIREKTES LICHT

In älteren Fotohandbüchern stand regelmäßig zu lesen, die Lichtquelle solle sich immer direkt **hinter dem Rücken** des Fotografen befinden. Das ist natürlich oberflächlich betrachtet die am wenigsten schwierige Situation: Das gleichmäßig verteilte Licht erleichtert die Belichtungsmessung, es gibt keine übertriebenen Kontraste. Doch frontales Licht tendiert dazu, die Szene **flacher** erscheinen zu lassen, die Raumtiefe geht bis zu einem gewissen Grad verloren. Bei Porträts ist es sogar ärgerlich, da das Motiv geblendet wird und die Augen zusammenkneift. **Höher positioniertes Licht** wirkt besser, die Raumtiefe wird leicht betont und das Motiv weniger geblendet.

SCHRÄG EINFALLENDES LICHT

Schräg einfallendes Licht ist die ideale Beleuchtung für die Landschaftsfotografie. Es hebt auch kleinste Erhebungen hervor und lässt die gesamte Szene viel plastischer erscheinen. Es wirft **seitliche Schatten,** die die Strukturen betonen. Für Porträts kann es allerdings ungünstig sein, denn es hebt Unebenheiten und Unregelmäßigkeiten der Haut ebenfalls hervor, betont die Backenknochen übermäßig und zeichnet einen seitlichen Schatten neben der Nase. Mit einem **Aufhell schirm** außerhalb des Bildausschnitts kann dieser Effekt ausgeglichen werden.

Links: Schräg einfallendes Licht betont die Formen. Oben: Ein Stadtgebäude im Schatten zeigt einen intensiven Blaustich, der durch den Reflex des Himmelsgewölbes entsteht. Die untergehende Sonne, die sich in einem Fenster spiegelt, bildet einen reizvollen Kontrast dazu.

Im Gegenlicht wird häufig das Licht selbst zum Motiv.

GEGENLICHT

Dieses Licht erzeugt die stärksten Kontraste. Auch die Tiefenwirkung ist am stärksten, denn die **Schatten** werden in Richtung des Betrachters geworfen. Für den Fotografen ist dies vielleicht das faszinierendste Licht, erfordert aber einiges an Sachkenntnis: Man muss sehr genau wählen, wo man die Belichtungsmessung ansetzt. Zu achten ist auch auf Streulicht im Objektiv, das zu **unerwünschten Lichtreflexen** auf dem Bild führen kann.

DIFFUSES LICHT

Dieses Licht herrscht bei wolkenverhangenem Himmel vor, es erzeugt keine Schatten. Durch die schwachen Kontraste gelingt die **Belichtungsmessung** relativ einfach. Das Licht umspielt das gesamt Motiv, und der Sättigungsgrad der Farben ist hoch. Obwohl es widersprüchlich erscheint, weil die Lichtintensität eigentlich niedriger ist als an einem sonnigen Tag, greift man bei solchen Lichtverhältnissen zu einem **niedrig empfindlichen Film,** um eine bessere **Farbsättigung** zu erzielen. Diffuses Licht eignet sich sehr gut für die Porträtfotografie, aber auch zum Fotografieren von Gegenständen, Gemälden oder Dokumenten. Diffuses Kunstlicht erhält man durch mit **Diffusorfolie** bespannte Schirme, die man vor die Lichtquelle stellt oder an die Lampen montiert.

DIE FARBE DES LICHTS

Handelsübliche Tageslichtfilme geben die Farben nur natürlich wieder, wenn sie auch unter den entsprechenden Lichtbedingungen eingesetzt werden, das heißt an einem sonnigen Tag mit blauem Himmel und nur wenigen weißen Wolken (5500 Kelvin). Wenn dies nicht zutrifft, ist mit **Farbabweichungen** zu rechnen. Das menschliche Auge mit seiner hohen Anpassungsfähigkeit kompensiert die Wirkung unterschiedlichster Lichtverhältnisse, ein Film ist dazu jedoch nicht in der Lage. Eine rote Ziegelmauer außerhalb des Bildausschnitts kann einen deutlichen roten Reflex auf die Szene werfen. Ein im Schatten eines Laubbaumes aufgenommenes Porträt kann einen **Überschuss an diffusen Grüntönen** zeigen. In vielen Fällen kann eine solche Farbabweichung auch kreativ genutzt werden, und oft trachtet man sogar danach, diesen Effekt zu verstärken. Im bläulichen Licht der fortgeschrittenen Dämmerung beispielsweise kann ein in einem warmen Farbton erleuchtetes Fenster eines Gebäudes sehr gut zur Geltung kommen. Gewöhnlich ist es bei unausgeglichenen Lichtverhältnissen besser, einen **Tageslichtfilm** zu verwenden. **Kunstlichtfilme (Tungsten)** eignen sich hauptsächlich für Studioaufnahmen. Verschieden empfindliche Filme, verschiedene Marken und auch die einzelnen Emulsionen weisen unterschiedliche Farbabweichungen auf, und es obliegt dem Fotografen zu entscheiden, welchen Film er wann verwenden möchte.

Der Blick durch den Sucher

Bildkomposition

Wie komponiert man ein Bild innerhalb des Sucherfeldes? Feste Regeln würden die Kreativität des Fotografen nur einschränken, und wer die Originalität sucht, muss ohnehin oft gegen alle Regeln verstoßen. Wer Bildinhalte jedoch effizient vermitteln will, sollte sich dennoch an einige Grundregeln halten.

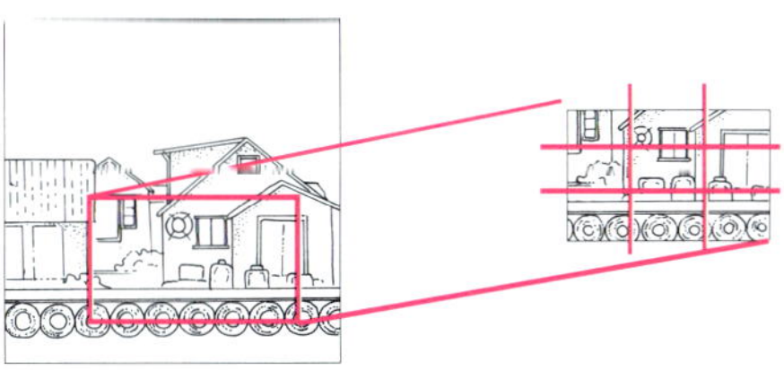

DER DRITTELRASTER
Eine Ausgewogenheit der Formen und Farben ist gewöhnlich das Erste, worauf der Fotograf achtet, wenn er durch den **Sucher** blickt. Ein gedachter Drittelraster kann diese Aufgabe wesentlich erleichtern.
Diese Methode ist ganz einfach: Es geht darum, das Motiv oder einen wesentlichen Teil davon auf die **Kreuzungspunkte** eines Rasters aus jeweils zwei Geraden zu legen, die den Bildausschnitt horizontal und vertikal in **drei gleiche Segmente** teilen. Auch wenn man nicht über einen Sucher verfügt, der angedeutete Rahmen und Hilfslinien zeigt, ist es nicht schwer, sich diese vorzustellen. Die **Kreuzungspunkte** dieser Hilfslinien sind die »starken« Punkte des Bildes, welche das Auge instinktiv

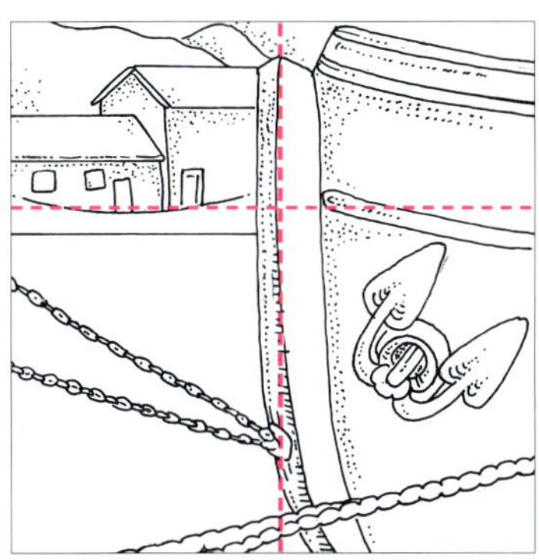

Verwandte Themen

Annäherung an das Motiv
Den Ausschnitt wählen
S. 57

Technik
Der Sucher der Spiegelreflexkamera
S. 119

Objektive
Bildwinkel
S. 125

Der Blick durch den Sucher
Aspekte der Perspektive
S. 63

Formate
Filme in allen Formaten
S. 89

Oben: Aus einer ziemlich unruhigen Szene wird mit Hilfe des Drittelrasters ein Ausschnitt gewählt. Die Aufnahme bekommt dadurch grafische Aussagekraft.
Unten: Bildkomposition in Kreuzform.

Eine Komposition mit diagonalen Linien im quadratischen Bildausschnitt.

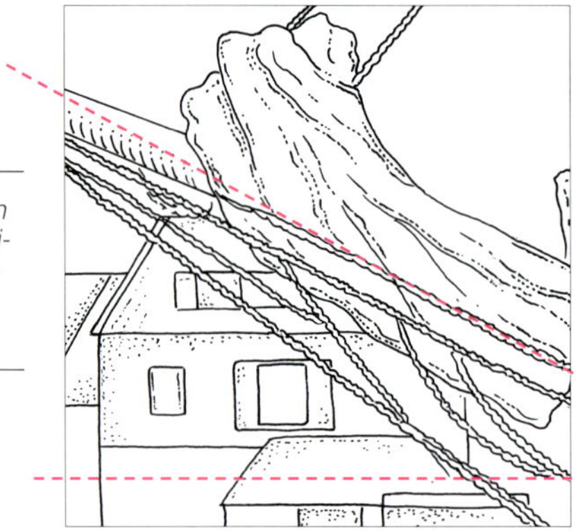

deutlicher wahrnimmt. Der Drittelraster ist auch hilfreich, wenn man mehrere Motive im Bildausschnitt hat und diese mehr oder weniger weit voneinander entfernt auf verschiedenen Raumebenen liegen. Man behält die Hilfslinien im Auge und versucht durch **Variieren** des Ausschnitts mit ein paar Schritten nach vorne oder rückwärts bzw. leichtes Drehen der Kamera die Motive an den Schnittpunkten der Geraden zu positionieren. So erhält das Bild einen ausgewogenen Ausdruck.

KOMPOSITIONSSCHEMEN

Bei der Wahl des Bildausschnitts ebenfalls zu beachten sind die **Verteilung der Massen** im Bild sowie sich eventuell wiederholende Linien. Eine Wiederholung im Linienmuster, die der aufmerksame Beobachter entdeckt und im Bild festhält, wird später jedem Betrachter auffallen, wenn auch nicht immer bewusst. Selbst das unaufmerksame Auge wird von den **Kompositionslinien** geführt.

Man kann nach einer L-Komposition, parallelen Linien, konzentrischen Halbkreisen, Dreiecken, geschwungenen S-Linien etc. suchen, die Möglichkeiten sind unerschöpflich.

Aspekte der Perspektive

Beim Bildaufbau ist die Kontrolle der Perspektive ein fundamentaler Aspekt. Dabei spielt die Brennweite des Objektivs eine maßgebliche Rolle, denn wenn man sie ändert, ändert sich der Bildausschnitt ebenfalls.

WEITWINKELEFFEKT

Wenn man mit einer Kleinbildkamera ein Normalobjektiv, zum Beispiel 50 mm verwendet, so bedeutet das, dass man damit einen Bildausschnitt in einem **Winkel von 46°** erfasst. Vor allem heißt dies jedoch, die »natürlichen« Proportionen in Bezug auf Vorder- und Hintergrund zu bewahren, an die das Auge gewöhnt ist. Wechselt man nun auf ein Weitwinkelobjektiv, so wird dieser Winkel größer und die Szene **weiträumiger** abgebildet, es verschieben sich jedoch auch die perspektivischen Dimensionen. Das wirkt sich natürlich deutlich auf die abgebildete Szene aus.
Je kürzer die Brennweite ist, umso größer wird der erfasste Winkel, was jedoch am meisten ins Auge fällt, ist die **starke Verkleinerung** der im Hintergrund befindlichen Objekte im Vergleich zum Vordergrund.

Verwandte Themen

Aufnahmetechnik
Blende und Schärfentiefe
S. 181

Objektive
Bildwinkel
S. 125

Zubehör
Korrekturfilter
S. 143

Aufnahmetechnik
Kameraverstellungen
S. 187

Formate
Filme in allen Formaten
S. 89

Links: Von einem Weitwinkelobjektiv (unten) auf ein Teleobjektiv (oben) zu wechseln, bedeutet, dass die Raumebenen erheblich komprimiert werden.

Der Eindruck der Raumtiefe wird durch ein Weitwinkelobjektiv verstärkt (21 mm).

Im Sucher der Spiegelreflexkamera ist diese Veränderung deutlich zu beobachten, denn man blickt durch das Objektiv. Bei Kameras mit optischen Suchern schaut man jedoch direkt durch ein **Sucherfenster.** Die Größe des Ausschnitts ist leicht zu erfassen, da im Sucher ein Rahmen dafür vorgesehen ist. Den perspektivischen Effekt kann man sich nur vorzustellen versuchen.

KOMPRESSION DER BILDEBENEN

Während ein Weitwinkelobjektiv das Motiv in weite Ferne rückt, holt es ein Teleobjektiv **näher heran und vergrößert es.** Auch das wirkt sich auf die Perspektive aus, die Bildebenen werden **komprimiert.** Der Hintergrund erscheint umso näher an einem Motiv im Vordergrund, je größer die verwendete Brennweite ist. Dieser Effekt kann im Sucher der Reflexkamera deutlich festgestellt werden. Im optischen Sucher mit Leuchtrahmen erscheint ein sehr kleiner Rahmen, entsprechend dem kleineren Bildausschnitt von Optiken mit langer Brennweite.

LUFTPERSPEKTIVE

Die Wahl eines Weitwinkel-, Normal- oder Teleobjektivs bedeutet also auch, sich für bestimmte perspektivische Dimensionen zwischen **Bildvordergrund** und **-hintergrund** zu entscheiden. Es gibt jedoch noch einen anderen Aspekt, mit dem der Fotograf rechnen muss, wenn er ein weit entferntes Motiv abbilden und den Eindruck der Weite wiedergeben will. Man spricht hier von der Luftperspektive, die besonders deutlich zur Geltung kommt, wenn man nicht über ein Objekt im unmittelbaren Vordergrund verfügt, das der Aufnahme einen Rahmen gibt und die Raumtiefe betont. Eine solche Situation ist beispielsweise gegeben, wenn man ein Alpental von oben fotografiert. Der Eindruck der **Raumtiefe** hängt mit der **Kompression des Raumes** zwischen der Kamera und dem Bildhintergrund zusammen. Oft erhält man einen leichten **blauen Farbstich.** Dieser Effekt ist umso stärker, je länger die verwendete Brennweite ist.

Die Aufnahmeperspektive

AUFNAHMEN IN AUGENHÖHE
Die Kamera in Augenhöhe zu halten und auszulösen ist in vielen Situationen korrekt, etwa in der Landschaftsfotografie, der Reportage und so weiter. Doch man sollte darüber nicht vergessen, dass es manchmal besonders wichtig sein kann, die Aufnahmeperspektive an das Motiv **anzupassen.** Beim Fotografieren von Kindern zum Beispiel sollte man unbedingt in **Hockstellung** gehen, um sich in ihre Augenhöhe zu begeben. Damit vermeidet man, dass man sie perspektivisch verkürzt, wenn man zu stark von oben nach unten aufnimmt.

AUFNAHMEN IN BAUCHHÖHE
Manche Kameras, wie etwa klassische zweiäugige Spiegelreflexkameras, verfügen über einen oben auf dem Korpus waagrecht angebrachten Sucher. Dieser erlaubt es dem Fotografen, die Kamera in **Bauchhöhe** zu halten und den Bildausschnitt von oben zu kontrollieren.

Verwandte Themen

Technik
Der Sucher der Spiegelreflexkamera
S. 119

Aufnahmetechnik
Blende und Schärfentiefe
S. 181

Kameras
Die klassische Fotokamera
S. 69

Objektive
Bildwinkel
S. 125

Aufnahmetechnik
Kameraverstellungen
S. 187

Links: Mit einem Makroobjektiv kommt man der Szene besonders nahe, der Betrachter fühlt sich »mittendrin«.
Oben: Blumen in Bodenhöhe fotografiert.

Diese Aufnahmeperspektive verleiht dem Bild durch die tiefere Position der Kamera und die zwar nicht extreme, aber doch wirkungsvolle Aufsicht von unten eine gewisse **Monumentalität.**

Ein niedriger Standpunkt bei der Aufnahme ist besonders wichtig, wenn man Kinder fotografiert. Der Fotograf muss sich auf die Höhe des Motivs begeben.

VON OBEN NACH UNTEN

Indem man dasselbe Motiv entweder von oben oder von unten fotografiert, kann man den Ausdruck des Bildes entscheidend verändern. Das ist eine elementare, leicht nachvollziehbare Regel, auf die jedoch gerade Amateurfotografen gerne vergessen. Der Effekt der Aufsicht **von unten** beispielsweise kann noch verstärkt werden, indem man ein **Weitwinkelobjektiv** verwendet und eine möglichst kleine Blendenöffnung wählt, um die Schärfentiefe zu steigern.

BILDEINSTELLUNGEN

Wenn man sich einem Motiv annähert, dann muss man auch entscheiden, wo man es für die Aufnahme »abschneiden« möchte. In der Fotografie, speziell in der Porträtfotografie, haben sich einige Fachbegriffe durchgesetzt, die vom Film stammen und bestimmte Arten von Ausschnitten bezeichnen: **Totale** bedeutet ein in einem relativ weiten Umfeld aus größerer Entfernung fotografiertes Motiv, die **Ganzkörperaufnahme** bedarf keiner Erklärung, die **Amerikanische Einstellung** zeigt die Person bis etwa kurz oberhalb der Knie, die **Halbnahe** den Kopf bis zur Mitte der Brust, die **Nahaufnahme** nur das Gesicht. Abgesehen von diesen Kategorien, die eigentlich hauptsächlich benutzt werden, um professionelle Aufnahmeserien zu strukturieren, gibt es natürlich noch unzählige andere Möglichkeiten. Der Fotograf sollte vor dem Auslösen noch einmal durch den Sucher ganz genau den Rahmen betrachten, in den er sein Motiv fasst und kontrollieren, wo der Schnitt erfolgt. Zu vermeiden sind **Schnitte** an größeren Gelenken wie den Knien sowie an Hals oder Taille, da das Bild sonst leicht »verstümmelt« wirken könnte.

Die Wahl der Kamera

Digital oder klassisch?

DIE VORZÜGE DER TRADITION

Die auf der Chemie basierende Fotografie, die sich der Lichtempfindlichkeit der Silberhalogene bedient, um ein **latentes Bild** zu schaffen, das in einem Entwicklungsprozess sichtbar gemacht wird, hat vor allem den Vorteil einer hohen Qualität. Es handelt sich um einen mittlerweile hoch perfektionierten Prozess, der eine außergewöhnliche Menge an Information registrieren kann: Auf einem 24x36 mm großen Kleinbildfilm werden schätzungsweise 10 bis 15 Millionen Informationseinheiten festgehalten. Dadurch können später Vergrößerungen angefertigt werden, ohne dass die Qualität leidet bzw. Detailzeichnung verloren geht. **Größere Filmformate** haben diesbezüglich noch bessere Eigenschaften. Man kann bei den unterschiedlichsten Lichtverhältnissen fotografieren (es gibt Filme mit sehr hoher bzw. sehr niedriger Lichtempfindlichkeit), **sie arbeiten schnell** (mit vielen Kameras kann man mühelos 3 bis 5 Fotos pro Sekunde schießen, spezielle Modelle mit schnellen Motoren kommen auf bis zu 10 Bilder pro Sekunde). Die Menge der möglichen Aufnahmen ist praktisch **unbegrenzt,** man braucht nur die Filmrolle zu wechseln und schon kann man weiter fotografieren. Eine Einschränkung gibt es allerdings: Die Bilder müssen **entwickelt** werden, bei Negativfilmen müssen **Abzüge** hergestellt werden, sie sind also – außer beim Polaroidsystem, das jedoch in der Qualität nicht vergleichbar ist – nicht unmittelbar verfügbar. Dieser Umstand stellt den größten Schwachpunkt im Vergleich mit der digitalen Fotografie dar.

DIE VORZÜGE DER DIGITALTECHNIK

Das digitale Foto im eigentlichen Sinne ist nicht einfach nur digitalisiert, sondern bereits digital aufgenommen. Die entsprechende Fotokamera besitzt anstelle des Films ein **elektronisches Sensorfeld** (meist ein CCD, Charge Coupled Device), das aus einer Vielzahl von lichtempfindlichen Punkten (Pixel) besteht. Ihre Anzahl reicht von etwa 300.000 Pixel bei preisgünstigen Kameras bis zu 6 Millionen Pixel bei den professionellen, meist kostspieligen Modellen. Der Unterschied auf die 10 Millionen Pixel eines herkömmlichen 24x36 mm-Negativs ist sicherlich offensichtlich, jedoch muss man sich vor Augen halten, dass die digitale Fotografie bislang anderen Zwecken dient. Die billigeren Digitalkameras können für das Internet oder als **visuelles Notizbuch** verwendet werden, kostspieligere Modelle liefern Bilder in ausreichend guter Qualität für die Tages- oder Wochenpresse. Mit Hilfe eines **Modems** und eines Mobiltelefons können sie unmittelbar vom Aufnahmeort aus verschickt werden. Allerdings erlauben bisher nur die Spitzenmodelle kurz aufeinander folgende hoch auflösende Aufnahmen.

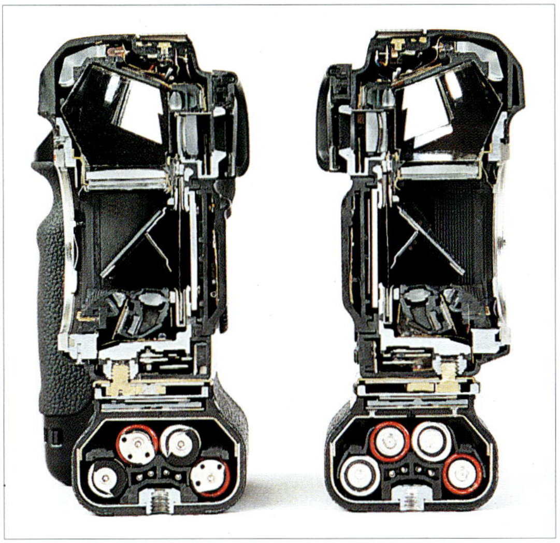

Verwandte Themen

Kameras
Die klassische Fotokamera
S. 69

Digitalfotografie
Digitale Aufnahmen
S. 215

Formate
Filme in allen Formaten
S. 89

Digitalfotografie
Fotos im Computer
S. 210

Die digitale Fotografie hat den Vorteil der unmittelbaren Visualisierung, was in vielen Bereichen wie etwa in der wissenschaftlichen Fotografie sehr wichtig ist. Rechts: Polaroid Digital Microscope Camera DMC auf einem optischen Mikroskop. Sie liefert Bilder von 1600x1200 Pixel in 24 bit Farbe. Vorherige Seite, oben: Eine klassische Fotokamera (Nikon F5) mit kompletter Ausstattung: Motor, Autofokus, automatische Belichtungsmessung, Belichtungsmessung für Dauerlicht und Blitz, Wechselsucher, zahlreiche verfügbare Objektive. Vorherige Seite, unten: Die beiden Hälften einer Canon EOS-1N im Querschnitt, eine professionelle, hoch leistungsfähige Kamera. Unten sieht man die Stromversorgung durch Batterien.

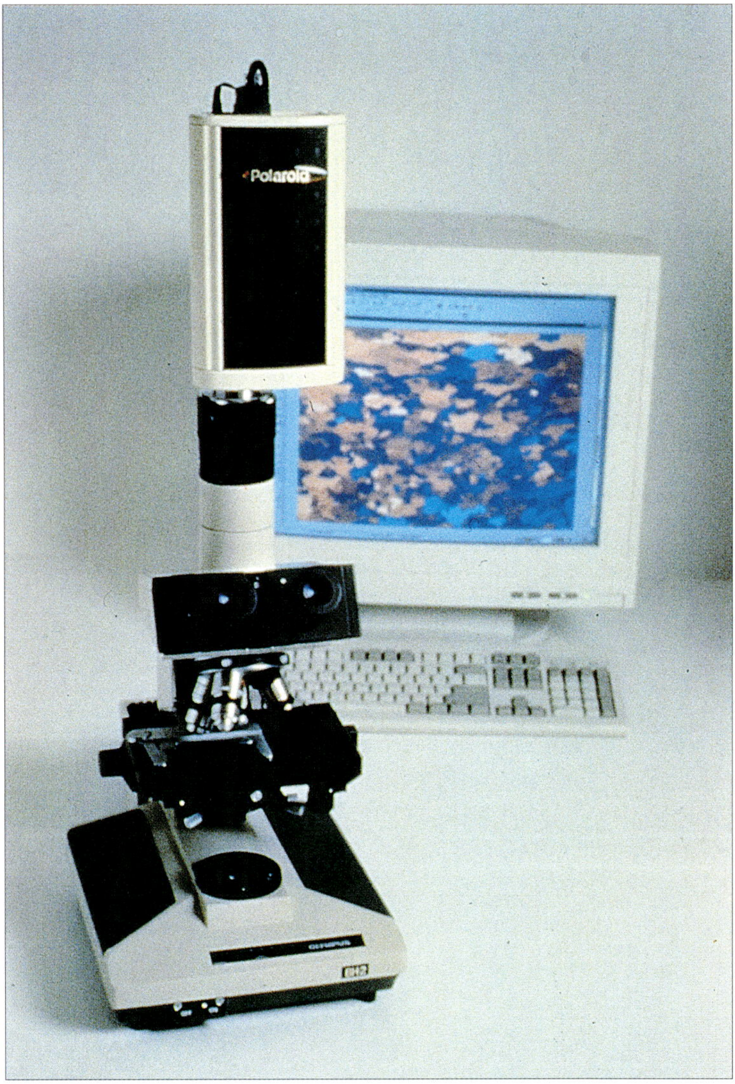

Gewöhnlich muss nach jedem Bild gewartet werden, bis die Daten des aufgenommenen Fotos **gespeichert** sind, bevor die Kamera für die nächste Aufnahme bereit ist. Die Kapazitäten der verschiedenen Speichermedien sind unterschiedlich. Bei den teureren Modellen sind sie austauschbar und eher kostspielig, besonders wenn man eine hohe Bildqualität wünscht und dafür entsprechend viel Speicher benötigt. Zum Ansehen der Bilder überträgt man den Speicher dann auf einen Computer. Bei optimaler Auflösung kann man sie mühelos betrachten und mit der entsprechenden Software auch bearbeiten. Man kann einen **Ausdruck anfertigen,** indem man den Computer an einen Drucker anschließt. Manchmal kann der Drucker auch direkt mit der Kamera verbunden werden. Außerdem gibt es die Möglichkeit, die Bilder in einem auf digitale Ausarbeitung spezialisierten **Labor** ausdrucken zu lassen.

Ein weiterer Vorteil der digitalen Kameras ist die **unmittelbare Kontrolle** der Aufnahmen am eingebauten Monitor. Das ist besonders bei Aufnahmen aus nächster Nähe nützlich oder wenn man die Kamera an ein optisches Instrument wie ein Mikroskop anschließen muss.

Die klassische Fotokamera

Die wichtigsten Teile einer klassischen Fotokamera sind rasch aufgezählt: Da ist zum einen der **Verschluss,** der das Licht für eine gewisse Zeit einlässt, die **Blende,** die uns erlaubt, die Lichtmenge zu regeln, die während der Verschlusszeit einfällt, sowie ein Mechanismus zur **Einstellung der Schärfe,** mit der unser Bild auf die Filmebene projiziert wird. Rund um diese drei Grundelemente haben sich mit der Zeit allerlei technologische Lösungen entwickelt. Es gibt zum Beispiel **Schlitz-** oder **Zentralverschlüsse,** optische Sucher, bei denen man durch ein Fenster schaut, und **Spiegelreflex-Sucher,** bei denen das Licht durch das Objektiv geleitet wird. Im heute gängigen Konzept der Fotoausrüstung wird die Kamera bzw. das Gehäuse als ein Teil des Ganzen betrachtet, an das Objektive, Motor, Blitz etc. angebaut und ausgetauscht werden können. Gerade die **austauschbaren Optiken** hochwertiger Kameras erweitern die Bandbreite der fotografischen Möglichkeiten ganz erheblich. Die auf dem Markt erhältlichen Optiken werden einerseits immer spezialisierter (Makroobjektive, Superweitwinkel) und passen sich andererseits immer mehr den »universellen« Bedürfnissen der Fotografen an (Zoomobjektive machen heute ca. 80% der weltweit verkauften Optiken aus).

Verwandte Themen

Technik
Entfernungsmessung: Autofokus
S. 116

Objektive
Bildwinkel
S. 125

Formate
Filme in allen Formaten
S. 89

Technik
Der Verschluss der Fotokamera
S. 104

Technik
Optische Sucher
S. 123

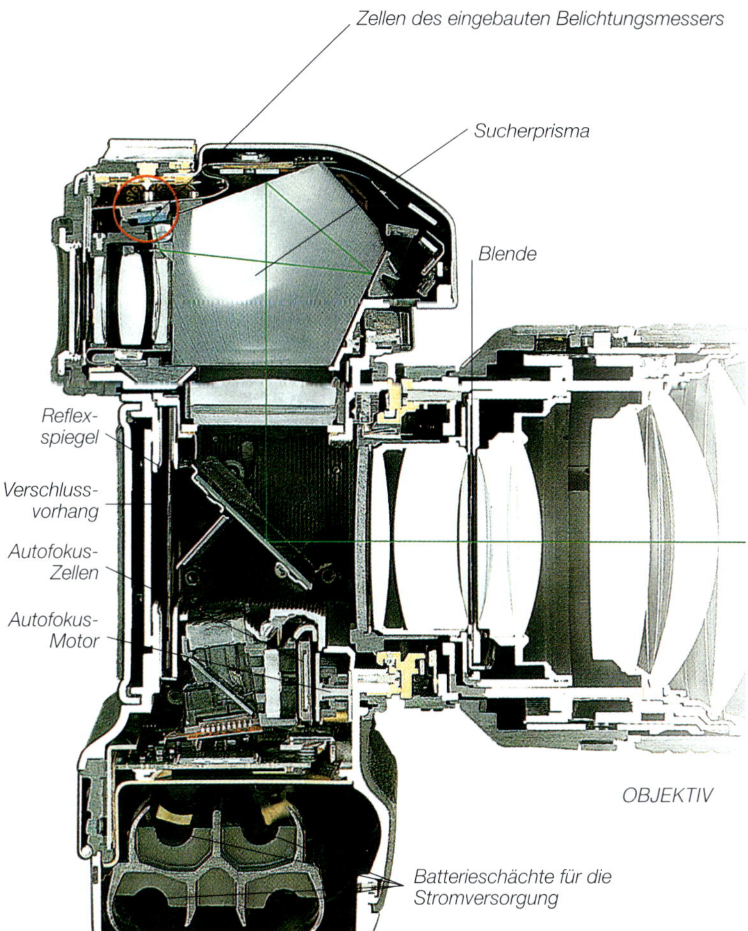

Eine moderne Spiegelreflexkamera (Nikon F5) nach klassischer Auslegung. Der Verschluss vor der Filmebene, die Blende im Objektiv, der Autofokus, die Zellen des eingebauten Belichtungsmessers und die elektrische Versorgung, die auch den Filmtransport übernimmt, sind deutlich zu sehen.

Links: Ein Klassiker, die zweiäugige Rolleiflex mit Zentralverschluss im Objektiv.

Viele moderne Spiegelreflexkameras besitzen ein über dem Prisma eingebautes Blitzlicht.

Die Leica M6, eine Messsucher-Kamera für 35 mm-Format, ist die aktuelle Version der Kamera von Barnack, die die 24x36 mm-Kleinbild-Ära einläutete.

Hoch spezialisiert, neig- und schwenkbar mit austauschbaren Elementen: Hasselblad Arcbody.

Die digitale Kamera

Ein elektronischer Sensor ersetzt in der digitalen Fotokamera den Film. Er verwandelt das eintreffende Licht in ein **elektrisches Signal,** das gespeichert werden kann. Die Art und Weise, wie das einfallende Licht mittels der Blende dosiert und mittels eines Verschlusses zeitlich begrenzt wird und wie die Schärfeeinstellung funktioniert, ist mehr oder weniger gleich wie bei der klassischen Fotokamera. Die wahre Revolution ist die Art, wie die Bilder **umgesetzt** und **gespeichert** werden. Grundsätzlich gibt es hier zwei verschiedene Arten. Mit manchen Digitalkameras ist es möglich, das ganze Motiv im selben Augenblick zu erfassen. Es sind dies die bislang einzigen Digitalkameras, mit denen Reportagefotografie im Sinne von **Momentaufnahmen** möglich ist. Sie besitzen einen Sensor, der das gesamte Format im Augenblick der Aufnahme bedeckt. Bei einem **Sensor** dieser Größe stößt man natürlich an technologische und auch kostenrechnerische Grenzen. Durch die hohe Anzahl an Bildpunkten (Pixel) ist die Herstellung aufwändig.

Die andere Lösung arbeitet mit einem **linearen Sensor,** der sich verschiebt und die Szene sukzessive abbildet. Diese Variante kann auch das Mittel- und Großformat abdecken und wird in Studiokameras eingebaut. Der Sensor befindet sich in der Rückwand des Fotoapparates und tastet die Szene dreimal ab, jeweils einmal für jede Grundfarbe (Rot, Grün, Blau). Er simuliert sozusagen einen riesigen Sensor und liefert Bilder mit überraschend genauer **Detailzeichnung.** Hinsichtlich der Qualität kann ein so entstandenes Foto durchaus mit der klassischen, chemischen Methode konkurrieren und ist für Bereiche wie **Katalogfotografie** oder Ähnliches geeignet. Allerdings können damit natürlich keine bewegten Objekte fotografiert werden. Es muss immer **mit einem Stativ** gearbeitet werden, und oft muss die Kamera wegen der großen Datenmengen ständig mit einem Computer verbunden sein, daher ist sie nur **eingeschränkt transportabel.**

Verwandte Themen

Digitalfotografie
Die digitale Aufnahme
S. 215

Digitalfotografie
Auflösung: Minimalanforderungen
S. 216

Digitalfotografie
Wie viel Information hat ein Foto?
S. 217

Digitalfotografie
Rund um den Computer
S. 206

Kameras
Die klassische Fotokamera
S. 71

Oben: Auf diesem kleinen Speichermedium namens Smart Card werden die Bilder der digitalen Kompaktkamera Olympus Camedia gespeichert.
Links: Die Kodak DC-260 Zoom besitzt einen Sensor mit 1,6 Megapixel, der »Fotoqualität« bis 13x18 cm liefert. Die Bilder werden auf leicht auswechselbaren Flash Cards gespeichert.

Multimediakameras

Eine spezielle, hybride Lösung sind Multimediakameras. Sie erfüllen die Aufgabe einer gewöhnlichen Videokamera, können aber auch digitale Fotos aufnehmen. Die Bilder haben zwar keine so hohe Auflösung wie die der digitalen Fotokameras, sind aber dennoch brauchbar. So kann man etwa einen Reisebericht für private Zwecke mit kleinformatigen Ausdrucken illustrieren oder eine Website mit Bildern und Videofilm gestalten.

Diese Kameras sind mit speziellen »Progressivscannern« ausgestattet und arbeiten nicht mit dem Liniensystem, wie es vom Fernsehen her bekannt ist, deshalb ist es auch möglich, »Standbilder« in höherer Qualität zu erhalten. Die Möglichkeit, einen Blitz an der Kamera anzubringen, ist in diesem Zusammenhang sehr wichtig.

Eine Multimediakamera wie dieses Modell von Canon zeichnet digitale Videoaufnahmen auf Band auf, man kann aber auch einzelne digitale Fotos damit machen.

Die Wahl des richtigen Films

Welcher Film für welche Zwecke?

Schwarzweiß oder Farbe, hohe oder geringe Lichtempfindlichkeit, Diapositiv oder Negativ: Welchen Film man wählt, hängt nicht nur von den persönlichen Vorlieben, sondern auch von den Erfordernissen ab. Ob einem Schwarzweiß oder Farbe besser gefällt, ist sicherlich eine Frage des Geschmacks, manchmal greift man aber auch aus praktischen Gründen zur einen oder anderen Variante. Bei technischen Aufnahmen kann die Farbe störend wirken, während sie in anderen Bereichen unverzichtbar ist. Die Entscheidung zwischen Negativ- oder Diafilm bzw. hoher oder geringer Lichtempfindlichkeit hängt hauptsächlich vom Motiv, den Lichtbedingungen und der Bestimmung des Endresultats ab.

LICHTEMPFINDLICHKEIT

Die Lichtempfindlichkeit eines Films hängt mit seinem Korn zusammen. Für höhere Empfindlichkeit müssen grobkörnigere Emulsionen verwendet werden, daher haben die hoch empfindlichen Filme neben den Vorteilen auch gewisse Nachteile.

- Ein Film mit hoher Lichtempfindlichkeit **erlaubt schnelle Verschlusszeiten,** was besonders in der Sportfotografie oder bei der Arbeit mit langen, manchmal lichtschwachen Brennweiten wichtig ist.
- Ein hoch empfindlicher Film gestattet in vielen Fällen, **auf den Blitz zu verzichten.** Muss er dennoch verwendet werden, hat er größere Wirkung in die Tiefe. Das sind zwei wichtige Vorteile in der Pressefotografie, beim Fotografieren von Festen und Zeremonien oder bei Gruppenfotos zu familiären Anlässen.
- Da die höhere Empfindlichkeit durch eine **grobkörnigere Emulsion** erreicht wird, sieht man das Korn auch am Abzug deutlicher, und zwar umso mehr, je größer die Vergrößerung ist. Filme mit höherer Lichtempfindlichkeit eignen sich

Mit Schwarzweiß zu arbeiten heißt, die Faszination der Formen und Kontraste einzufangen. Die Bildkomposition wird zum entscheidenden Element (Foto: G. Cavaliere).

Verwandte Themen

Formate
Filme in allen Formaten
S. 89

Digitalfotografie
Fotos im Computer
S. 210

Filme
Empfindlichkeitsskalen
S. 76

Filme
Kontrastumfang
S. 81

Technik
Belichtungsreihen
S. 114

Oben: Es gibt Motive, die gerade durch die Farbe »leben«, wie diese Brunnenskulptur auf dem Strawinsky-Platz in Paris. Auf Reisen oder zu Reportagezwecken wird man daher fast immer zu einem Farbfilm greifen.

daher eher für Reportage-, Sport- und Pressefotografie, aber auch für spontane Schnappschüsse, kurz in all jenen Bereichen, wo der dokumentarische Wert des Bildes mehr zählt als seine Schönheit oder Perfektion.

• Filme mit niedriger Empfindlichkeit sind immer dann vorzuziehen, wenn **gestochen scharfe** Konturen und kornfreie Flächen erwünscht sind, wie etwa für Panoramaaufnahmen, symbolische Landschaftsfotografie, repräsentative Porträts, im wissenschaftlichen Bereich, beim Fotografieren von Dokumenten oder für Ausstellungen.

• Für den Druck im Verlagsbereich werden ebenfalls niedrig empfindliche Filme, meist **Diapositive,** vorgezogen. In Magazinen und Büchern bedeckt so ein Bild oft eine Doppelseite, auch in Werbeanzeigen werden die Fotos häufig groß gezeigt. Sind Vergrößerungen in Plakatdimensionen geplant, ist es oft ratsam, **ein größeres Filmformat** zu wählen. Je größer das Ausgangsformat ist, umso geringer wird der Qualitätsverlust bei extremen Vergrößerungen ausfallen. Genau das ist der Arbeitsbereich der Mittel- und Großformatkameras.

DIA- ODER NEGATIVFILM

Die Wahl zwischen Negativ- und Diafilm, sei es nun in Schwarzweiß oder Farbe, fällt nicht schwer, denn es handelt sich um zwei gänzlich verschiedene Methoden.

Der Diafilm ist grundsätzlich dafür bestimmt, **projiziert** zu werden. Dias können vor einem größeren Publikum gezeigt werden und bestechen durch lebhafte Farbwiedergabe und Plastizität. Natürlich benötigt man dazu einen Projektor oder zumindest einen Diabetrachter.

Traditionell wird der Diafilm auch im **Verlagsbereich** eingesetzt. Wenn die Aufnahmen für eine spätere Publikation in Magazinen oder Büchern vorgesehen sind, ist daher gewöhnlich Diafilm vorzuziehen. Allerdings ist dazu anzumerken, dass sich diese Situation heute aufgrund der wachsenden Verbreitung digitaler Druckverfahren im Umbruch befindet, denn Negative können mit denselben **Scannern** digitalisiert werden wie Diapositive. Außerdem kann man mit einem **Flachbettscanner** auch Abzüge digitalisieren. In diesem Fall wird man eine Bildgröße wählen, die möglichst das gesamte Format des Scanners abdeckt, um die Auflösungseigenschaften des Geräts optimal zu nutzen.

Bleiben noch einige große Pluspunkte des Negativfilms anzumerken:

• Da ist vor allem der große Vorteil, dass von ein und demselben Negativ **zahlreiche Abzüge** hergestellt werden können, die alle als »Originale« gelten.

- Das Diapositiv hingegen ist das einzige Original, eventuelle Reproduktionen sind **Duplikate.** Auch vom Dia kann man mit Hilfe von Umkehrpapieren Abzüge erhalten, doch das Verfahren ist etwas schwieriger. Das Original, das Dia, weist deutlich höhere Kontraste auf als ein Negativ, da es ja ursprünglich für die Projektion bestimmt ist.
- Im Laufe des Entwicklungsverfahrens und bei der Herstellung der Abzüge hat das Negativ den Vorteil, dass durch den **großen Kontrastumfang** ein relativ breiter Bereich zur Verfügung steht, in dem man brauchbare Bilder erhält, auch wenn vielleicht Fehler bei der Belichtung gemacht wurden. Zur hohen Kompensationsfähigkeit des Films in Bezug auf Kontraste kommt noch jene des Entwicklungs- und Vergrößerungsprozesses, sodass sich insgesamt eine hohe Effizienz ergibt.
- Die Abzüge sind leicht herzustellen und in verschiedenen Formaten erhältlich. Die Bilder können unkompliziert und ohne Zusatzgeräte betrachtet werden, bei Dias hingegen benötigt man immer ein Hilfsmittel (Projektor, Diabetrachter, Lichttisch).

Oben: In der Schwarzweißfotografie lebt das Bild von den Formen, von Licht und Schatten (Foto: G. Cavaliere).
Links: In der Naturfotografie ist die Farbe ein wichtiges Ausdrucksmittel.

Empfindlichkeitsskalen

Verwandte Themen

Filme
Die DX-Kodierung
S. 79

Formate
Das APS-System
S. 93

Technik
Mitziehen
S. 114

Filme
Welcher Film für welche Zwecke?
S. 73

Filme
Kontrastumfang
S. 81

Die Filmempfindlichkeit kann auf der Packung und auf der Patrone nach verschiedenen Skalen angegeben sein, die in unterschiedlichen Ländern gebräuchlich sind. Heute erfolgt dies vor allem nach der **ISO-Skala** (International Standards Organization). Diese ist aus einer Verbindung aus der ASA- (American Standards Association) und der DIN-Skala (Deutsche Industrienorm) hervorgegangen. Die Filmempfindlichkeit wird nach der ASA-Skala, gefolgt vom DIN-Wert nach einem Schrägstrich, angegeben, sieht also wie eine Bruchzahl aus. In unserer Tabelle wollen wir noch eine weitere Skala anführen, die zwar kaum gebräuchlich ist, jedoch Sammler von Fotoapparaten aus Russland und Ostdeutschland interessieren wird. Es handelt sich um die GOST-Skala, in kyrillischer Schrift ROCT. Sie war in den Ostblockländern lange in Gebrauch und ist der ASA-Skala ähnlich, aber nicht mit ihr identisch. Manchmal kann man sie noch auf einem **älteren Belichtungsmesser** finden. Alle weiteren Skalen sind in unsere Tabelle der Vollständigkeit halber aufgenommen. Wichtigstes Kriterium war die eindeutige Zuordnung der Werte jeder einzelnen Skala zu jenen der anderen, denn für einen Sammler, der mit seltenen oder historischen Apparaten oder Belichtungsmessern arbeitet, können diese immer noch von Bedeutung sein.

Heutzutage wird im Kleinbildbereich vom Fotografen nicht mehr verlangt, die **Filmempfindlichkeit** selbst an seiner Kamera einzustellen, denn so gut wie alle Filme sind DX-kodiert, Kleinbild- und APS-Kameras stellen diesen Wert automatisch ein. Die Empfindlichkeit zu kennen ist jedoch unbedingt notwendig, denn nur so kann man den entsprechenden Film richtig einsetzen.

EMPFINDLICHKEITSSKALEN IM VERGLEICH

ASA	DIN	ISO	GOST	Scheiner Europa	Scheiner USA	BSI	Weston	General Electric
10	11/10	10/11	9	22	17	21	8	9
12	12/10	12/12	11	23	18	22	10	12
16	13/10	16/13	14	24	19	23	12	15
20	14/10	20/14	18	25	20	24	16	19
24	15/10	24/15	22	26	21	25	20	23
32	16/10	32/16	28	27	22	26	24	30
40	17/10	40/17	35	28	23	27	32	38
50	18/10	50/18	45	29	24	28	40	48
64	19/10	64/19	56	30	26	29	50	60
80	20/10	80/20	70	31	26	30	64	76
100	21/10	100/21	90	32	27	31	80	95
125	22/10	125/22	110	33	28	32	100	120
160	23/10	160/23	140	34	28	33	125	150
200	24/10	200/24	180	35	30	34	160	190
250	25/10	250/25	220	36	31	35	200	240
320	26/10	320/26	280	37	32	36	250	300
400	27/10	400/27	360	38	33	37	320	380
500	28/10	500/28	450	39	34	38	400	480
640	29/10	640/29	560	40	35	39	500	600
800	30/10	800/30	720	41	36	40	640	750
1000	31/10	1000/31	900	42	37	41	800	950
1280	32/10	1280/32	1150	43	38	42	1000	1200
1600	33/10	1600/33	1440	44	39	43	1300	1500
3200	36/10	3200/36	2880	47	42	46	2600	3000
6400	39/10	6400/39	5760	50	45	49	5100	6000
12800	42/10	12800/42	11520	53	48	52	10200	12000
25600	45/10	25600/45	23000	56	51	55	20500	24000
51200	48/10	51200/48	46000	59	54	58	41000	48000

Die Nennempfindlichkeit überschreiten

ABWEICHENDE ENTWICKLUNGSDAUER

Wenn der Fotograf bei ungenügendem Licht arbeitet, kann er einen höher empfindlichen Film verwenden. Sollte er in einer solchen Situation jedoch über keinen passenden Film verfügen, gibt es eine Möglichkeit, dennoch weiterzuarbeiten indem er einfach eine **höhere Empfindlichkeit** annimmt. Bei der Entwicklung muss natürlich auf die von der Norm abweichende Belichtungszeit reagiert werden, dabei spricht man von **Push.** Natürlich funktioniert das Verfahren auch in umgekehrter Richtung, es nennt sich dann **Pull.**

Kurz erklärt: Man belichtet dabei eine gesamte Filmrolle so, als hätte sie eine höhere bzw. geringere Empfindlichkeit als die angegebene. Man stellt dazu einfach die gewünschte Empfindlichkeit ein, macht seine Aufnahmen und entwickelt sie dann mit einer **längeren** bzw. **kürzeren Zeit** als gewöhnlich. Natürlich geht man dabei an die Grenzen der Möglichkeiten der jeweiligen Emulsion. Wenn man den Film anschließend nicht selbst entwickelt, muss man im Labor angeben, mit welcher Zeit der Film zu entwickeln ist.

AUSSERHALB DER NORM

Die Nennempfindlichkeit, die vom Filmhersteller angegeben wird, ist natürlich die »wirkliche« Lichtempfindlichkeit des Films. Überschreitet man sie, so bedeutet dies, dass die Emulsion nicht ausreichend belichtet wird (Unterbelichtung), wodurch **stärkere Kontraste** und oft auch ein **gröberes Korn** entstehen. Bei modernen Filmen ist jedoch davon auszugehen, dass sich diese negativen Begleiterscheinungen nur zeigen, wenn die tatsächlichen Belichtungswerte extrem von den empfohlenen abweichen.

Als allgemeine Regel gilt: Wenn man nicht weiter als bis zum Doppelten der Nennempfindlichkeit geht (was bedeutet, dass man eine Blende gewinnt), werden Grobkörnigkeit und stärkerer Kontrast **so geringfügig ausfallen,** dass man sie gar nicht wahrnimmt. Also ist diese Vorgangsweise ein durchaus probates Mittel, wenn man sich in einer schwierigen Aufnahmesituation befindet, die mit einem ein wenig empfindlicheren Film kein Problem wäre. Man kann einfach annehmen, ein lichtstärkeres Objektiv zu haben als dies tatsächlich der Fall ist und eine **etwas schnellere Verschlusszeit** wählen, was oft den Unterschied zwischen einem verwackelten und einem perfekt scharfen Bild ausmacht.

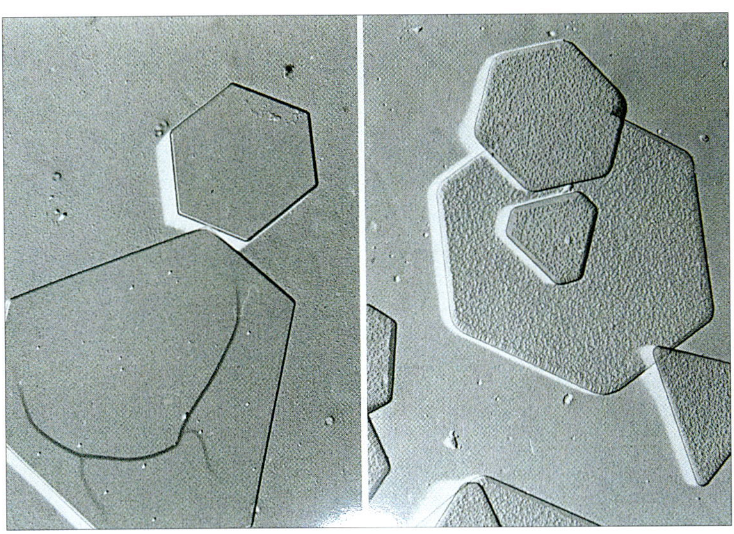

Zwei Fotos mit dem Elektronenmikroskop zeigen die flache Körnung, die von Kodak als T-Grain (tabular grain) bezeichnet wird. Andere Hersteller verwenden unterschiedliche Bezeichnungen dafür. Das T-Grain vergrößert die lichtempfindliche Oberfläche der Emulsion und sorgt für regelmäßige Körnung.

Verwandte Themen

Licht
Farbtemperatur
S. 190

Filme
Kontrastumfang
S. 81

Filme
Welcher Film für welche Zwecke?
S. 73

Licht
Nachtaufnahmen
S. 195

Zubehör
Konversionsfilter
S. 144

Bucht von San Marco, Venedig. Für dieses Foto wurde ein Tungsten-Film ISO 640 für Außenaufnahmen verwendet.

Im Bereich der Diafotografie hat sich diese Praxis rasch durchgesetzt. Bei Negativfilmen ist sie weniger bedeutend, denn Belichtungsmängel können viel effektiver durch verlängerte Belichtung beim Herstellen der Abzüge ausgeglichen werden.

NICHT MEHR ALS DAS DOPPELTE

Die Erfahrung hat es gezeigt, und viele Filmhersteller empfehlen es: Wenn man diesen Kunstgriff anwenden möchte, sollte man wenn möglich nicht mehr als das **Doppelte der Nennempfindlichkeit** annehmen. Das bedeutet, man sollte maximal ISO 200 einstellen, wenn man mit einem ISO 100-Film arbeitet, so verbessert man die Aufnahmesituation und erhält gute Bilder ohne oder mit nur sehr geringem Qualitätsverlust. Würde man die Nennempfindlichkeit dagegen vervierfachen, das heißt einen ISO 100-Film wie ISO 400 belichten (und dabei zwei Blenden, oder besser ausgedrückt: EV – Exposure Values oder Stopp gewinnen), müsste man mit härteren Kontrasten mit Sicherheit und mit mehr oder weniger erheblichen **Farbabweichungen** wahrscheinlich rechnen.

PUSH UND PULL

Im fotografischen Fachjargon bedeutet Push+1, die Filmempfindlichkeit um einen Stopp höher anzunehmen bzw. im Labor, den Film mit einer verlängerten Zeit zu entwickeln, da er mit einer **doppelt so hohen Lichtempfindlichkeit** und darum für seine Nennempfindlichkeit nicht ausreichend belichtet wurde. Pull–1 dagegen bedeutet, die Entwicklungszeit für einen Film, der mit der doppelten Lichtmenge für seine Nennempfindlichkeit belichtet wurde, entsprechend kürzer zu entwickeln. Zweiterer Fall wird hauptsächlich dann eintreten, wenn ein Fehler passiert ist, zum Beispiel wenn ein ISO 100-Film **versehentlich** mit der Einstellung ISO 50 belichtet worden ist. Allerdings kann diese Technik auch bewusst eingesetzt werden, wenn man weichere Kontraste oder eine leichte Verschiebung der Farbwerte in Richtung pastelliger Töne wünscht – was allerdings nicht bei allen Filmen möglich ist.
Push+1 und manchmal auch Push+2 und +3 haben in der Presse-, Sport- und auch Naturfotografie in Situationen mit ungenügendem Licht eine gewisse Bedeutung.

E6 Push-Entwicklung

(für Kodak Ektachrome E200 Professional)

Einstellempfindlichkeit	Entwicklungsverfahren	Entwicklungszeit
ISO 320	Push +1	8 Minuten
ISO 640	Push +2	11 Minuten
ISO 1000	Push +3	14 Minuten

Die DX-Kodierung

Das DX-System ist eine Methode zur elektronischen Übertragung der Hauptmerkmale eines Films, vor allem der Empfindlichkeit, aber auch der Anzahl von Bildern, des Kontrastumfangs etc. über eine Kodierung an Kleinbildkameras und Fotolabore. Die Informationen befinden sich in **Kontaktfeldern** und einem **Strichkode** außen an der Filmpatrone, am Anfang des entwickelten Films ist ebenfalls ein Kode zu sehen. Die Informationen am Rand sind für das Labor bestimmt, das diesen Film dann in mit entsprechenden Lesegeräten ausgestatteten Maschinen entwickeln wird. Dieses System ist aus der Sicht des Fotografen äußerst praktisch: Es schließt eine in der Vergangenheit **nicht unbedeutende Fehlerquelle** aus, weil es automatisch nach dem Auswechseln jeder Filmpatrone die Empfindlichkeit neu einstellt.

Verwandte Themen

Filme
Kontrastumfang
S. 81

Filme
Empfindlichkeitsskalen
S. 76

Technik
Belichtungsreihen
S. 114

Technik
Blende und Belichtungszeit
S. 99

Filme
Das Farbnegativ
S. 83

EMPFINDLICHKEITSBEREICH

Das DX-System in den Kameras kann einen ziemlich weiten Bereich an Filmempfindlichkeit erfassen. Normalerweise reicht dieser von ISO 25 bis 5000.

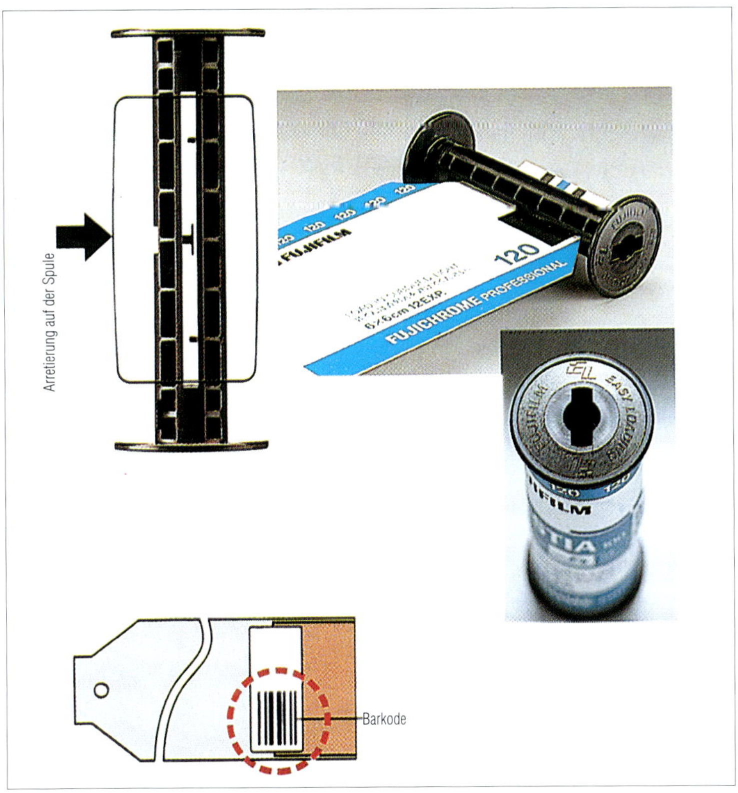

Kleinbildfilme sind DX-kodiert, größere Formate nicht. Um denselben Komfort auch bei anderen Formaten wie 120 oder 200 mm zu bieten, wurde von der japanischen Firma Fuji ein ähnliches System entwickelt, das mit einem Barcode am Anfang des Filmstreifens arbeitet. Fuji-Kameras mit den entsprechenden Sensoren können die darin enthaltenen Informationen einlesen.

Oben: Die gefederten Kontakte für die DX-Kode-Übertragung in einer Spiegelreflex-Kleinbildkamera. Die Kontaktfelder für die DX-Kodierung liegen bei 35 mm-Kleinbildfilmen außen an den Patronen (Seite 79 oben).

Doch Vorsicht: Manche Kameras verfügen nur über ein **vereinfachtes System.** Gerade einfachere Kompaktkameras können manchmal nur die Kodierungen für ISO 100, 200 oder 400 lesen. Abgesehen von einigen hochwertigen Modellen, die meist in der oberen Preisklasse rangieren und mit einem vollwertigen DX-System ausgestattet sind, sollte man daher mit Kompaktkameras grundsätzlich keine ISO 25-Filme verwenden, auch ISO 50 wird selten richtig erkannt.

IST DIE EINSTELLUNG KORREKT?

Die meisten Kameras mit DX-System stellen automatisch auf ISO 100 ein, wenn ein Film ohne DX-Kodierung geladen wird (zum Beispiel bei alten Hülsen, auf die händisch Film gespult wurde).
Bei besseren Fabrikaten erfolgt das Einlesen der DX-Kodierung über elastische Federn, oft mit doppelten, zum Schutz gegen Korrosion vergoldeten Kontakten, um eine ungenaue Übertragung des elektrischen Signals zu verhindern. Fast alle Kameras haben eine **zusätzliche händische Einstellmöglichkeit** für die Filmempfindlichkeit. So kann der Fotograf auch spezielle Empfindlichkeitsstufen einstellen, die das System nicht erkennt, wie zum Beispiel wenn er Duplikate herstellt und dazu Filme mit sehr geringer Empfindlichkeit wie ISO 6 oder 15 benutzt.

ÜBERTRAGUNGSFEHLER

Einige mögliche Ursachen für eine Fehlfunktion des DX-Systems können sein:

- **Verschmutzte Kontakte** an der **Filmpatrone**
- **Verschmutzte Kontakte** an der **Kamera**
- Mit Klebeband **bedeckte Kontakte** an **Filmpatronen** (etwa zum Zweck der Beschriftung)
- **Schief aufgeklebte Etiketten** auf der **Filmpatrone**
- Alte Filmpatrone **ohne** DX-Kodierung

Kontrastumfang

Man könnte sagen, dass ein Film im Moment seiner Belichtung so viele verschiedene Belichtungen erhält, wie es dunkle und helle Flächen im Bildausschnitt gibt. Daraus resultiert die Frage, inwieweit eine aus dem Mittelwert **errechnete Blenden- und Verschlusszeitkombination** die hellsten und die dunkelsten Bereiche, die eine am stärksten abweichende Belichtung verlangen würden, korrekt abbilden kann.
Der Kontrastumfang eines Films ist genau jener Wert, der angibt, bis zu welchem **Abweichungsgrad** der betreffende Film dazu im Stande ist.
Die **weniger toleranten** Diapositiv-Emulsionen erlauben zwischen den dunkelsten und den hellsten Flächen einen Unterschied von bis zu ±1 EV (oder ±1 Stopp oder Blende) gegenüber dem gemessenen Wert.
Negativfilme haben einen wesentlich **breiteren Kontrastumfang.** Manche Filme tolerieren eine Abweichung von bis zu fünf oder auch mehr EV (Exposure Value oder LW, Lichtwerte). Außerdem gibt es bei Farbnegativfilmen zusätzlich die Möglichkeit, bei der Belichtung der Abzüge korrigierend einzuwirken, wodurch sich der effektive Kontrastumfang noch erweitert. Nicht selten kann der Kontrastumfang bis zu sieben Stopp oder Blenden zwischen den hellsten und den dunkelsten noch perfekt durchgezeichneten Bereichen einer Aufnahme ergeben.

KRITISCHE SENSIBILITÄTSBEREICHE
Kann man auf die Nennempfindlichkeit der Filme vertrauen? Historisch gesehen eine berechtigte Frage, wurden doch in den frühen Jahren der Kino-Ära alle Filme **einzeln getestet,** indem man ein Muster bei vorgegebener Zeit mit verschiedenen Blenden belichtete, um die effektive Empfindlichkeit der betreffenden Filmrolle zu bestimmen. Die modernen bei der Filmherstellung angewandten Technologien gewährleisten jedoch heute einen hohen Standard und **verlässliche Leistungsfähigkeit.**
Die breite Toleranz der modernen Farbnegativfilme hat diese Problematik zur Gänze ausgeräumt. Dies gilt jedoch nicht im gleichen Ausmaß für Diapositive. Doch bevor man hier die Schuld bei der Emulsion sucht, sollte man sich vergewissern, ob nicht die ISO-Angabe auf dem Film nicht ganz der ISO-Einteilung der einen oder anderen Kamera entspricht. Manchmal liegen Fehler auch an der nicht einwandfreien Funktionsweise mancher mechanischer Verschlüsse oder an einer nicht ganz genauen Abstimmung der Entwicklung im Fotolabor.
Dennoch gibt es gerade bei Diapositiven einige kleinere Unterschiede zwischen den Filmen. Besonders zu erwähnen ist der Unterschied zwischen Profifilmen und für Amateure bestimmten Fabrikaten. Nur bei Ersteren findet man manchmal eine Angabe der effektiven Empfindlichkeit auf der Packung, die von der Nennempfindlichkeit abweichen kann (wie etwa 80 statt 100 ISO).
Dieser Unterschied erscheint gering und ist für Amateurzwecke sicher zu vernachlässigen. Doch wenn man sehr kritische Kriterien anlegt, können die **Abweichungen** von der Nennempfindlichkeit die Wiedergabe eines Films erheblich beeinflussen.
Eine höhere effektive Empfindlichkeit resultiert in einer **Überbelichtung,** eine niedrigere effektive Empfindlichkeit in einer **Unterbelichtung** des Films. Das bedeutet nicht einfach nur ein etwas helleres oder etwas dunkleres Foto. Eine Abweichung von nur +1/3 Blende **(1/3 Blende gilt als minimale** mit freiem Auge wahrnehmbare Abweichung) führt bei Diapositivfilmen zu einer Verringerung der chromatischen Dichte von etwa 10%. Dieser Aspekt rechtfertigt die Haltung vieler Fotografen, die es sich angewöhnt haben, einen Diafilm **systematisch leicht unterzubelichten.** Sie stellen die Belichtungskorrektur an der Kamera gleich auf –1/3 Stopp ein, um sattere, dichtere Farben zu erhalten.
Bei Negativfilmen hingegen kann es ratsam sein, den Film **leicht überzubelichten,** um ein dichteres Negativ zu erhalten. Allerdings erfordern die modernen Emulsionen heutzutage keine solchen Kunstgriffe mehr, im Großen und Ganzen wird empfohlen, immer mit der auf der Packung angegebenen Nennempfindlichkeit zu arbeiten.

Verwandte Themen

Filme
Die Nennempfindlichkeit überschreiten
S. 77

Technik
Belichtungsreihen
S. 114

Technik
Blende und Belichtungszeit
S. 99

Filme
Das Farbnegativ
S. 83

Filme
Das Diapositiv
S. 85

Drei Fotos, die hintereinander mit einem Unterschied von jeweils 1 Stopp (oder 1 EV/ Exposure Value bzw. 1 Blende) gemacht wurden. In der Mitte befindet sich das Bild mit »korrekter« Belichtung. Der Kontrastumfang eines Diapositivfilms erlaubt normalerweise keine höhere Abweichung als ± 1 bis 1,5 Stopp vom Mittelwert. Darüber hinaus geht die Detailzeichnung im hellen Bereich im Falle der Überbelichtung und im dunklen Bereich im Falle der Unterbelichtung verloren.

Das Farbnegativ

NICHT NUR DIE ABZÜGE ZÄHLEN

Der Farbnegativfilm ist der meist verkaufte Fotofilm weltweit (Marktanteil etwa 80%) und in allen Formaten zu haben. Vom Farbnegativ werden Abzüge auf Fotopapier angefertigt, die ebenfalls in **vielerlei Formaten** erhältlich sind. Die Standardformate 9x13 oder 10x15 sind häufig in Familienalben zu finden, die größeren 13x18, 18x24 oder 20x30 sind eher für besondere Gelegenheiten wie Hochzeiten beliebt, mit 30x40 oder 40x50 und 50x60 hat man schon ein Format, in dem man durchaus eine Ausstellung bestücken kann.

Das erklärte Lieblingsmaterial der **Reportage- und Amateurfotografen** wird in den letzten Jahren auch bei **Presseagenturen** und **Zeitungsverlagen** immer beliebter, hat es doch einige nicht von der Hand zu weisende Vorteile: Der breite Kontrastumfang ist dem Fotografen eine wertvolle Hilfe, wann immer sich schwierige Lichtverhältnisse ergeben. Außerdem bietet sich dem Profi, der von wichtigen Ereignissen berichten soll, die Möglichkeit, den Film vor Ort in einem Minilabor zu entwickeln, mit Hilfe eines tragbaren Scanners zu digitalisieren und das Bild sofort über ein **Modem** und ein **Mobiltelefon** in die Redaktion zu übertragen.

DIE WICHTIGSTEN VORTEILE DES FARBNEGATIVS

- Farbnegativfilme besitzen einen breiten Kontrastumfang (zusammen mit den **Korrekturmöglichkeiten** im Labor ergibt sich ein möglicher Umfang von bis zu 7 Blenden).
- Hohe Kapazität an Korrektur von **Farbabweichungen** (durch Kunstlicht verursachte Abweichungen sind leicht beim Herstellen der Abzüge zu korrigieren).
- Vergrößerungen sind leichter herzustellen **(schwächere Kontraste** als bei Diapositiven).
- Die Bilder sind **einfacher zu sichten** (man benötigt keinen Projektor).
- Ein Farbnegativ ist leicht einzuscannen (mit einem **Durchlichtscanner** für Negative und Diapositive)
- Die Abzüge können in einem **Flachbettscanner** gescannt werden.

Verwandte Themen

Filme
Kontrastumfang
S. 81

Digitalfotografie
Fotos im Computer
S. 210

Licht
Farbtemperatur
S. 190

Filme
Das Diapositiv
S. 85

Formate
Das APS-System
S. 93

Film-aufbau

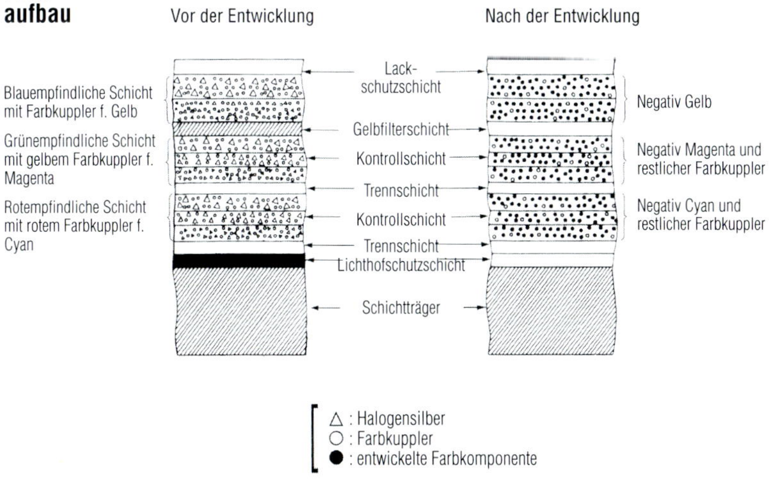

Hier ist der Aufbau eines Farbnegativfilms schematisch am Beispiel des Fujicolor Super G800 vor und nach der Entwicklung dargestellt. Zur Verbesserung der Farbwiedergabe sind Zwischenschichten eingebaut, eine Lichthof-Schutzschicht hält vom Trägerstreifen reflektiertes Licht ab. Zuoberst befindet sich eine Schutzschicht gegen mechanische Verletzungen auf dem Film.

... UND DIE WICHTIGSTEN NACHTEILE

- Die Filmentwicklung erfordert **hohe Temperaturen** und eine genaue Temperaturregulierung, daher ist sie leichter in einem professionellen Labor zu bewältigen als zu Hause.
- Das Belichten der Abzüge erfolgt mit **Korrekturfiltern,** die für den Amateur nicht ganz leicht handzuhaben sind. Meist wird man sich daher an ein Labor wenden und hat keine Kontrolle über die Filterung.
- Bewusste Abweichungen von der »korrekten« Belichtung oder mit Farbfiltern erreichte Effekte werden fast immer von den **Entwicklungsmaschinen** in großen Labors neutralisiert, was die Kreativität des Fotografen einschränkt.
- Farbiger Hintergrund kann zu einer **Überkorrektur** führen (ein Gesicht vor einem intensiv roten Hintergrund kann leicht einen blauvioletten Ton annehmen).
- Bei **Nachbestellungen** erhält man selten die gleiche Farbwiedergabe, denn die verschiedenen Fotolabore arbeiten mit unterschiedlichen Papieren und Chemikalien.

Das Farbnegativ: Rote Flächen erscheinen auf dem Negativ grün, blaue gelb/orange und so weiter. Ebenso wie die Grauwerte beim Schwarzweißnegativ umgekehrt werden, kehren sich auch die Farben um. Moderne Filme sind außerdem von einer Gelschicht in einem diffusen Orangeton bedeckt, die als Filter dient und die Qualität der Abzüge verbessert. Es ist daher nicht leicht, ein Foto zu beurteilen, wenn man nur das Negativ vorliegen hat.

Das Diapositiv

EIN TRANSPARENTES ORIGINAL

Mit dem Diapositivfilm arbeiten vor allem zwei Arten von Fotografen. Zuerst einmal Amateure oder Berufsfotografen, die **audiovisuelle** Vorträge organisieren und ihre Bilder einem größeren Publikum oder auch im familiären Rahmen zeigen wollen, sowie jene Berufsfotografen die vor allem mit **Magazinen** und **Verlagshäusern** zusammenarbeiten. In diesem Bereich wird zwar nicht immer, aber doch meistens der Diafilm bevorzugt.

Der Diapositivfilm erfordert ein **Entwicklungs- und Farbumkehrverfahren,** das entschieden mehr Zeit beansprucht als die Entwicklung eines Negativfilms. Doch damit ist das erhaltene Bild ein Positiv, das Original und Endprodukt sozusagen. Aus diesem Grunde kann es bei einem Dia auch nicht passieren, dass das Bild im Labor anders »interpretiert« wird als der Fotograf es »gesehen« hat, wie es bei Abzügen vom Negativ öfters geschieht.

DIE WICHTIGSTEN VORTEILE DES DIAPOSITIVS

- Lebhafte Farben und hohe Farbtreue, keine Abweichungen im Labor wie bei der Herstellung von Abzügen vom Negativ.
- Auch extreme Kontraste können dargestellt werden und wirken in der Projektion **außerst plastisch.**

Verwandte Themen

Licht
Farbtemperatur
S. 190

Filme
Kontrastumfang
S. 81

Zubehör
Konversionsfilter
S. 144

Filme
Die Nenn-empfindlichkeit überschreiten
S. 77

Filme
Das Farbnegativ
S. 83

Die transparenten Originale können auf eine große Leinwand projiziert werden und geben Farbkontraste sehr gut wieder. Dadurch wirken Naturaufnahmen oft besonders spektakulär. Wegen des niedrigeren Kontrastumfangs erfordert die Arbeit mit Diafilm jedoch in höherem Maße eine genaue Messung und eine korrekte Einstellung der Belichtung. Rechts: Mohnblumen am Iseo-See, 24 mm.

Vorige Seite, oben: 24x36-Dias werden in Diarahmen des Formats 5x5 cm mit oder ohne Glas eingelegt, 6x6 cm-Dias (in Wirklichkeit 57x57 mm) in Rahmen vom Format 7x7 cm mit Verglasung. Diese stellt sicher, dass das Dia bei der Projektion flach im Rahmen liegt. Vorige Seite, unten: Querschnitt durch einen Diafilm vor und nach der Entwicklung unter dem Mikroskop. Die einzelnen Schichten sind gut sichtbar (Kodak Ektachrome Professional, Bild: Kodak).

• **Sehr feines Korn** bei niedrig empfindlichen Emulsionen, optimale Eignung für Druck- und Werbezwecke.

• Sehr genaue Wiedergabe der Aufnahmesituation: Korrekturen oder Belichtungsvariationen werden **nicht** bei der Herstellung von Abzügen neutralisiert wie beim Negativ.

• Die Unmöglichkeit, nachträglich Korrekturen vorzunehmen bewirkt, dass **jede Aufnahme genau wiedergibt,** was geschehen ist. Fehler an der Kamera oder des Fotografen können mühelos erkannt werden.

• **Gute Eignung** für Projektionen aller Art auch in Multimediashows.

• **Scans mit hoher Auflösung** sind leicht herzustellen, auch mit tragbaren Scannern zu vernünftigem Preis. Unter diesem Aspekt ist das Dia ein ideales Medium, wenn man Fotos für den Computerbereich benötigt.

... UND DIE WICHTIGSTEN NACHTEILE

• Der Kontrastumfang von Diapositivfilmen ist geringer als beim Farbnegativ. Daher muss ein Diafilm **präziser belichtet** werden. Bei hohen Kontrasten wird es schwieriger, in Licht und Schatten eine gute Detailzeichnung zu erhalten (meist muss man sich für das eine oder andere entscheiden). Der Kontrastumfang entspricht etwa ± 1 bis 1,5 Blenden vom als »korrekt« angenommenen Belichtungswert.

• Ist das Foto einmal aufgenommen, gibt es **keine unmittelbaren Korrekturmöglichkeiten** mehr. Man kann höchstens noch ein Duplikat herstellen oder das Bild mit der entsprechenden Software bearbeiten, wobei jedoch meist ein Qualitätsverlust in Kauf genommen werden muss.

• Der Diafilm ist äußerst empfindlich gegenüber der **Farbtemperatur,** daher muss man häufig Korrekturfilter bei den Aufnahmen verwenden.

• Eben wegen dieser empfindlichen Reaktion auf unterschiedliche Farbtemperaturen gibt es zwei Arten von Diafilmen: **Tageslicht** (Daylight) und **Kunstlicht** (Tungsten). Das bedeutet eine zusätzliche Komplikation für den Fotografen.

• Zum Sichten der Dias benötigt man einen **Projektor** oder zumindest ein Hilfsmittel wie ein Leuchtpult oder einen Diabetrachter.

• Die Vervielfältigung ist nicht einfach, das **Herstellen von Duplikaten** erfordert viel Routine und wird meist einem Fachbetrieb überlassen.

Schwarzweißfotografie

FARBLOSE FASZINATION

Die Fotografie hat in Schwarzweiß begonnen, und bis heute hat die Abwesenheit von Farbe immer noch eine besondere Faszination bewahrt. Mit Schwarzweißfilm fotografieren bedeutet, sich auf die **Formen** oder das **Wesentliche** einer Szene oder eines Ereignisses **zu beschränken** ohne Ablenkung durch die Farbe. Es kann auch bedeuten, **sich auf die Handlung zu konzentrieren,** die Bedeutung einer Szene mehr hervorzuheben als sie einfach nur abzubilden. In Farbe mag eine Szene mit größerer Realitätsnähe und mit mehr Details dokumentiert sein, in Schwarzweiß wird dem Betrachter eine Interpretation des Geschehens vorgestellt.

Natürlich kann man ein Atoll in Polynesien praktisch nur in Farbe fotografieren, denn nur so wird die märchenhafte Schönheit von Wasser und Strand adäquat wiedergegeben. Doch ein Guerillero in Aktion kann in Schwarzweiß viel ausdrucksvoller wirken, wenn man eine bestimmte Geste oder den Bezug zur Umgebung wiedergeben möchte. Architektonische Komplexe und geometrische Formen oder Strukturen können in Schwarzweiß klarer dargestellt werden. Zudem hat der Fotograf die Möglichkeit, die Helldunkelwirkung noch im Labor zu beeinflussen.

DIE WICHTIGSTEN VORTEILE DER SCHWARZWEISSFOTOGRAFIE

- Relativ einfacher Filmaufbau (weniger komplex als beim Farbfilm) und ausreichend feines Korn auch bei höher empfindlichen Emulsionen
- Einfachere Möglichkeit der **händischen Ausarbeitung** im Heimlabor
- Einfache Möglichkeiten, bei der Negativentwicklung und beim Vergrößern **auf das Bild einzuwirken.** Fotopapiere in verschiedenen Gradationen erlauben eine gute Kontrolle der Kontrastwirkung.
- **Große Vielfalt** an verfügbaren Filmen mit unterschiedlicher Empfindlichkeit
- **Dauerhaftigkeit der Negative** und auch der (korrekt fixierten und gewässerten) Abzüge.

... UND DIE WICHTIGSTEN NACHTEILE

- Um eine hohe Qualität zu gewährleisten, muss die **Entwicklung eigenhändig** vorgenommen oder das Labor mit genauen Angaben zur Behandlung des Films versorgt werden.

Verwandte Themen

Entwicklung
In der Dunkelkammer
S. 200

Filme
Kontrastumfang
S. 81

Motiv
Das richtige Licht
S. 59

Zubehör
Farbfilter
S. 139

Filme
Empfindlichkeitsskalen
S. 76

Durch das Fehlen der Farbe liegt der Ausdruck in der Wiedergabe der Grautöne, die Spannung erhält das Bild aus den Extremen: Tiefes Schwarz kontrastiert zu reinem Weiß. Wer mit Schwarzweißfilm arbeitet, muss sich mit Formen und Strukturen auseinander setzen und unterschiedlich beleuchtete Oberflächen einzuschätzen wissen (Foto: G. Cavaliere).

Starke Kontraste zwischen Hell und Dunkel, Formen und Strukturen machen die Faszination der Schwarzweißfotografie aus. In Schwarzweiß fällt es oft leichter, Inhalte zu transportieren, doch man muss das Motiv auch unter diesem Aspekt zu sehen verstehen. In Fällen wie diesem hängt der Effekt von einer korrekten Belichtungsmessung auf dunkle und helle Flächen ab. Bei der Ausarbeitung wurde Papier mit »harter« Gradation zur Steigerung der Kontrastwirkung verwendet (Foto: G. Cavaliere).

- Wer selbstständig arbeitet, benötigt eine **kleine Dunkelkammer** (einen ausreichend verdunkelbaren Raum, am besten mit fließendem Wasser), einen Vergrößerer mit guter Optik, Raum für die Entwicklungs-, Stopper- und Fixierbäder sowie Platz zum Trocknen der Abzüge.
- Die Filme sind im Gegensatz zu Farbnegativfilmen nicht überall einfach erhältlich. Viele Fotolabore bieten die Schwarzweißentwicklung, die mittlerweile als **hoch spezialisierter Bereich** für wenige leidenschaftliche Anhänger gilt, nicht mehr an und überlassen die Arbeit einigen wenigen Spezialisten.

Filme in allen Formaten

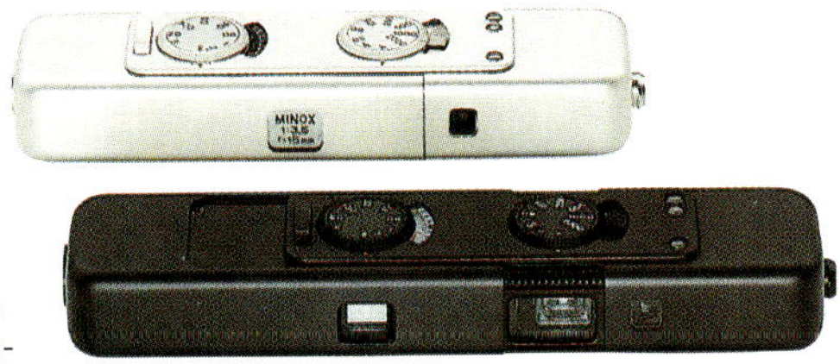

DAS FORMAT 24x36
Dies ist das weltweit verbreitetste Filmformat und wird auch Kleinbildformat oder nach der Breite des Filmstreifens 35 mm-Format genannt. Der handelsübliche Kode lautet 135. Es stammt von den ursprunglich im Kinofilm verwendeten **perforierten Filmen** ab. Bereits seit 1913 ist dieses Format für die Fotografie in Gebrauch, zum ersten Mal in der Tourist Multiple, einer von Paul Dietz aus New York entworfenen und von Herbert Huegsen gebauten Kamera, die die erste in Serie hergestellte Kleinbildkamera war. Man belud sie mit Filmen zu 750 Aufnahmen im Format 18x24 mm.
Einen weiteren Schritt in diese Richtung stellte eine Entscheidung dar, die 1924 von Ernst Leitz getroffen wurde: Er entschloss sich, die von Oskar Barnack erfundene Fotokamera Leica I in Serie zu produzieren. Dieser Fotoapparat wurde zum Sinnbild des 35 mm-Formats und verhalf dem 24x36 mm-Format weltweit zum Durchbruch. Leica ist übrigens die Abkürzung für Leitz Camera.
Heute sind etwa 80% der weltweit verkauften Fotoapparate Kleinbildkameras.

ANDERE FORMATE
Im Laufe der Zeit wurden die unterschiedlichsten Fotoformate entwickelt, von den kleinsten wie dem 8x11 mm-Format von Minox, der klassischen »Spionagekamera«, bis zum Pocketformat mit 13x17 mm. Die neueste Erfindung ist das APS-System (16,7x30,2 mm). Ein größeres Format stellt natürlich einen erheblichen Vor-

Verwandte Themen

Filme
Empfindlichkeitsskalen
S. 76

Aufnahme
Panoramafotografie
S. 168

Filme
Welcher Film für welche Zwecke?
S. 73

Entwicklung
In der Dunkelkammer
S. 200

Oben: Ungefähr so groß wie ein Feuerzeug ist die Minox für das Format 8x11. Sie gilt als die klassische »Spionagekamera«. Links: Auch für Apparate wie diese Fachkamera von Sinar wurden Rückwandmodule für digitale Fotografie entwickelt. Hier kann man den Bildausschnitt auf einem mit der Kamera verbundenen Monitor kontrollieren. Bei solchen Aufsätzen wird das Bild in Schritten über die ganze Fläche gescannt, was eine hohe Auflösung und damit eine sehr gute Bildqualität gewährleistet.

Ein Klassiker unter den Fachkameras ist die Schweizer Sinar. Die Rückwände sind austauschbar, so kann man mit unterschiedlichen Formaten arbeiten. In diesem Fall ist darauf zu achten, wie groß das vom Objektiv abgedeckte Feld (Bildkreis) ist.

teil dar, wenn man **sehr große Abzüge** benötigt. Konturen erscheinen sauber und scharf durchgezeichnet, das Korn ist sehr fein. Im professionellen Bereich verwendet man häufig so genannte **Mittelformat-** und **Fachkameras.** Mittelformatkameras gibt es für die Formate 4,5x6 cm, 6x6 cm, 6x7 cm, 6x8 cm und 6x9 cm. Der Film ist nicht auf Patronen gezogen, sondern auf Spulen des Typs 120 (mit Schutzpapier auf der Rückseite) oder des Typs 220 (mit Schutzpapier nur am Filmanfang und -ende). Die 220er-Spule kann mehr Film aufnehmen, da er durch den fehlenden Papierstreifen **nicht so dick** ausfällt.

Neben den standardisierten Formaten gibt es auch mehr oder weniger breite Panoramaformate, für die spezielle Fach-, Mittelformat- und Kleinbildkameras gebaut wurden. Auch das neue APS-System bietet einen Panorama-Ausschnitt mit Seitenverhältnis 1:3 als Standardformat an.

Das größte Negativformat bietet der Planfilm. Er wird für Fachkameras verwendet. Das Format ist mit 10x13 cm (4x5 inch), 13x18 cm (5x7 inch) oder 20x25 cm schon wesentlich größer, außerdem ist es von Vorteil, **dass jede Aufnahme einzeln entwickelt wird.** So kann man auf die Lichtverhältnisse bei jeder Aufnahme sehr genau eingehen und dies bei der Entwicklung umsetzen.

Das Format 24x36 mm ist am weitesten verbreitet. Die Filmstreifen sind perforiert und wurden aus dem im Kinofilm verwendeten Material entwickelt. Der Kinofilm arbeitet mit 18x24 mm-Aufnahmen, einem Format, das ebenfalls in der Fotografie erprobt wurde, sich jedoch nicht durchsetzen konnte. Das Verhältnis zwischen den Seitenlängen beträgt 2:3. Das Mittelformat 6x6 cm (in Wirklichkeit 57x57 mm) erfordert durch seine quadratische Form einen anderen Ansatz bei der Bildkomposition. Durch die größeren Abmessungen ist es jedoch leichter, im Labor Ausschnitte anzufertigen.

FILMFORMATE

Filmart (Kode)	Format-angabe	tatsächliche Maße	Bild-anzahl
Minox	8x11 mm	8x11 mm	15 oder 36
Pocket 110	13x17 mm	13x17 mm	12 oder 20
APS	17x30 mm	16,7x30,2 mm	25 oder 40
135 (35 mm)	24x36 mm	24x36 mm	12/15/20/24/27/36
126	3x3 cm	27x28 mm	12 oder 20
127	3x4 cm	30x39 mm	16
127	4x4 cm	41x41 mm	12
120	4,5x6 cm	45x57 mm	15 oder 16
120	6x6 cm	57x57 mm	12
120	6x8 cm	46x76 mm	9 oder 18
220	4,5x6 cm	45x57 mm	30 oder 31
220	6x6 cm	57x57 mm	24
70 mm	6x6 cm	57x57 mm	Spule
120	6x7 cm	57x70 mm	10
120	6x9 cm	57x90 mm	8
Planfilm	4x5"	10,2x12,7 cm	1
Planfilm	5x7"	12,7x17,8 cm	1
Planfilm	8x10"	20,3x25,4 cm	1

Um eben diese Vorteile bestmöglich zu nutzen, hat Ansel Adams, ein Altmeister der Fotografie, das so genannte **Zonensystem** entwickelt. Dieses System erleichtert es dem Fotografen, die Belichtung so zu gestalten, dass bei entsprechendem Entwicklungsprozess genau die vom Fotografen gewünschten Grautöne zu Stande kommen.

Unten: Die wohl bekannteste Mittelformatkamera wurde von Viktor Hasselblad erfunden. Mit der schwedischen Hasselblad wurden Meilensteine der Geschichte wie die Mondlandung dokumentiert.

Das APS-System (Advanced Photo System)

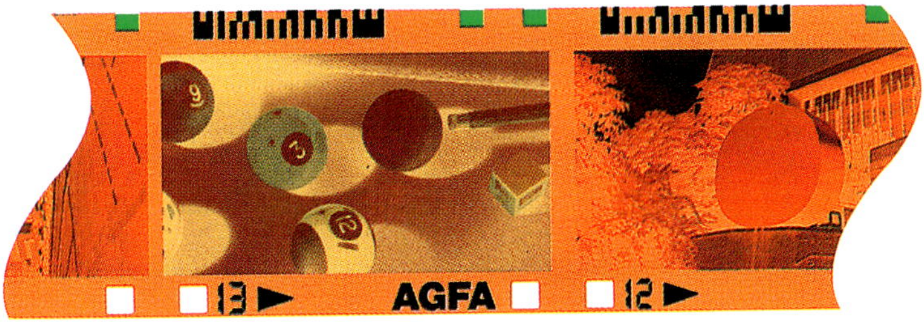

Dieses Format wurde entwickelt, um eine **neue Übertragungsmöglichkeit** von Informationen zwischen Film und Kamera und Film und Labor zu schaffen und damit bessere Bilder (vor allem Farbabzüge) zu erhalten. Auch die Handhabung und individuelle Nutzung der Kamera wird erleichtert. Die Informationen sind in einer **transparenten Magnetschicht** auf der Rückseite des Filmstreifens enthalten. Diese gegen den Entwicklungsprozess unempfindliche Schicht kann die Signale aus der Kamera speichern und an die Entwicklungsmaschinen in Großlaboren weiterleiten. Der Film ist auf eine **spezielle Patrone** gezogen, die den Code IX240 für das Format trägt. Sie ist etwas kleiner als beim Kleinbildfilm und im Querschnitt nicht rund, sondern annähernd elliptisch. Durch das kleinere Filmformat genügen kleinere Objektive zur Abdeckung der Bildfläche. Dies hat zur Entwicklung einer neuen Generation von Kameras mit einfachem Sucherfenster oder Reflexsucher geführt, die nicht nur besonders klein und leicht, sondern auch von Laien **mühelos** zu bedienen sind. Der Film wird nicht eingelegt, sondern nur in den dafür vorgesehenen Schacht geschoben.

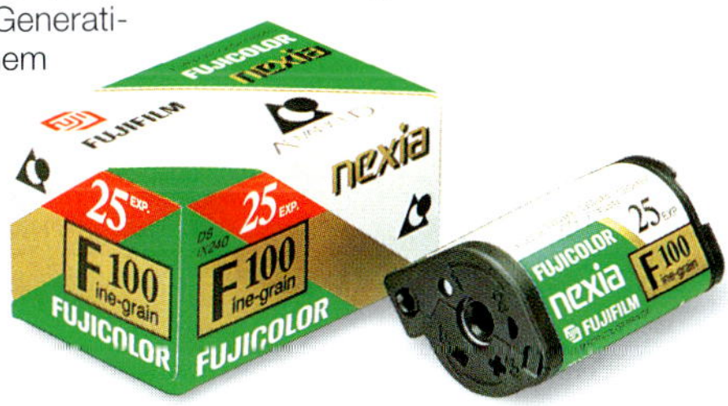

Verwandte Themen

Filme
Welcher Film für welche Zwecke?
S. 73

Kameras
Digital oder klassisch?
S. 67

Filme
Das Farbnegativ
S. 83

Formate
Filme in allen Formaten
S. 89

Filme
Kontrastumfang
S. 81

Eine APS-Filmpatrone: Der Film ist in unbelichtetem oder belichtetem Zustand immer ganz in der Patrone verborgen. Ein automatischer Verschluss schützt Film und Negative vor Staub und mechanischer Verletzung. Eine APS-Kompaktkamera kann sehr klein sein, wie diese Canon Ixus mit Autofokus und Zoom, die in den Abmessungen etwa einer Zigarettenschachtel entspricht.

APS-ABZÜGE

Das augenfälligste Charakteristikum dieses Systems ist, dass der Fotograf unter **drei verschiedenen** Standardformaten wählen kann. Das Format wird einfach vor der Aufnahme eingestellt.

Auf der Rückseite der Fotos können Daten und Texte wie Aufnahmedatum oder persönliche Anmerkungen aufgedruckt werden, die auf dem Film **gespeichert** sind.

Im Zuge der Entwicklung dieses neuen Systems bemühten sich die Filmhersteller, die Größe der **lichtempfindlichen Kristalle** in den Emulsionen zu reduzieren, um die sichtbare Körnung minimal zu halten. Oben sehen wir zwei Filme unter dem Mikroskop im Vergleich, einen APS-Film (Fuji Nexia 200, links) und den Vorgänger (Fuji Super G Plus 200, rechts) für Kleinbildformat. Diese technische Verfeinerung wird nun natürlich zunehmend auch auf die Emulsionen für Kleinbildfilme übertragen.

APS-Standardabzüge in den Formaten C, H und P. Ein Index mit allen Aufnahmen wird vom Labor mitgeliefert.

DIE WICHTIGSTEN MERKMALE

Für Aufnahmen nutzbare Oberfläche: 16,7x30,2 mm, das sind 504 mm^2. Zum Vergleich: die Oberfläche eines Kleinbildnegativs beträgt 864 mm^2.
Magnetschicht auf der Rückseite: Die gesamte Rückseite des Films ist mit einer transparenten Magnetschicht bedeckt. Sie wird normalerweise nur an den Rändern genutzt, wo in die APS-Kameras **eingebaute Magnetköpfe** Informationen für die Entwicklungsmaschinen im Labor eintragen können. Sie signalisieren das **Format** des Abzugs, die **Anzahl** der gewünschten Abzüge sowie **Aufnahmedatum, Zeit** und eventuell eingegebene Textanmerkungen sowie diverse Aufnahmedaten je nach Modell der Kamera. Ein APS-Film mit 40 Aufnahmen kann am Rand etwa 16 Kilobyte an Informationen speichern. Würde man die gesamte Oberfläche des Filmstreifens nutzen, könnte man 1 Megabyte Information speichern.

Die APS-Patrone besitzt kleine Sichtfenster im Boden, die den Inhalt anzeigen.

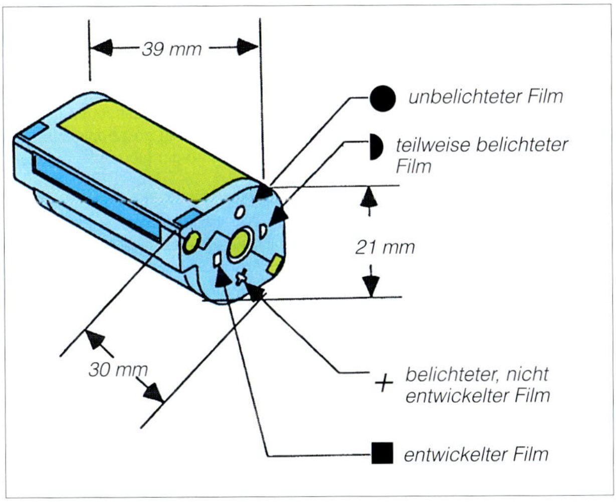

DIE ABMESSUNGEN

Der Fotograf kann mit Hilfe einer einfachen Einstellmöglichkeit an der Kamera alternativ zum Standardformat H Ausschnitte der Größe P **(Panorama)** oder C **(Classic)** wählen. Im Labor werden die Bilder nach den auf der Magnetschicht aufgezeichneten Informationen ausgearbeitet. Bei Bedarf können die Formatwünsche auch bei der Nachbestellung angegeben werden.

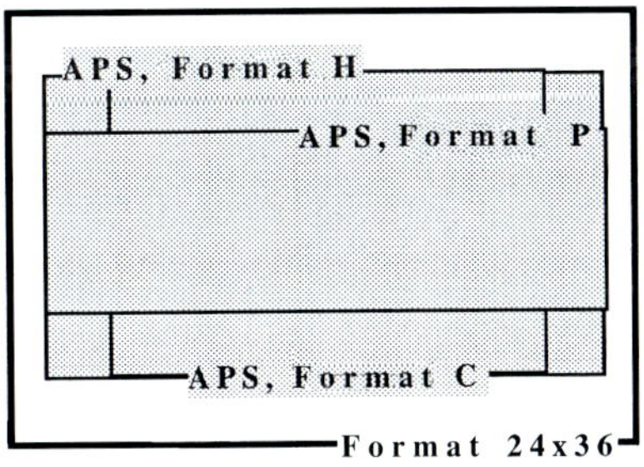

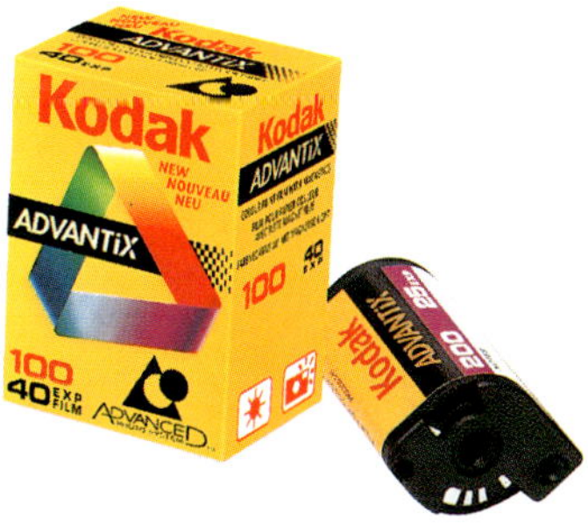

DIE APS-FORMATE

Format H (HDTV)	Format C (Classic)	Format P (Panorama)
Seitenverhältnis 16:9	Seitenverhältnis 3:2	Seitenverhältnis 3:1
Fläche 16,7x30,2 mm	Fläche 16,7x25 mm	Fläche 10x30,2 mm

BRENNWEITENVERGLEICH APS – 35 mm

APS	24x36 (vergl. mit H)	24x36 (vergl. mit C)
23 mm	29 mm	33 mm
25 mm	31 mm	36 mm
30 mm	37 mm	43 mm
55 mm	69 mm	79 mm
60 mm	75 mm	86 mm
90 mm	112 mm	130 mm
100 mm	125 mm	144 mm

UMRECHNUNGSFORMEL FÜR BRENNWEITEN

Multiplikationsfaktor

← (H) x 0,8
(H) → x 1,25

← (C) x 0,69
(C) → x 1,44

APS-OBJEKTIVE

Die Objektive für APS-Kameras sind speziell für das kleinere Negativformat dieses Systems konzipiert und können dadurch **in kleinere Kameras eingebaut** werden. Bei konventionellen Kamerasystemen entspricht die Normalbrennweite der Diagonale des Negativs. Daraus lässt sich unschwer schließen, dass die Normalbrennweite bei APS-Systemen kürzer sein muss. Doch um wie viel? Auf diese Frage gibt es keine eindeutige Antwort, zuerst muss man bestimmen, von welchem der drei Formate man ausgehen will, **H, P** oder **C,** je nachdem, welches Format man wählt, ergeben sich unterschiedliche Werte. Die nebenstehende Tabelle zeigt die Normalbrennweiten der APS-Objektive im Vergleich mit dem 35 mm-Format in zwei Spalten jeweils für das Format H und C.
Weiters ist ein **Umwandlungsfaktor** angegeben, mit dessen Hilfe die hier nicht angeführten Brennweiten umgerechnet werden können.

Eine Auswahl an Objektiven für die Minolta Reflex-APS-Kamera der Serie Vectis.

ABKÜRZUNGEN BEIM APS-SYSTEM

Beim Gebrauch dieses Systems stößt man auf zahlreiche Abkürzungen. Einige davon stehen für bestimmte Funktionen und erscheinen auf dem Display der Kamera.

- **APS** (Advanced Photo System) bezeichnet das System selbst.
- **SDC** (System Developing Companies) sind jene Firmen, die das System entwickelt haben. Es handelt sich um einen Pool der Firmen Canon, Fuji, Kodak, Minolta und Nikon, sie haben das APS-System erfunden. Später kamen noch andere Firmen dazu.
- **FTMP** (Fixed Time Printing Mode) ist ein Druckverfahren mit voreingestellter Zeit. Mit diesem Kommando übermittelt man dem Labor, dass man keine Korrekturen wünscht und gewährleistet so, dass erwünschte Effekte erhalten bleiben.
- **MRC** (Mid Roll Change) bezeichnet die Möglichkeit, eine nicht zur Gänze belichtete Filmrolle auszuwechseln, um mit einem anderen Film weiterzuarbeiten. Später kann der erste Film dann weiter verwendet werden.
- **MRI** (Mid Roll Interchange) bezeichnet eine zu MRC analoge Funktion.
- **MRR** (Mid Roll Rewind) Ein noch nicht zu Ende belichteter Film kann zurückgespult werden, es ist jedoch nicht vorgesehen, dass dieser nochmals in die Kamera eingelegt wird.
- **PQI** (Print Qualitiy Improvement) Verbesserung der Druckqualität. Informationen zu der Aufnahme werden von der Kamera auf dem Magnetstreifen gespeichert, damit im Labor eventuelle Korrekturen vorgenommen werden können.
- **PQ** (Print Quantity) Anzahl der Abzüge. Auf einigen Kameras kann man direkt einprogrammieren, wie viele Abzüge man von einer bestimmten Aufnahme wünscht. So werden aufwändigere und teurere Nachbestellungen umgangen.
- **STB** (Select Title Backprinting) Titel oder andere Anmerkungen können auf der Rückseite aufgedruckt werden. Manche Fotokameras stellen eine Anzahl vorprogrammierter Texte wie Grußbotschaften etc. zur Auswahl.
- **FID** (Film Identification Display) Nummernkode zur Identifizierung des Films, auf dem Film und der Patrone angegeben.

Die Funktionen der APS-Kameras sind oft durch einfache Piktogramme dargestellt, können aber auch als Abkürzungen angegeben sein. Oben: Rückwand der APS-Spiegelreflexkamera Minolta Vectis.

APS-Abzüge mit einem Fotoindex über alle auf dem Film enthaltenen Aufnahmen.

DIGITALKAMERAS UND APS

Rechts: Das so genannte Drop-in-Ladesystem der APS-Kameras. Auch in Scanner oder Lesegeräte für dieses Format wird der Film so eingelegt.

Für APS-Kameras gibt es auch Schwarzweiß- und Diapositivfilme, doch am verbreitetsten ist das Farbnegativ, das mit über 85% Marktanteil weltweit am meisten verkauft wird. Darüber hinaus wird das APS-System auch als Bindeglied zwischen digitaler und klassischer Technologie angepriesen. Für APS-Filme gibt es **spezielle Lesegeräte** oder **Scanner.** Mit Hilfe von Ersteren kann man die Bilder am TV-Gerät zu Hause ansehen und auch eine Abfolge mehrerer Bilder wie eine Art Film- oder Fotoshow mit Zoom- und Überblendeffekten arrangieren. Zweitere dienen hauptsächlich dazu, die Bilder auf einen Computer zu übertragen.

Bei der Digitalisierung mit einem Scanner haben APS-Bilder zumindest zwei große Pluspunkte. Der erste ist die **leichte Durchführbarkeit,** jeder Fotoamateur kann einen solchen Scan praktisch ohne Vorkenntnisse ausführen. Der zweite große Vorteil ist, dass der Film einen **staubsicheren Verschluss** besitzt und erst im Inneren des Scanners aus der Hülle genommen wird. So ist das Negativ geschützt und man braucht nicht später Kratzer oder Staubflecken umständlich zu retuschieren. Beim Einscannen von 35 mm-Negativstreifen oder Diapositiven passiert das hingegen ziemlich häufig. Ein in ein solches Lesegerät oder einen Scanner eingelegter Film wird normalerweise **zur Gänze digitalisiert,** das heißt, das Gerät »liest« alle 25 oder 40 Aufnahmen ein und man kann sie dann unter Anleitung mit auf dem Bildschirm erscheinenden Menüs sichten.

Rechts: Die Digital Image Workstation AL-1000 von Fuji: ein Computer mit integriertem APS-Lesesystem/Scanner für APS-Filme. Unten rechts: Ein speziell für das APS-System entworfener Scanner, mit dem Bilder auf den Computer übertragen werden können. Unten links: Ein APS-Lesegerät für den Heimgebrauch: Fuji Color Photo Player AP-1 mit Fernbedienung. Er kann an ein ganz normales Fernsehgerät angeschlossen werden.

Angesichts der zahlreichen praktischen Vorteile des APS-System sahen sich viele Anbieter von Kleinbild- und Diapositivscannern veranlasst, mit Adaptern eine Möglichkeit zu schaffen, auch APS-Filme damit bearbeiten zu können. Diese Adapter ziehen den Film während der für den Scan benötigten Zeit aus der Patrone heraus.

Technik

Blende und Belichtungszeit

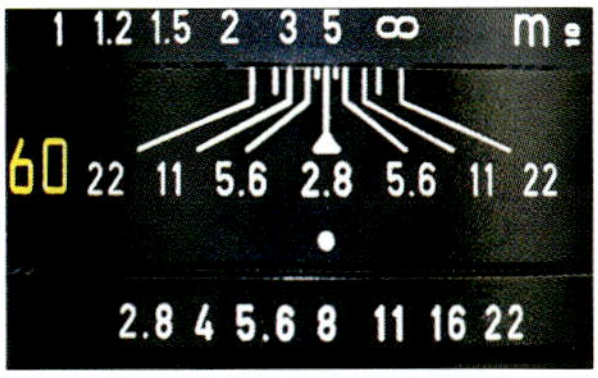

Blendenskala (oben); Zeitskala (unten).

Um ein Motiv zu fotografieren, muss man grundsätzlich zwei Dinge tun: Die **Schärfe einstellen,** das heißt, das Objektiv auf die richtige Entfernung vom Motiv einstellen, damit das Bild scharf erscheint, und die **Belichtung** durch die Regulierung der durch das Objektiv einfallenden Lichtmenge (Blende) und die Dauer des Lichteinfalls (Verschlusszeit) **zu regeln.** Diese soll so erfolgen, dass genau die richtige Lichtmenge auf die Filmebene trifft.

Wie Verschlusszeit und Blende zusammenwirken, sei hier an einem einfachen Beispiel erläutert:

Ähnlich wie man aus einem Wasserhahn die gleiche Menge Wasser erhalten kann, indem man den Hahn für eine längere Zeit wenig oder für eine kürzere Zeit weit öffnet, dringt bei einer kurzen Verschlusszeit mit großer Blendenöffnung **die gleiche Lichtmenge** ein wie bei einer langen Verschlusszeit mit kleiner Blendenöffnung. Dem Fotografen oder dem Automatikprogramm der Kamera bleibt es überlassen, aus den jeweils möglichen Zeit/Blende-Kombinationen die jeweils passende auszuwählen.

Verwandte Themen

Technik
Belichtungsreihen
S. 114

Filme
Kontrastumfang
S. 81

Technik
Der Verschluss der Fotokamera
S. 104

Technik
Wie ein Belichtungsmesser funktioniert
S. 112

Zubehör
Belichten mit Blitz
S. 159

DIE BLENDENSKALA

Die verschiedenen Blendenöffnungen sind auf einer Skala in Zahlen angegeben. Von einem Blendenwert zum nächstgrößeren oder -kleineren **halbiert** bzw. **verdoppelt** sich die Menge an einfallendem Licht.

Die Werte folgen in ansteigender Reihenfolge aufeinander, und zwar von der größten Blendenöffnung zur kleinsten (große Blendenöffnung, kleiner Blendenwert):
1 – 1,4 – 2 – 2,8 – 4 – 5,6 – 8 – 11 – 16 – 22 – 32 – 45 – 64.

Viele Hersteller von Kameraobjektiven haben auch Modelle entworfen, deren maximale Blendenöffnung zwischen den angegebenen Schritten liegt, wie etwa 1,8 oder 1,7, 3,5 oder 4,5 usw.

Die auf der Blendenskala angegebenen Werte beziehen sich auf das Verhältnis zwischen der Brennweite des Objektivs und dem Durchmesser der Eintrittspupille des Objektivs in Millimeter. Ein Normalobjektiv mit 25 mm Durchmesser und einer Brennweite von 50 mm hat somit eine **relative Öffnung** (Lichtstärke) von 2. Daher ist es auch üblich, die Blende als Bruchzahl anzugeben: In unserem Fall wäre das f/2.

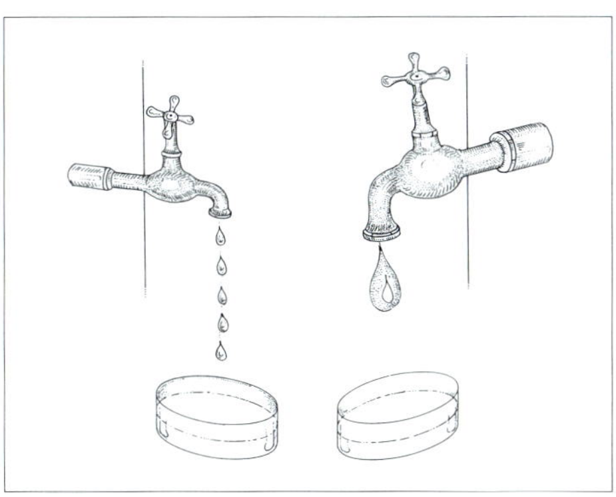

Die einfallende Lichtmenge kann man sich wie Wasser aus dem Wasserhahn vorstellen: Entweder man öffnet ihn für eine kurze Zeit weit oder für eine längere Zeit nur wenig. In beiden Fällen ist die Gesamtmenge die gleiche.

DIE ZEITSKALA

Der Verschlussmechanismus regelt, wie lange Licht auf den Film treffen soll. Gewöhnlich beginnt die Skala mit ganzen Sekunden und geht dann zu Sekundenbruchteilen über:

Licht oder Schatten anmessen? Beide Fotos sind »richtig« belichtet, doch die Stimmung ist unterschiedlich. Der Fotograf entscheidet, indem er eine bestimmte Zeit/Blende-Kombination wählt.

1 – 1/2 – 1/4 – 1/8 – 1/15 – 1/30 – 1/60 – 1/125 – 1/250 – 1/500 – 1/1000 – 1/2000 – 1/4000 – 1/8000.

Es gibt eine Kamera von Minolta, die sogar eine Verschlusszeit von 1/12.000 Sekunde anbietet. Viele Fotokameras, vor allem jene mit elektronisch gesteuertem Verschluss, bieten auch lange Belichtungszeiten wie 30 – 15 – 8 – 4 – 2 – 1 ganze Sekunden an.

Vor dem Zweiten Weltkrieg waren bei Fotokameras die Skala 1 – 1/2 – 1/4 – 1/10 – 1/15 – 1/20 – 1/30 – 1/40 – 1/60 – 1/100 – 1/200 – 1/500 – 1/1000 sowie die Einstellungen T und Z (entspricht Einstellung B) üblich.

Die **Einstellung B** wird auch heute noch auf vielen Kameras angeboten. Damit bleibt der Verschluss offen, **solange der Auslöser gedrückt gehalten wird,** was hauptsächlich für Nachtaufnahmen von Nutzen ist. Seltener findet man die **Einstellung T,** bei der sich der Verschluss beim ersten Auslösen öffnet und **durch ein weiteres Auslösen** wieder verschlossen wird (besonders in der astronomischen Fotografie von Vorteil).

Mit offener Blende und schneller Verschlusszeit ergibt sich eine beschränkte Schärfentiefe.

Zeit/Blende-Kombinationen

Das wahre Geheimnis des guten Fotografen ist es, sich immer für die **richtige Kombination** aus Blende und Verschlusszeit zu entscheiden. Man hat stets die Wahl zwischen einigen äquivalenten Kombinationen, die **Äquivalenz** bezieht sich jedoch lediglich auf die Tatsache, dass immer die gleiche Lichtmenge auf den Film trifft. Wie sich dieses Licht dort jedoch auswirkt, ist eine Frage der richtigen Wahl. Hat man also mit einer ersten Einschätzung (zum Beispiel mit dem externen Belichtungsmesser) bestimmt, **wie viel Licht** auf den Film auftreffen soll, muss man sich nun entscheiden, ob diese Lichtmenge mit einer schnellen Verschlusszeit bei großer Blendenöffnung oder einer längeren Verschlusszeit bei kleinerer Blendenöffnung einfallen soll. Trotz gleicher Lichtmenge wird das Ergebnis ganz anders wirken. Sehen wir uns näher an warum.

Stellen wir uns ein mit 1/60 Sekunde bei Blende 11 belichtetes Foto vor. Die gleiche Lichtmenge erhielten wir auch aus den Kombinationen 1/125 und f/8, 1/250 und f/5,6 oder, um von unserem Beispiel noch weiter in den Extrembereich zu gehen, auch bei 1/2000 und f/2 sowie 1/15 und f/22. In jedem dieser Fälle wäre das Resultat jedoch unterschiedlich. Bei den schnellen Verschlusszeiten wie etwa 1/250 oder 1/2000 Sekunde werden **schnelle Bewegungen** »eingefroren«. Athleten in vollem Lauf auf der Aschenbahn, Rennwagen auf der Strecke, kurz **alle raschen Bewegungen** können scharf abgebildet werden. Außerdem ist eine schnelle Verschlusszeit das beste Mittel, um ein **Verwackeln** durch die Hand des Fotografen zu verhindern. Bei längeren Verschlusszeiten hingegen ergeben sich bei bewegten Objekten **Bewegungsunschärfen**, die allerdings gerade in der Sportfotografie wegen des **dynamischen Ausdrucks** oft geschätzt sind.

Einer schnelleren Verschlusszeit entspricht eine **weiter geöffnete Blende.** Einer langsameren Verschlusszeit entspricht eine weniger geöffnete Blende. Dieser Unterschied wirkt sich auch auf einen anderen wichtigen Aspekt, die **Schärfentiefe** aus. Je **kleiner** die Blendenöffnung, umso weiter erstreckt sich der Bereich der Schärfentiefe. Bei offener Blende ist der Schärfentiefebereich **relativ beschränkt,** bei geschlossener Blende tendiert die Schärfentiefe zunehmend **gegen unendlich,** was besonders bei Landschaftsaufnahmen erwünscht ist. Mit offener Blende hingegen lassen sich störende Details im Vorder- oder Hintergrund gut kaschieren, denn durch die beschränkte Schärfentiefe erscheinen diese unscharf bis verschwommen (Porträt- und Sportfotografie).

Belichtungsautomatik

Verwandte Themen

Technik
Blende und Belichtungszeit
S. 99

Technik
Belichtungsmessung
S. 108

Filme
Kontrastumfang
S. 81

Licht
Nachtaufnahmen
S. 195

Technik
Belichtungsreihen
S. 114

Die in die Kamera »eingelassene« Lichtmenge wird durch Verschlusszeit und Blende dosiert, zwei Werte, die händisch eingestellt werden können. Zur Ermittlung der jeweils richtigen Kombination kann der Fotograf einen Belichtungsmesser als Hilfsmittel verwenden. Viele der modernen Kameras nehmen ihm diese Arbeit ab, indem sie die Belichtung automatisch einstellen. Es gibt verschiedene Arten von Automatiken.

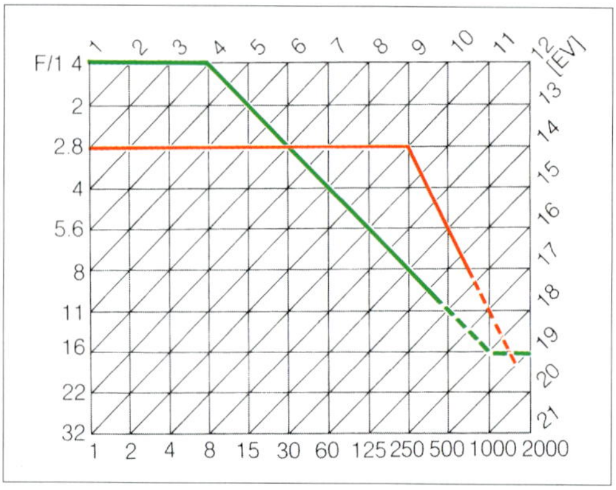

ZEITAUTOMATIK
Hier stellt der Fotograf die **gewünschte Belichtungszeit** ein, zum Beispiel eine sehr schnelle Zeit für ein Action-Foto. Die Kamera misst das Licht mit Hilfe des eingebauten, auf die Filmempfindlichkeit eingestellten Belichtungsmessers und wählt automatisch die richtige Blendenöffnung dazu.

BLENDENAUTOMATIK
Der Fotograf wählt die Blende vor, zum Beispiel eine **kleine** Blendenöffnung für große oder eine **weit offene** Blende für geringe Schärfentiefe. Die Kamera wählt automatisch die entsprechend schnelle bzw. langsame Verschlusszeit dazu.

PROGRAMMAUTOMATIK
Häufig wird diese von einer je nach Modell mehr oder weniger komplexen Software gesteuerte Variante einfach als **Program** bezeichnet. Dabei errechnet ein Programm die **Zeit/Blende-Kombinationen** aus den möglichen Paaren je nach den Lichtverhältnissen auf dem Motiv. Häufig ist es möglich, von dieser Programmautomatik abzuweichen und eine Kombination mit schnellerer Verschlusszeit (und größerer Blende) oder kleinerer Blende (und längerer Verschlusszeit) zu wählen. Oft wird diese Möglichkeit als **Shift** oder **Programmverschiebung** bezeichnet. Damit kann man ein Multifunktionsprogramm individueller nutzen und auch eine bewegte Szene (wie etwa Kinder beim Spie-

Oben: Grüne Linie: Normalprogramm. Sowohl Zeit als auch Blende werden verändert. Rote Linie: Sportprogramm. Die Blende f/2,8 wird beibehalten, bei Ansteigen der Lichtstärke wird die Verschlusszeit kürzer. Zum Vergleich: Bei 10 EV schlägt das Normalprogramm 1/60 und f/4 vor, während das Sportprogramm f/2,8 und 1/125 wählt. Rechts: So ändern sich die Zeit/Blende-Kombinationen eines Programmverlaufs bei unterschiedlichen Lichtverhältnissen für die beiden Brennweiten eines Zoom (Canon EF 28 bis 70 auf Canon EOS-1N).

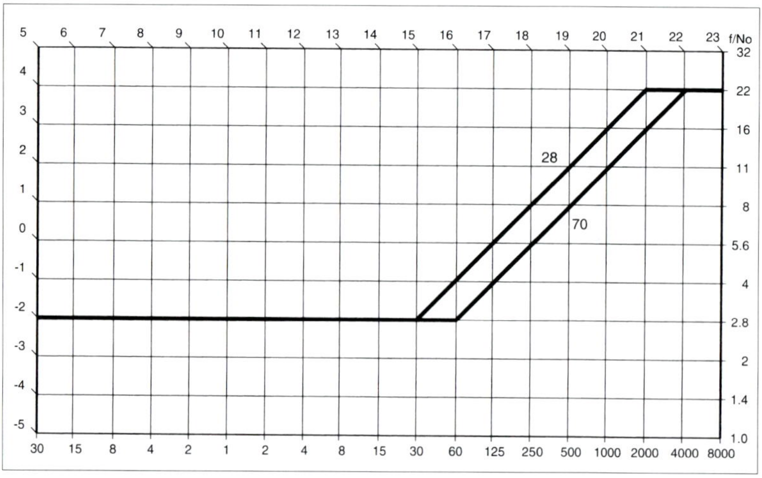

len) optimal fotografieren, nachdem man sich zuvor mit einer Landschaft beschäftigt hat.

SPEZIELLE PROGRAMM-AUTOMATIKEN

Dabei handelt es sich um spezialisierte Varianten des Normalprogramms, die für die bekanntesten Aufnahmesituationen erdacht wurden. Die einzelnen Programme werden mit Symbolen angegeben, das können Abkürzungen sein. Oft erleichtern es **Piktogramme** auf dem Kameradisplay dem Laien, die richtige Automatik für die jeweilige Situation einzustellen. Zu erwähnen sind:

- **Porträtprogramm:** Hier werden eher offene Blendenwerte gewählt, um das Motiv vom Hintergrund abzulösen.
- **Landschaftsprogramm:** Hier werden kleine Blendenwerte für größere Schärfentiefe bevorzugt.
- **Sportprogramm,** auch Action-Programm genannt: kurze Verschlusszeiten werden bevorzugt.
- **Makroprogramm:** Sehr kleine Blendenöffnungen werden bevorzugt, um die für Nahaufnahmen geeignetsten Bedingungen zu schaffen.
- **Nachtprogramm:** Hier wird der Blitz mit einkombiniert, dazu kommt eine eher längere Verschlusszeit, um auch die vom Blitz nicht erreichten Bereiche abzubilden. Dabei ist es meistens erforderlich, die Kamera auf ein Stativ zu montieren.

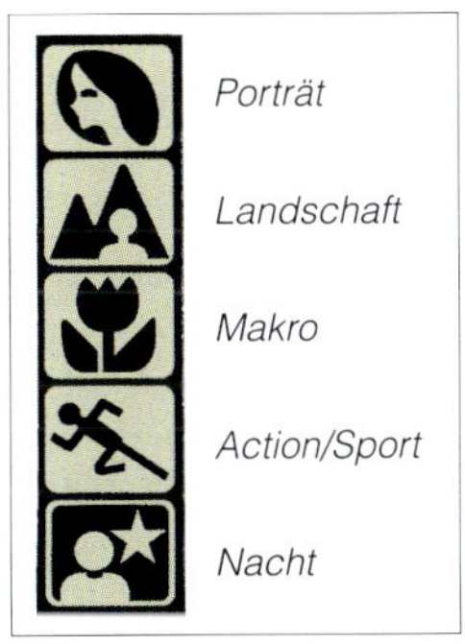

Links: Piktogramme machen die Unterscheidung zwischen den Programmen für den Laien einfacher. Oben: Die »Program«-Option auf dem Wahlschalter einer Minolta-Spiegelreflexkamera. Unten: Das Display der Nikon F-50 mit den Piktogrammen für einstellbare Spezialprogramme.

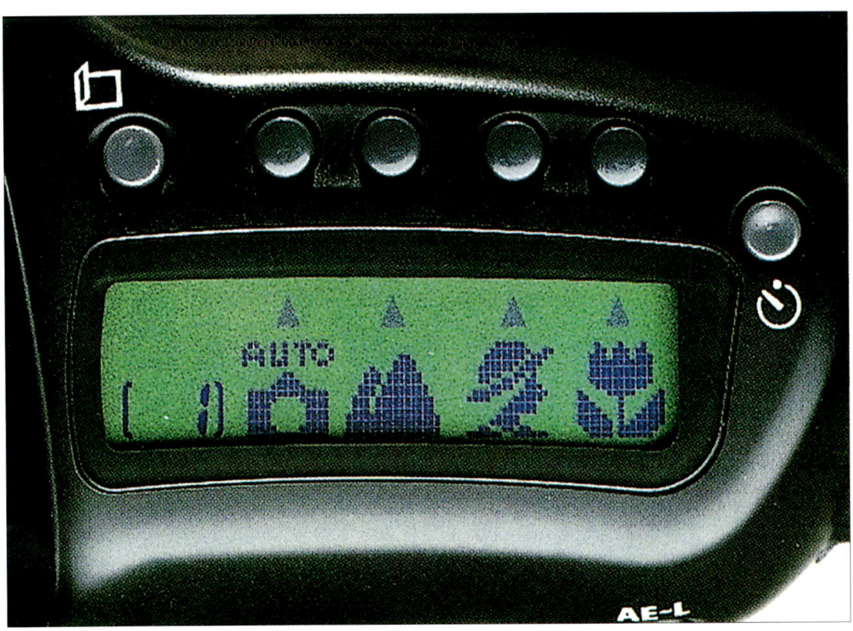

Der Verschluss der Kamera

Verwandte Themen

Technik
Blende und Belichtungszeit
S. 99

Action-Fotografie
Den richtigen Moment einfangen
S. 42

Kameras
Die klassische Fotokamera
S. 69

Zubehör
Fotografieren mit Blitz
S. 157

Zubehör
Aufhellblitzen
S. 162

In den Anfangszeiten der Fotografie, als die Filme noch wenig empfindlich und die **Belichtungszeiten entsprechend lang waren** (die erste Fotografie von Niepce musste 8 Stunden belichtet werden), war ein Verschluss eine einfache Angelegenheit. Ein Deckel, eine Klappe oder ein Fallvorhang genügten, und man machte sogar Belichtungen »mit dem Hut«: Der Fotograf nahm seine Kopfbedeckung ab und bedeckte die Optik damit, legte dann den Film ein und nahm den Hut für die erforderliche Zeit wieder ab. Solche Belichtungen werden heute noch manchmal von Amateuren in der **astronomischen Fotografie** gemacht. Die Linse eines starken Teleskops händisch abzudecken ist in der Tat eine gute Methode bei langen Belichtungszeiten. Da die Kamera nicht berührt wird, gibt es keine Erschütterungen.
Nun zur Technik: Bei den modernen Fotokameras unterscheidet man zwei Arten von Verschlüssen, Zentralverschlüsse und Schlitzverschlüsse.

DER ZENTRALVERSCHLUSS

Diese Art des Verschlusses findet man in zahlreichen **Kompaktkameras, Mittelformatkameras** und zweiäugigen **Spiegelreflexkameras** (wie sie von Profis gerne für Hochzeiten oder ähnliche Zeremonien verwendet werden), außerdem an den meisten Objektiven für **großformatige** Fachkameras. Der Zentralverschluss arbeitet ähnlich wie die Blende im Objektiv mit zentral angeordneten Lamellen, die ganz verschlossen werden. Im Moment des Auslösens öffnen sich die Lamellen durch Federkraft und geben den gesamten Durchmesser der Optik frei. Die Lichtmenge wird dann nur durch die **vorgeschaltete Blende** eingeschränkt. Die Feder wird vor dem Auslösen aufgezogen und bleibt für die eingestellte Verschlusszeit gespannt, die Öffnung entspricht der maximalen Blende. Die Vorteile dieser Art des Verschlusses sind sein **geräuschloses Arbeiten** und die Tatsache, dass sich die Öffnung unabhängig von der Verschlusszeit **über die gesamte Bildfläche** erstreckt und damit eine **optimale Synchronisation mit dem Blitzlicht** bei allen Verschlusszeiten gewährleistet ist. Doch es gibt auch Nachteile: Der Verschluss muss ins Objektiv eingebaut werden, das heißt, dass bei Kameras mit austauschbaren Optiken jedes Objektiv sowohl mit einer Blende als auch mit einem Verschluss ausgestattet sein muss. Durch die Trägheit der Lamellen ergibt sich eine minimale Verschlusszeit von 1/500 Sekunde (in Ausnahmefällen 1/1000), außerdem ist die Mechanik eher kompliziert.

Ein Lamellenvorhang, rechts von der Innenseite der Kamera aus gesehen, mit der dazugehörigen Mechanik (Nikon FM-2). Auf der rechten Seite unten derselbe Verschluss von der Filmebene aus gesehen. Rechte Seite oben: Ein klassischer Vorhangverschluss (Canon F1-New).

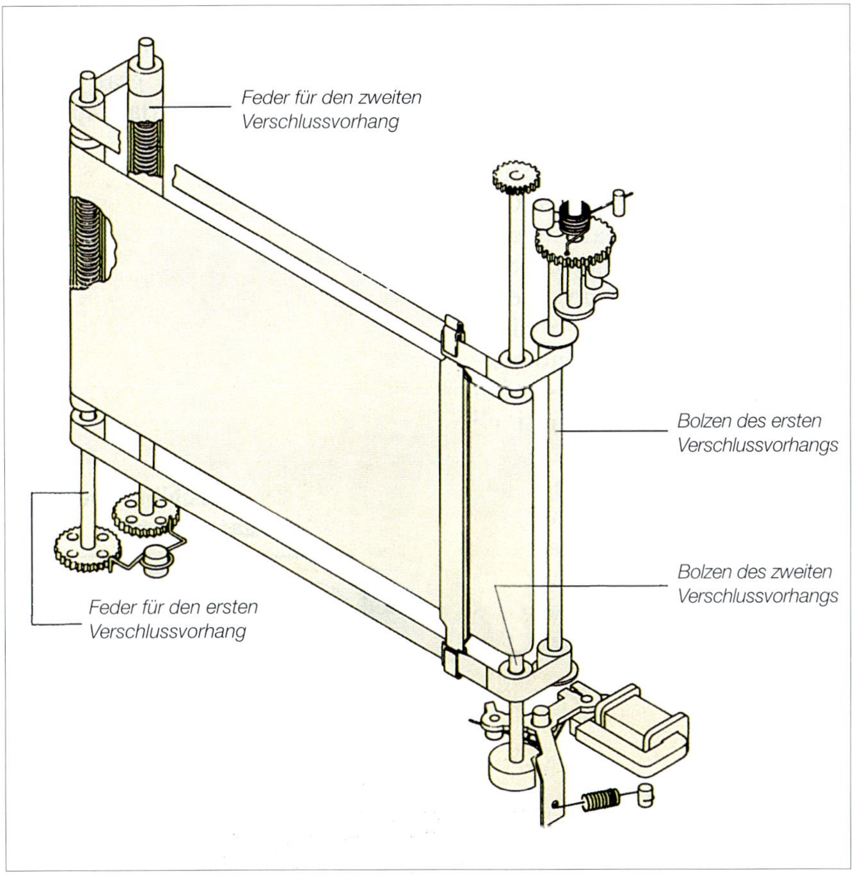
Feder für den zweiten
Verschlussvorhang
Bolzen des ersten
Verschlussvorhangs
Bolzen des zweiten
Verschlussvorhangs
Feder für den ersten
Verschlussvorhang

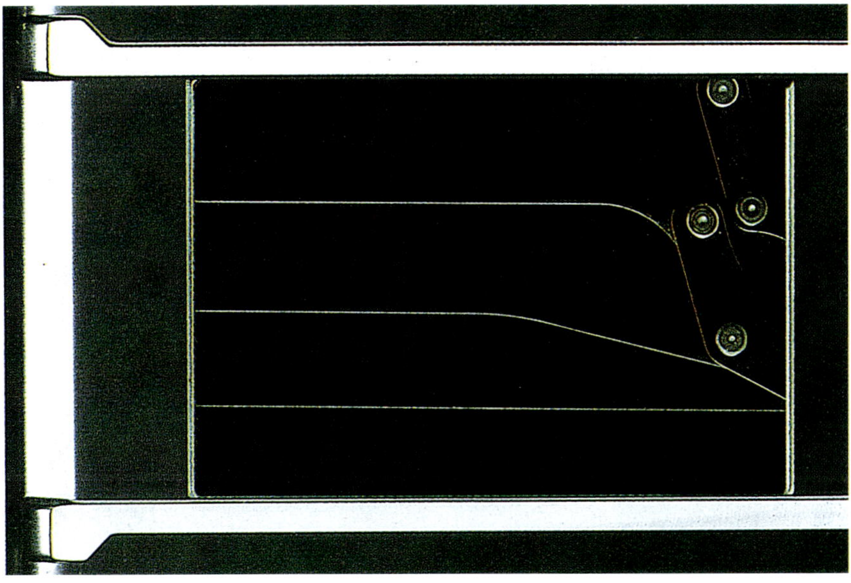

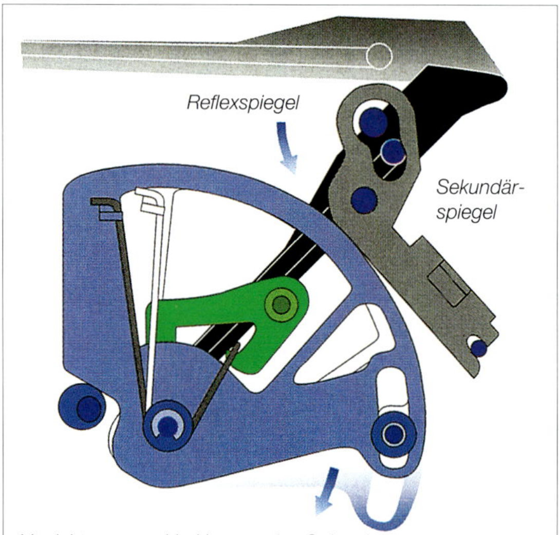

Vorrichtung zum Umklappen des Spiegels

DER SCHLITZVERSCHLUSS
Diese Art des Verschlusses besteht aus einer Art Vorhang, dessen eine Hälfte sich öffnet und die Filmebene freilegt, während die zweite Hälfte sich gleich darauf schließt und die Filmebene wieder abdeckt. Diese Vorhänge können **vertikal** oder **horizontal** verlaufen und aus gummiertem Gewebe oder feinen Titanblättern bestehen. Außerdem gibt es jalousienartige Systeme mit Lamellen aus gehärtetem Aluminium, manchmal sind Kunststofflamellen zur Reduzierung der Reibung dazwischengeschaltet. Sobald sich der erste Vorhang geöffnet hat, folgt sofort der zweite und bewegt sich mit gleicher Geschwindigkeit. So entsteht ein **mobiler Lichtschlitz.**

Rechts und oben: In Spiegelreflexkameras sind die Mechaniken für den Verschluss und das Umklappen des Spiegels miteinander verbunden und bilden das mechanische Herz der Fotokamera (hier eine Nikon F5).

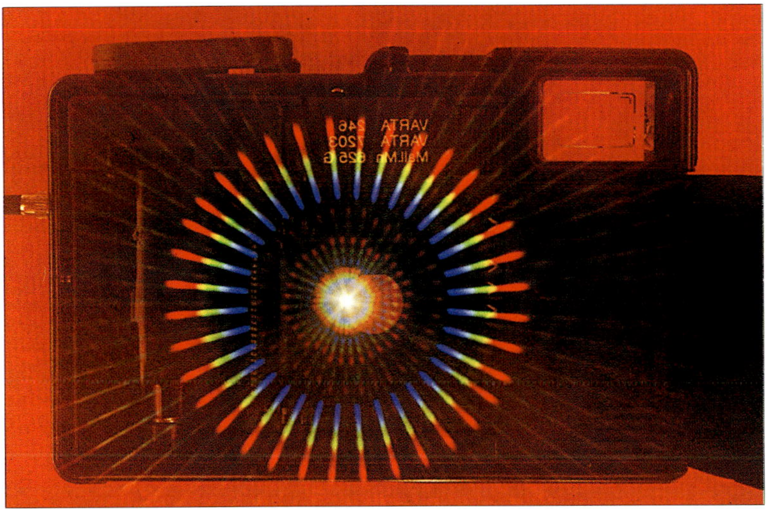

Zentralverschlüsse werden häufig in Kompaktkameras, aber auch in Mittelformatkameras und Objektive für Fachkameras eingebaut.

Die verschiedenen Belichtungszeiten werden durch verschieden große Schlitzöffnungen erreicht, die Geschwindigkeit des Vorhangs bleibt dabei immer konstant. Oft wird die Öffnung, wie auch die »Verspätung«, mit der der zweite Verschlussvorhang folgt, elektronisch gesteuert. Natürlich hat auch der Schlitzverschluss seine Vor- und Nachteile. Der Hauptvorteil ist, dass er direkt **vor der Filmebene liegt** und diese und den unbelichteten Film vor unbeabsichtigtem Lichteinfall schützt. Dadurch kann man leicht die Objektive wechseln, diese müssen auch nur mit einer Blende und nicht mit einem eigenen Verschluss ausgestattet sein.
Ein weiterer Vorteil ist die **elektronische Steuerung,** die eine konstante Laufgeschwindigkeit und eine optimale Kontrolle der Größe des Lichtschlitzes gewährleistet. Die Präzision und damit die Reproduzierbarkeit der Zeiten ist sehr hoch. Die gesamte Filmfläche wird gleichmäßig von der Bildmitte bis zum Rand belichtet. Der wichtigste Nachteil ist die **begrenzte Synchronisationsmöglichkeit mit dem Blitzlicht.** Normalerweise geht die Synchronzeit bis zu einer bestimmten, für jede einzelne Fotokamera charakteristischen Zeit X. In manchen Fällen wird man daher spezielle Blitzgeräte mit langer Brenndauer brauchen.
Besonders aus letzterem Grund sind Kameras mit Schlitzverschluss eher für Action-Aufnahmen, Sport- und Makrofotografie beliebt, während man **im Studio** die Varianten mit Zentralverschluss vorzieht, denn dort wird so gut wie immer mit Blitzlampen gearbeitet.
Kompaktkameras sind normalerweise nicht mit austauschbaren Optiken ausgestattet und arbeiten daher ebenfalls mit **Zentralverschluss,** der meist gleichzeitig die Funktion der Blende erfüllt, eine technische Lösung, die sich gut mit den verschiedenen Programmautomatiken kombinieren lässt.
Allerdings gibt es auch für Spiegelreflexkameras mit Schlitzverschluss einige Optiken mit **eingebautem Zentralverschluss.** Dabei handelt es sich um spezielle Objektive, die eigens für eine **Blitzsynchronisation** bei vielen verschiedenen Verschlusszeiten konzipiert wurden. Beim Auslösen wird der Zentralverschluss des Objektivs (der zunächst zum Einstellen des Bildausschnitts offen war) geschlossen, dann der Schlitzverschluss der Kamera und danach der Zentralverschluss des Objektivs geöffnet, die Blende auf die vorgegebene Öffnung eingestellt und anschließend Zentralverschluss und Schlitzverschluss **in dieser Reihenfolge** geschlossen. Wie man sieht, handelt es sich hier um einen komplexen mechanischen Ablauf, daher zählen diese Optiken zu den Ausrüstungsgegenständen der höheren Preisklasse, die sicherlich **nur im professionellen Bereich** Verwendung finden und auch nur für wenige Kameras der gehobenen Klasse angeboten werden.
Bei der Handhabung von Spiegelreflexkameras sollte man stets darauf achten, den Verschlussvorhang **nicht zu berühren** und auf keinen Fall **die Lamellen einzudrücken.** Eine **Deformierung** kann katastrophale Folgen haben. Die Lamellen müssen immer reibungslos laufen und lichtdicht schließen. Sie müssen daher vor Licht und mechanischer Beanspruchung geschützt werden.

Belichtungsmessung

Verwandte Themen

Technik
Fotozellen
S. 110

Filme
Kontrastumfang
S. 81

Zubehör
Belichtung
mit Blitz
S. 159

Filme
Der DX-Code
S. 79

Technik
Wie ein Belichtungs-messer arbeitet
S. 112

Um den Film, den man verwendet, optimal zu belichten, kann man natürlich die Tabellen konsultieren, die im **Beipacktext** oder **auf der Packung** aufgedruckt sind und für einige »Standardsituationen« in der Fotografie Zeit/Blende-Kombinationen anbieten.
In den meisten Fällen wird man jedoch sicherlich einen **Belichtungsmesser** verwenden. Das ist ein Instrument, das die Lichtintensität der zu fotografierenden Szene in ein elektrisches Signal umwandelt, misst und auf einer Skala angibt. Diese kann nur in der für die Fotografie gebräuchlichen Einheit Lichtwert (LW) bzw. Exposure Value (EV) oder direkt **in Kombinationen** aus **Belichtungszeit** und **Blende** angegeben sein.
Damit der Belichtungsmesser, der sowohl in die Kamera eingebaut als auch ein separates Handgerät sein kann, bei der Messung die jeweils korrekten Werte liefert, muss man ihn natürlich mit Informationen über die **Empfindlichkeit** des betreffenden Films versorgen. Diese Filmempfindlichkeit in ISO kann man manuell einstellen, wie es bei den Handgeräten üblich ist, die Einstellung kann aber auch automatisch über den **DX-Code** erfolgen, wie es bei den modernen Kleinbildkameras der Fall ist.

DAS HANDGERÄT

Ein separater Belichtungsmesser kann sowohl im Studio als auch im Freien benutzt werden, einen ganz besonderen Stellenwert nimmt er im Film ein. Er kann auf zwei verschiedene Arten arbeiten, indem er entweder das **einfallende** oder das **reflektierte Licht** misst.

MESSUNG DES EINFALLENDEN LICHTS (LICHTMESSUNG)

Dabei hält man den Belichtungsmesser in Richtung der Kamera vor das Motiv. Man muss jedoch darauf achten, **ihn nicht direkt gegen eine Lichtquelle** zu halten. Nun wird das auf das Motiv einfallende Licht gemessen. Die Messung **ist sehr zuverlässig,** denn der Wert wird ohne Rücksicht auf reflektierende Eigenschaften des Motivs (Material) und seine Farbe geliefert.

Rechts: Bei einem so regelmäßig ausgeleuchteten Motiv liefern beide Messmethoden zuverlässige Resultate.
Oben: Handbelichtungsmesser: Zur Messung des einfallenden Lichts hält man ihn vor das Motiv und richtet ihn auf die Kamera.

Eine Messung des einfallenden Lichts ist dann sinnvoll, wenn das Motiv deutlich anders beleuchtet ist als sein Hintergrund. Das reflektierte Licht würde den Belichtungsmesser irreführen.

Diese Art der Belichtungsmessung wird viel bei **Dreharbeiten zu Kinofilmen** verwendet, auch in der **Studiofotografie** ist sie beliebt, denn die Werte werden unabhängig von der Position der Lichtquellen zuverlässig angezeigt. Oft dient der Belichtungsmesser auch als Hilfsmittel beim Ausleuchten: Man positioniert ihn vor dem Motiv und variiert dann das Licht so lange, bis man die gewünschte Zeit/Blende-Kombination erhält.

MESSUNG DES REFLEKTIERTEN LICHTS (OBJEKTMESSUNG)

So arbeiten normalerweise die in Foto- und Filmkameras **eingebauten** Belichtungsmesser. Doch auch mit einem separaten Belichtungsmesser kann man das reflektierte Licht messen. Man hält ihn in diesem Fall **vor die Kamera** und visiert das Motiv damit an. Der größte Vorteil dieser Art der Messung besteht darin, dass man sich dem Motiv dazu **nicht nähern muss.** Die Belichtung kann vom Aufnahmestandpunkt aus gemessen werden. Wenn der Belichtungsmesser in eine Kamera eingebaut ist, bei der die Messung durch das Objektiv erfolgt (TTL), kann man mit einem Teleobjektiv auch **über größere Distanzen** genauestens messen.

FLASHMETER, BELICHTUNGSMESSER FÜR BLITZLICHT

Es gibt Belichtungsmesser für einfallendes Licht, die sowohl aus einer oder gleichzeitig **aus mehreren Lampen abgegebenes Blitzlicht** als auch **Mehrfachblitz** aus hintereinander geschalteten Lampen mittels Instant- oder kumulativer Messung berechnen können. Mit manchen Geräten kann man **Mischlicht** (Blitz und Dauerlicht) messen. Besonders im Stillleben- und Modebereich kommen diese zum Einsatz. In Kameras eingebaute Belichtungsmesser (für reflektiertes Licht) können nur in seltenen Fällen auch Blitzlicht messen, wie etwa bei der Contax AX oder der Leica R8.
Der Belichtungsmesser für Blitzlicht (Flashmeter) ist eine **wertvolle Hilfe,** wenn man mit mehreren, in verschiedenen Winkeln auf das Motiv gerichteten Lampen arbeitet.

Die Fotozellen

Verwandte Themen

Technik
Wie der Belichtungsmesser arbeitet
S. 112

Zubehör
Belichtung mit Blitz
S. 159

Technik
Belichtungsreihen
S. 114

Licht
Nachtaufnahmen
S. 195

Licht
Infrarotfotografie
S. 198

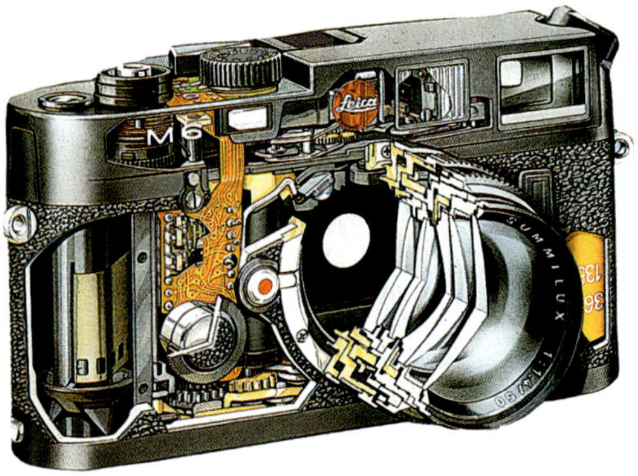

Fotokameras können mit verschiedenen Vorrichtungen zur Lichtmessung ausgestattet sein. Heute arbeiten sowohl eingebaute als auch separate Belichtungsmesser hauptsächlich mit **Siliziumzellen.** Man spricht auch von **SBC** (Silicon Blue Cell) wenn, wie in den meisten Fällen, ein kleines blaugrünes optisches Filter eingebaut ist, um die **Empfindlichkeit gegen infrarote Strahlen** im Messfeld zu kompensieren. Siliziumzellen bieten vor allem den Vorteil einer unverzüglichen Reaktion, dadurch wurde auch die Entwicklung von Belichtungsmessern für Blitzlicht möglich. Ähnlich wie die Reinsiliziumzellen reagieren auch **GaAsPh** (Galliumarsenidphosphid)-Fotodioden, die von Pentax erprobt wurden und den Vorteil einer niedrigen Grundspannung bieten.

In den vergangenen Jahren waren besonders **CdS** (Cadmiumsulfid)-Zellen verbreitet, diese waren hoch lichtempfindlich, reagierten aber besonders, wenn man sie zuvor sehr hellen Lichtquellen (wie etwa der Sonne im Bildausschnitt) ausgesetzt hatte, träge. Das hängt mit der »Erinnerung« der Zelle zusammen. Sowohl beim Silizium- als auch beim CdS-System stellen die Zellen einen **Regelwiderstand** dar. Je nach Menge des eintreffenden Lichts lassen sie mehr oder weniger Strom aus der Batterie fließen. Dieser wird dann gemessen und an die Flüssigkristall- oder LED-Anzeigen bzw. die Messnadel weitergeleitet. So können diese Systeme auch **in schwachem Umgebungslicht** einwandfrei arbeiten.

Der Selen-Belichtungsmesser gehört **eindeutig der Vergangenheit an.** Dieses Material wurde früher benutzt, um einen direkten elektrischen Strom aus der Zelle zu generieren, der der auf die Zelle treffenden Lichtmenge entspricht. Heute sieht man dieses Messsystem nur noch an gebrauchten, alten Stücken. In diesem Fall muss man darauf achten, die Zelle nicht zu verbrauchen.

Rechts: TTL-Blitz-System: Eine Zelle misst das eintreffende Licht während der Auslösung.
Oben: TTL-Messung mit einer Zelle, die auf einen reflektierenden weißen Punkt auf dem Verschlussvorhang einer Leica M6 gerichtet ist.

TTL-SYSTEME

Die Abkürzung TTL steht für Through The Lens, also Messung durch das Objektiv. Ein solches System bietet einige Vorteile, denn man kann damit nicht nur das Motiv genauer anvisieren, sondern auch Zubehörteile wie Filter, Zwischenringe oder Balgen, die die Lichtmenge reduzieren, gleich **mitberücksichtigen.**

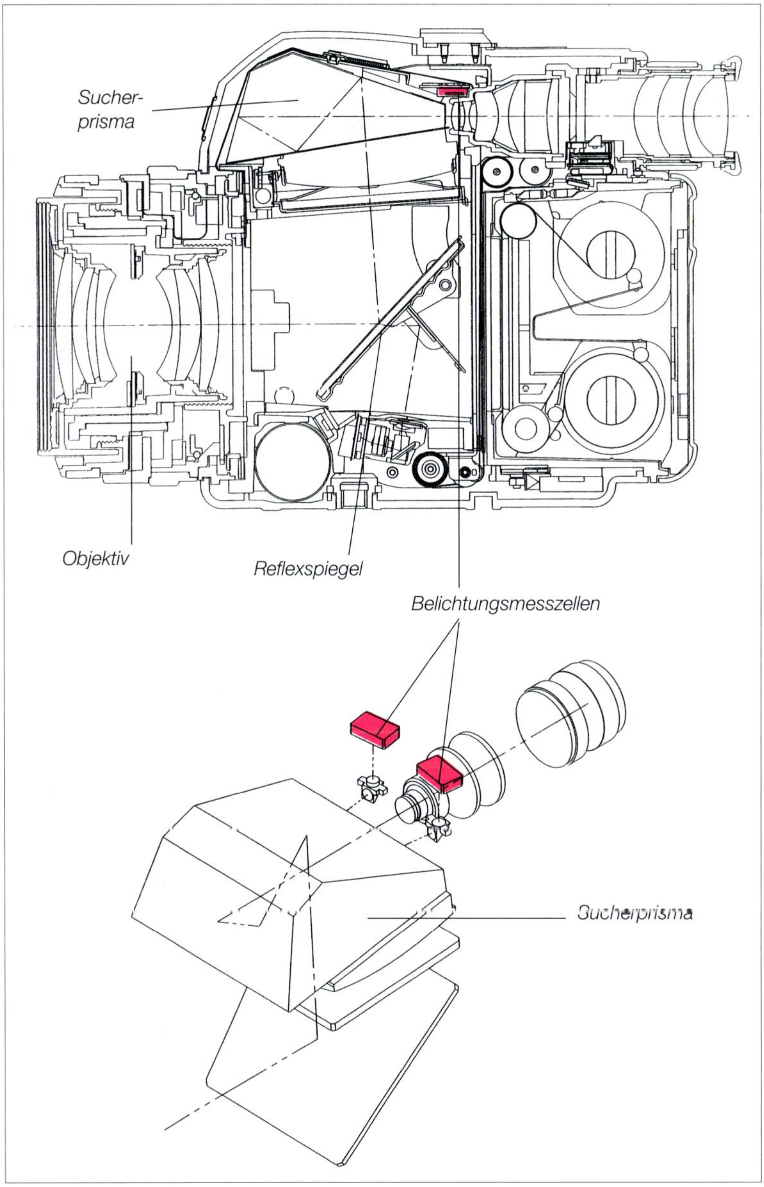

Ein TTL-Messsystem in einer Spiegelreflexkamera Pentax 645N. Die Zellen befinden sich am Sucherprisma und messen die Belichtung vor dem Auslösen.

Dieser Vorteil ist in Bereichen wie etwa der **Makrofotografie** beträchtlich, und noch größer ist er, wenn auch der Blitz im **TTL-Modus** betrieben werden kann. Dann sorgen die Zellen nämlich gleichzeitig über speziell dafür vorgesehene Kontakte für eine exakte Dosierung des Blitzlichts.

TTL-MESSUNG IN ECHTZEIT

Die TTL-Flash-Messung und in manchen Fällen auch die gewöhnliche TTL-Messung *(direct metering)* wird ausgeführt, indem eine oder zwei Zellen **auf die Filmebene gerichtet** sind. Sie messen das vom Film reflektierte Licht direkt während der Belichtung. Es handelt sich daher **tatsächlich** um eine Echtzeitmessung, denn die TTL-Flash-Zelle misst das **reflektierte Licht** erst wenn sich der Verschlussvorhang geöffnet hat und steuert den Blitz oder bei Dauerlicht den Verschluss entsprechend.

Wie der Belichtungsmesser arbeitet

Verwandte Themen

Technik
Belichtungsautomatik
S. 102

Filme
Kontrastumfang
S. 81

Entwicklung und Ausarbeitung
Vergrößerung und Abzug
S. 201

Technik
Fotozellen
S. 110

Technik
Belichtungsmessung
S. 108

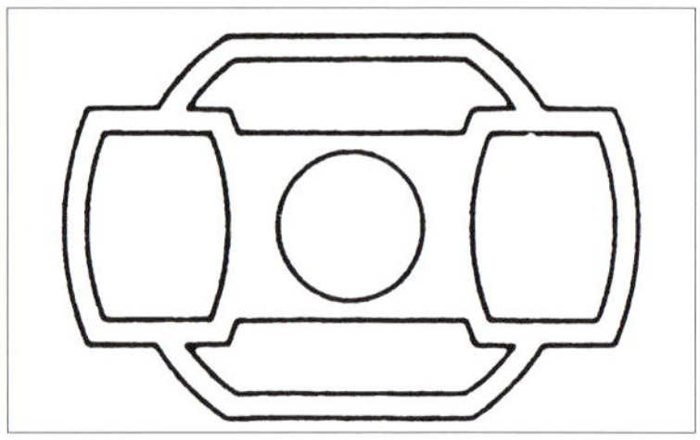

Durch den Einbau eines durch das Objektiv arbeitenden Belichtungsmessers haben die Konstrukteure moderner Kameras den Fotografen die Möglichkeit gegeben, die anvisierte Fläche im Bildausschnitt **genau anzumessen.** Doch das allein ist noch keine Garantie für eine korrekte Belichtung. Die Licht- und Kontrastunterschiede innerhalb des Bildausschnitts können erheblich sein. Der Grund dafür ist, dass die Filme nicht so empfindlich sind wie das menschliche Auge, das einen **viel größeren Kontrastumfang** wahrnimmt. Das Auge kann gleichzeitig Details in **sehr hellen** und in **sehr dunkeln Bereichen** unterscheiden. Um dieses Problem zu lösen, wurden verschiedene Methoden der Belichtungsmessung entwickelt: **Spot-Messung, mittenbetonte Messung** und die **Mehrfeldmessung.** Die Spot-Messung und die mittenbetonte Messung erstrecken sich auf mehr oder weniger große Bereiche in der Bildmitte, der Spot (Punkt) kann sehr klein sein. So kann man **mit starken Lichtkontrasten** arbeiten, wie etwa einen Schauspieler auf einer Bühne fotografieren, ohne dass der Belichtungsmesser der Kamera durch das viel dunklere Umfeld getäuscht wird.

Bei der **Mittelwert- oder Integralmessung** wird der **gesamte** oder zumindest **fast der gesamte Bildbereich** angemessen. Doch entspricht der Mittelwert auch der Verteilung der hellen und dunklen Bereiche, passen die Kontraste zum Kontrastumfang des Films? Die Integralmessung ist oft nur ein Anhaltspunkt, der dann mit Werten aus der Erfahrung korrigiert wird.

Die **mittenbetonte Integralmessung** ist eine Variante, die oft mit einer asphärischen Linse vor der Zelle erreicht wird. So wird die Messung auf die **Bildmitte** konzentriert. Diese Variante ist von Vorteil, wenn sich das Motiv zum Großteil in der Bildmitte befindet (Reportage).

Eine raffiniertere Version der mittenbetonten Integralmessung ist die **Mehrfeldmessung.** Der Belichtungsmesser besitzt hier einen komplexen Sensor aus zahlreichen Zellen, die die diversen Bildfelder messen. Die von jeder einzelnen Zelle ausgehenden Signale werden von einer **speziellen Software** in der Kamera ausgewertet.

Rechts und rechte Seite unten: Mehrfeldmessung (Nikon-Matrix, 18 mm-Objektiv). Das Programm hat eine Überbelichtung der in der Sonne liegenden Flächen verhindert. Die beiden Fotos wurden unmittelbar hintereinander aufgenommen und gleich belichtet.
Oben: Verteilung der Zellen bei der Mehrfeldmessung.

In das daraus hervorgehende Resultat (Zeit/Blende-Kombination) sind zahlreiche Parameter und insbesondere auch **typische Aufnahmesituationen** einbezogen. Das elektrische Signal eines zu hellen Punktes wird in die Messung nicht mit einberechnet. So erhält man einen »intelligenten« Mittelwert. Bei neueren Modellen wird der Belichtungsmesser auch darüber informiert, wo sich das **Hauptmotiv** befindet. Diese Position wird als der Punkt angenommen, der mit dem Autofokus (ebenfalls mit Mehrfeldmessung) zuerst angemessen wurde. Den aus diesem Bereich erhaltenen Werten wird mehr Gewicht beigemessen als jenen aus den übrigen Zonen, da davon ausgegangen wird, dass der Fotograf auf das Hauptmotiv scharfstellen wird.

Oben rechts: Spot-Messung auf den Himmel, die vor Wahl des Bildausschnitts gespeichert wurde. Die Details im Schatten verschwinden in der Dunkelheit. Hier sind die hellen Bereiche besser abgebildet.
Oben links: Integralmessung. Hier kommen die Teile im Schatten besser zum Ausdruck, im Licht verschwinden die Details.

Belichtungsreihen (Bracketing)

Verwandte Themen

Technik
Belichtungsmessung
S. 108

Filme
Kontrastumfang
S. 81

Aufnahmetechnik
Gegenlicht
S. 176

Technik
Blende und Belichtungszeit
S. 99

Jede Aufnahme kommt immer mit einer bestimmten Zeit/Blende-Kombination zu Stande. Diese beiden Werte entscheiden über die korrekte Belichtung einer Aufnahme.
Obwohl der Belichtungsmesser präzise arbeitet oder der Fotograf händisch Werte einstellt, die seiner Erfahrung nach korrekt sind, gibt es dennoch manchmal Zweifel. Würde das Bild etwas heller oder dunkler nicht doch besser aussehen? Diese Zweifel sind besonders in Aufnahmesituationen mit starken Kontrasten berechtigt. Der **Kontrastumfang** der Filme deckt die Wahrnehmung des menschlichen Auges nur teilweise ab. Bei kontrastreichen Motiven muss sich der Fotograf oft **entscheiden,** ob er lieber auf die Details in den dunklen oder in den hellen Zonen verzichtet. Das Resultat ist schwer vorauszusehen, und man wählt das bessere Bild idealerweise aus den fertigen Dias oder Abzügen vom Negativ aus. Daher machen viele Fotografen einfach **zwei Aufnahmen mehr,** eine hellere und eine dunklere als die als korrekt errechnete. Man spricht dabei von **Belichtungsreihen,** die Technik nennt sich nach dem englischen Fachausdruck **Bracketing** (Einklammern). Je nach Situation wird man die Aufnahmen im Abstand von einer Blende oder auch nur einer halben Blende belichten. Besonders bei Dias ist man mit dieser Methode gut beraten, denn hier steht **keine Korrekturmöglichkeit** beim Belichten der Abzüge zur Verfügung.
Viele der modernen Kameras verfügen über eine **automatische Funktion für Belichtungsreihen.** Nach Einstellung des gewünschten Belichtungsunterschieds werden nach dem Auslösen drei oder fünf Aufnahmen gemacht. Die Abfolge kann je nach Programm heller/korrekt/dunkler oder auch korrekt/heller/dunkler sein. Die zweite Variante wird von **Reportagefotografen** bevorzugt, denn so erhöht sich die Wahrscheinlichkeit, **zwei brauchbare Aufnahmen** (gewöhnlich die ersten beiden) zu haben, bevor sich das Motiv bewegt. Die automatische Belichtungsreihe hat nicht nur den Vorteil, dass man die Wahrscheinlichkeit erhöht, eine brauchbare Aufnahme zu bekommen, sondern auch ein zweites, ebenfalls brauchbares Bild zu haben, das in der Qualität immer noch besser ist als ein **Duplikat** des idealen Fotos.
Zu diesem Zweck sollte der Unterschied zwischen den Aufnahmen nicht zu groß sein, wenn möglich geringer als 1/2 Blende (oder Stopp).

Eine Veränderung von 1/3 Blende ist jedoch die **minimale Grenze** für mit dem menschlichen Auge wahrnehmbare Veränderungen. Weiters beeinflussen Abweichungen von der Nennempfindlichkeit die Farbwiedergabe eines Films erheblich. Mit einer Belichtungsreihe oder einer äquivalenten Korrektur der ISO erhält man daher nicht einfach nur ein helleres oder dunkleres Bild: Eine **Abweichung** von nur 1/3 Blende von der Nennempfindlichkeit bei Diapositiven bedeutet eine um etwa 10% **reduzierte** Farbdichte.

Aufnahmesituationen mit hohen Kontrasten: Hier drei Aufnahmen mit einem Unterschied von je 1 Blende.

Entfernungsmessung: Autofokus

Verwandte Themen

Technik
Autofokus: Messprobleme
S. 118

Action-Fotografie
Den richtigen Moment abwarten
S. 42

Licht
Nachtaufnahmen
S. 195

Technik
Der Reflexsucher
S. 119

Technik
Suchfenster und Messsucher
S. 123

Die Contax AX ist die einzige Autofokuskamera, die scharfstellt, indem die Filmebene verstellt wird.

Der Autofokus ist ein Instrument zur automatischen Fokussierung und Entfernungsmessung zwischen Kamera und Motiv. Es gibt mehrere Autofokussysteme, die unterschiedlich arbeiten.

AKTIVER AUTOFOKUS

Hier handelt es sich um Systeme, die vielfach in Kompaktkameras eingebaut werden. Sie senden einen **Infrarotstrahl** aus, der vom Motiv reflektiert und von einem Sensor in der Kamera empfangen wird. Je nach Entfernung vom Motiv variiert der Winkel, in welchem der Strahl zurückgeworfen wird. Aus der Messung ergibt sich die Entfernung, auf die das Objektiv eingestellt werden muss. Das besorgt ein elektrischer Stellmotor. Die Anzahl der »Leseschritte« des Sensors **entscheidet über die Qualität** des Autofokus: Bei billigen Apparaten befinden sich häufig nur 30 Leseschritte zwischen Motiv und Kamera, eventuelle Ungenauigkeiten werden von der Schärfentiefe des Objektivs ausgeglichen. Bessere Systeme erreichen bis zu 900 Leseschritte zwischen Kamera und Motiv.

PASSIVER AUTOFOKUS

In Spiegelreflex- oder Spitzenkompaktkameras sind gewöhnlich passive Autofokussysteme eingebaut. Sie arbeiten wie ein **elektronischer Entfernungsmesser:** Ein Sensor misst den Bildkontrast, schickt ein entsprechendes elektrisches Signal aus und verstellt das Objektiv, bis das Ausgangssignal der stärksten Intensität gefunden ist. Das vom elektrischen Stellmotor verarbeitete Signal **verstellt** die Linsen des Objektivs zur Fokussierung auf das Motiv. Bei der Umsetzung dieser Methoden sind die Techniker verschiedene Wege gegangen. Manche zogen es vor, den Autofokusmotor **in die Kamera einzubauen** und mit entsprechenden Kontakten mit dem Objektiv zu verbinden (Nikon, Minolta, Pentax).

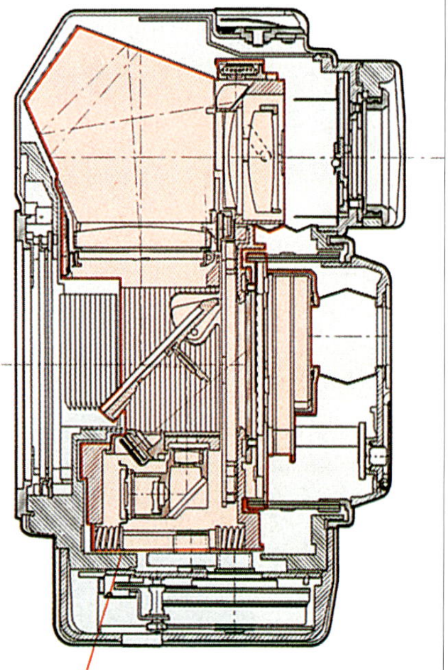

Grundstellung der beweglichen Filmebene (Schärfeneinstellung auf unendlich)

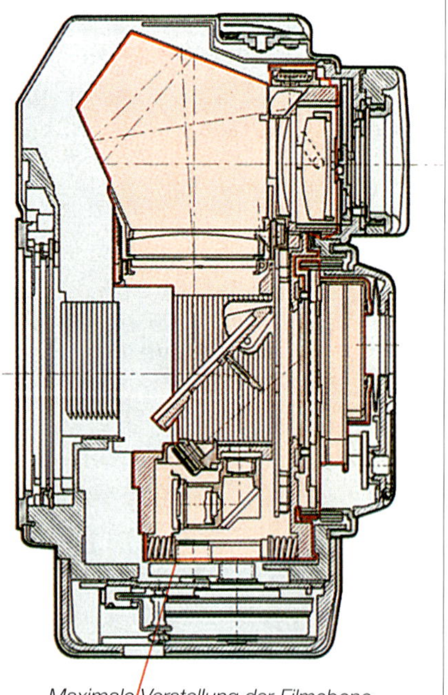

Maximale Verstellung der Filmebene (Nahaufnahmen, Makro)

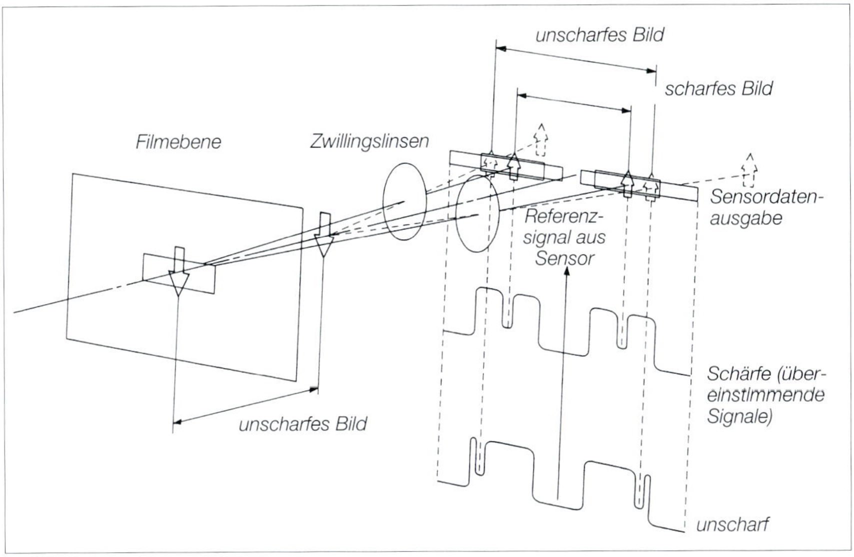

Phasen-Detektionssystem: Die Bilder außerhalb der Schärfenebene (Pfeil vor und hinter der gedachten Filmebene) werden auf die Sensoren projiziert. Sie generieren Signale, die nur dann übereinstimmen, wenn die Schärfe perfekt getroffen ist.

Andere bauten lieber **einen Motor in jedes Objektiv** ein, der mit der Kamera über Kontakte verbunden wird (Canon und einige Nikon-Spezialobjektive). Auf Universaloptiken spezialisierte Hersteller wie Sigma bieten Objektive sowohl der einen als auch der anderen Variante an. In die Geschichte eingegangen ist auch die Contax AX von Zeiss und Kyocerma, **bei der sich nicht das Objektiv bewegt, sondern die Rückwand der Kamera.** Da durch das Verschieben der Filmebene fokussiert wird, können so auch traditionelle Optiken, die noch auf händisches Scharfstellen ausgelegt sind, mit Autofokus verwendet werden.

WO WIRD GEMESSEN?

Im Sucher der Kamera geben ein oder mehrere Rahmen an, wo der Autofokus misst. Wenn nur **ein Punkt** angemessen wird, so richtet man ihn auf das Motiv, tippt den Auslöser leicht an (viele Kameras speichern die Entfernung solange man den Auslöser hält), wählt den Bildausschnitt und **drückt den Auslöser** dann durch. Aufwändigere Kameras messen über mehrere Felder. Normalerweise fixieren sie die Messung auf das nächstliegende Objekt. Für ihre Reflexkameras EOS-5, EOS-3 und EOS-50E hat die japanische Firma Canon ein System der **Steuerung durch das Auge** entwickelt. Infrarotzellen im Inneren des Suchers registrieren Bewegungen des menschlichen Auges und richten den Autofokus dorthin, wo der Fotograf seinen Blick hinrichtet. Dort wird dann gemessen.

Autofokus-Spiegelreflexkamera Contax AX

Autofokus: Messprobleme

Verwandte Themen

Technik
Autofokus: Entfernungsmessung
S. 116

Licht
Nachtaufnahmen
S. 195

Kameras
Die klassische Fotokamera
S. 69

Action-Fotografie
Den richtigen Moment abwarten
S. 42

Aufnahmetechnik
Blende und Schärfentiefe
S. 181

GRUPPENFOTOS

Wenn zwei Personen sich miteinander unterhalten und die Kamera mit einer **Spot-Messung** und nur einer zentralen Zelle arbeitet, kann es passieren, dass die Messung genau zwischen den beiden Personen erfolgt. Der Hintergrund wird also **scharf abgebildet** sein, während das eigentliche Motiv im Vordergrund **unscharf** bleibt. In diesem Fall misst man die abzubildenden Personen an, speichert die Einstellung und wählt dann den gewünschten Bildausschnitt. Oder aber man bedient sich einer Kamera mit einem Autofokus, der an drei, fünf oder mehr Punkten die Entfernung misst. Hier sollte man daran denken, dass sich der Autofokus oft auf das Objekt konzentriert, das sich in geringster Entfernung vom Fotografen befindet.

SCHWACHES LICHT

Bei schwachem Licht dauert das Fokussieren länger als gewöhnlich. Vorsicht mit lichtschwachen Objektiven: Der Autofokus kann Probleme mit Zoomobjektiven mit langen Brennweiten haben, mit einem Zweifachkonverter kann er unter Umständen gar nicht mehr funktionieren.

SPIEGELNDE OBERFLÄCHEN

Bei gleichförmig spiegelnden Oberflächen kann eine Entfernungsmessung per Autofokus unmöglich sein. Auch durch Reflexe auf einer großen Wasseroberfläche im Vordergrund kann der Autofokus manchmal nicht mehr richtig arbeiten.

WIEDERHOLUNGEN IM MOTIV

Wenn die Zellen das Objekt nicht richtig »lesen« können, kommt der Autofokus auf kein Resultat und misst immer neu. Das kann vor allem beim Fokussieren auf Metallgitter oder Jalousien passieren. Oft genügt es die Kamera etwas zu neigen, um das Problem zu beheben.

VORSICHT MIT NACHTAUFNAHMEN UND MIT FENSTERN

Bei ungenügendem Licht und nächtlicher Dunkelheit kann das Autofokussystem ohne entsprechenden Blitz nicht arbeiten. Bei manchen Kameras wird in diesem Fall sogar der Auslöser blockiert. Beim Fotografieren durch Fenster ist vor allem mit dem aktiven Autofokus Vorsicht geboten: Der Infrarotstrahl wird vom Glas im Vordergrund reflektiert und kann den Autofokus irreführen.

Wenn sich das Motiv nicht in der Mitte befindet, stellt der Autofokus häufig auf »unendlich« scharf.

Der Reflexsucher

Den Ausschnitt so zeigen, wie ihn das jeweils benutzte Objektiv »sieht«: Das ist die große Stärke des Reflexsuchers. Der Fotograf sieht die Szene **vergrößert,** wenn er mit einem Teleobjektiv arbeitet oder in einem weiteren **Feldwinkel** und im Hintergrund verkleinert, wenn er ein Weitwinkelobjektiv verwendet. Er kann das Motiv auch dann genau einrahmen, wenn dieses sehr klein ist und aus der Nähe aufgenommen wird, wie etwa in der **Makrofotografie,** wo es besonders wichtig ist, die **Parallaxe** (die sich dadurch ergibt, dass die Objektivachse zur optischen Achse beim Blick durch Sucher seitlich versetzt ist) **auszuschalten.** Die Idee basiert auf einem Spiegel, der hinter dem Objektiv positioniert ist und die Lichtstrahlen auf ein **matt geschliffenes Glas** (Mattscheibe) ablenkt. Dieses liegt normalerweise direkt unter einem Fünfkantprisma im Dach der Kamera und ermöglicht es dem Fotografen, **in Aufnahmerichtung zu schauen.** Die Bildlage wird durch das Prisma ebenfalls korrigiert. Beim Auslösen schwingt der Spiegel aus dem Strahlengang, dahinter öffnet sich der Verschluss und steuert die Belichtung der Filmebene. Zu dem Vorteil, denn der Blick direkt durch das Aufnahmeobjektiv bietet, gesellt sich damit **ein kleiner Nachteil:** Während der Belichtung ist der Spiegel in angehobener Stellung arretiert, **der Sucher bleibt daher dunkel.** Dieser kurze Bildausfall im Sucher ist allerdings nur bei längeren, händisch gesteuerten Belichtungszeiten störend. Bei kurzen Zeiten ist der Spiegel für eine so kurze Zeit umgeklappt, **dass der Ausfall keine Bedeutung hat,** bei automatischer Steuerung trifft der Fotograf ohnehin keine Entscheidung mehr.

ZWEIÄUGIGE SPIEGELREFLEXKAMERA

Der Fotograf kann also durch das Suchersystem der Spiegelreflexkamera die Bildkomposition unabhängig von der verwendeten Ausrüstung wie Objektive oder Filter genau kontrollieren. Heute ist dieses System äußerst beliebt, früher war die zweiäugige Spiegelreflexkamera Standard in der Presse- und Dokumentationsfotografie. Es gibt immer noch einige Bereiche (vorwiegend Mittelformat), in denen zweiäugige Spiegelreflexkameras gerne verwendet werden. Solche Kameras arbeiten mit **zwei Objektiven gleicher Brennweite,** die zwei Bilder erzeugen, das **Sucherbild** und das **Aufnahmebild.** Bei diesem System liegt kein Spiegel im Strahlengang des Objektivs, der während der Aufnahme umgeklappt werden muss, es gibt also **keine Erschütterungen** durch die Mechanik. **Der Sucher bleibt hell,** die Aufnahme kann während der gesamten Belichtung kontrolliert werden. Der Nachteil ist, wie bei Sucherkameras, der Parallaxenfehler, der bei Aufnahmen aus einer gewissen Distanz ausgeglichen werden kann, im Nahbereich jedoch nicht. Da sich Objektiv und Sucher nicht an derselben Stelle befinden, kommt es zu einer Verschiebung des Bildausschnitts, was bei der Komposition störend ist.

DAS SPIEGELREFLEX-SUCHERSYSTEM

Der Reflexsucher zeigt dem Fotografen das Bild auf einer **fein geschliffenen Mattscheibe,** durch das Fünfkantprisma befindet sich das Bild in einer korrekten Lage, das heißt, es ist weder seitenverkehrt noch steht es auf dem Kopf. Es gibt verschieden bearbeitete Mattscheiben mit unterschiedlicher Struktur, viele von ihnen sind als **Fresnellinsen** ausgebildet, um ein besonders helles Sucherbild zu ergeben. Die Mattscheiben enthalten **Scharfeinstellhilfen.** Mikroprismenraster steigern den Unterschied zwischen scharfem und unscharfem Bereich optisch, **Gitternetzmuster** erleichtern die Kontrolle des Bildausschnitts und der Geradlinigkeit der Komposition. Bei den meisten Spiegelreflexkameras sind die Mattscheiben **austauschbar.** Wenn man vorwiegend mit Autofokus fotografiert, kommt dem Unterschied zwischen scharfer und unscharfer Bildebene weniger Bedeutung zu, die Lichtstärke des Suchers steht im Vordergrund und man kann mit diesen Mattscheiben auch **bei wenig Licht** gut sehen.

Verwandte Themen

Technik
Sucher und Messsucher
S. 123

Aufnahmetechnik
Makrofotografie
S. 172

Der Blick durch den Sucher
Komposition
S. 61

Aufnahmetechnik
Unterwasserfotografie
S. 182

Die Leuchtanzeigen im Sucher einer Spiegelreflexkamera können zahlreich sein. Die wichtigsten Angaben sind Belichtungszeit und Blende, die Skala für alternative händische Einstellung, eine Kontrollanzeige für die Belichtungskorrektur und vor allem eine Kontrollanzeige für die Schärfe.

Qualitätsmerkmale des Reflexsuchers

BILDFELD IM SUCHER

Nicht bei allen Kameras erscheint tatsächlich **das gesamte Bildfeld** im Sucher. Gewöhnlich ist das nur bei kostspieligeren Modellen der Fall. Manchmal ist das Bild im Sucher 8 bis 10% kleiner als die Aufnahme auf dem Film. Das ist unter anderem deshalb der Fall, weil die Hersteller dem **Wunsch** nach kleineren, leichteren, kostengünstigen Kameras nachkommen wollen und kleinere Spiegel und Klappmechanismen einbauen. Der Nachteil ist – abgesehen von einigen Sonderfällen – meistens nicht wirklich von Bedeutung. Häufig entspricht die Verkleinerung des Ausschnitts im Sucher dem Bereich, der beim Rahmen von Dias von der Rahmenkonstruktion abgedeckt wird. Will man jedoch **Duplikate** herstellen oder arbeitet man im Bereich der Wissenschaft, können solche Abweichungen sehr wohl ärgerlich sein.

VERGRÖSSERUNGSFAKTOR DES SUCHERBILDES

Ein anderer Parameter, der die Qualität einer Spiegelreflexkamera charakterisiert, ist der **Vergrößerungsfaktor** des Suchers. Selten beträgt er genau 1, was bedeuten würde, dass eine durch den Sucher eines Normalobjektivs (50 mm bei Kleinbildformat) betrachtete Szene 1:1 abgebildet wäre. Doch viel öfter ist es so, dass man, sobald man die Szene mit dem freien Auge direkt betrachtet, einen Unterschied in den Dimensionen feststellt. Oft handelt es sich um eine Verkleinerung mit dem Faktor 0,90 oder 0,84. Das erleichtert es dem Fotografen, **die Szene mit einem Auge zur Gänze zu erfassen** und die Skalen und Angaben vom Rand des **Sucherfensters** abzulesen.

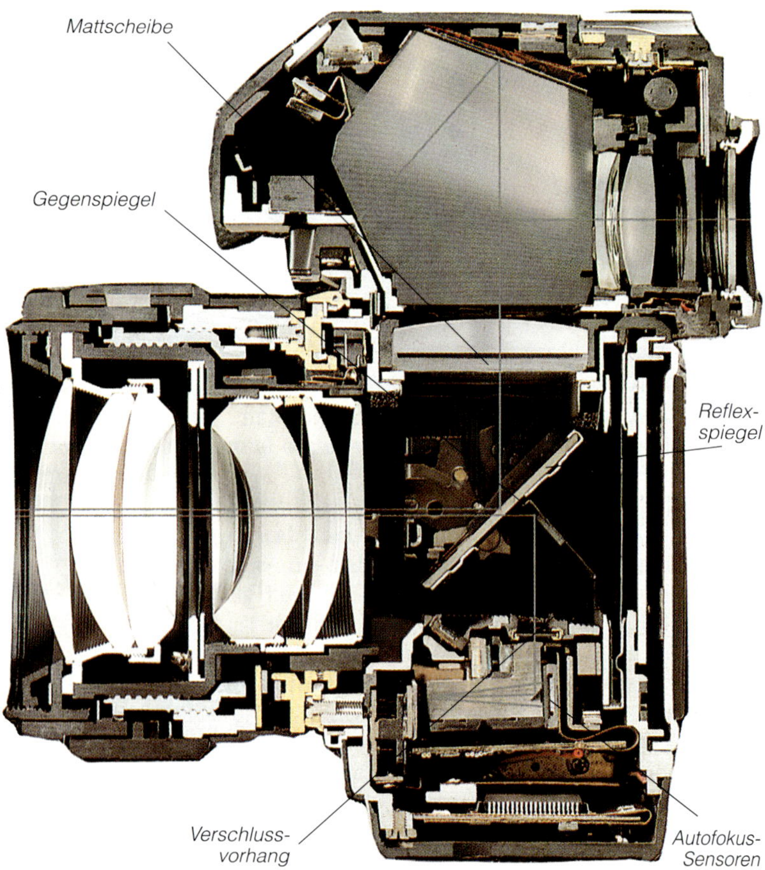

Querschnitt durch eine Spiegelreflexkamera (Nikon F4). Der Spiegel der Reflexkamera lenkt das Licht in das Sucherprisma. Ein Teil davon durchquert es in der Mitte (mikroskopisch kleine Lochung oder halbdurchlässiger Bereich). Ein Gegenspiegel fängt diesen Strahl auf und leitet ihn über ein Prisma zu den Autofokussensoren.

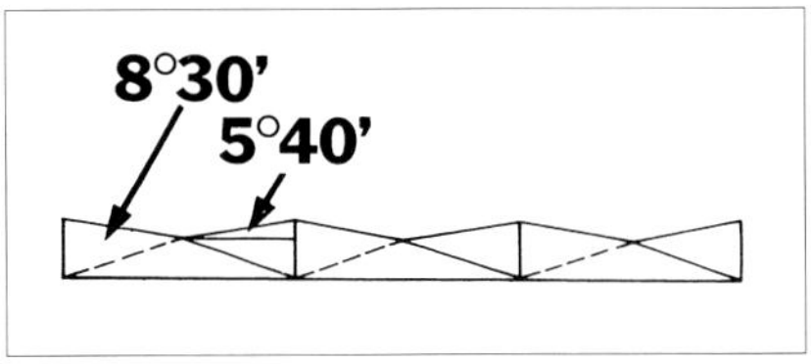

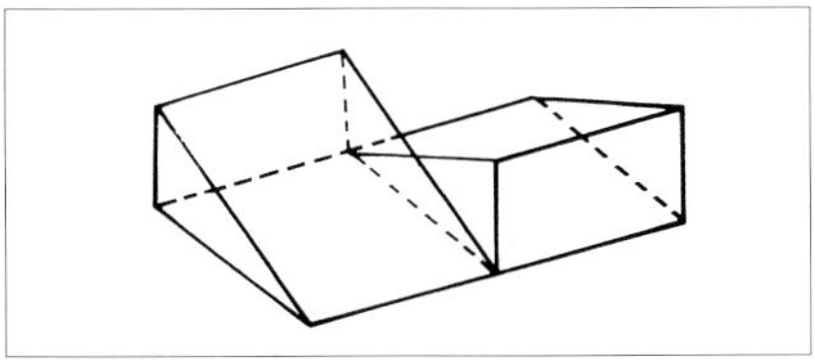

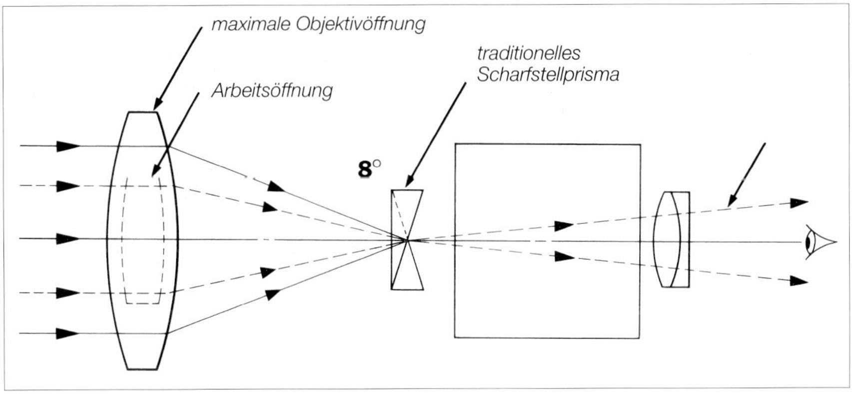

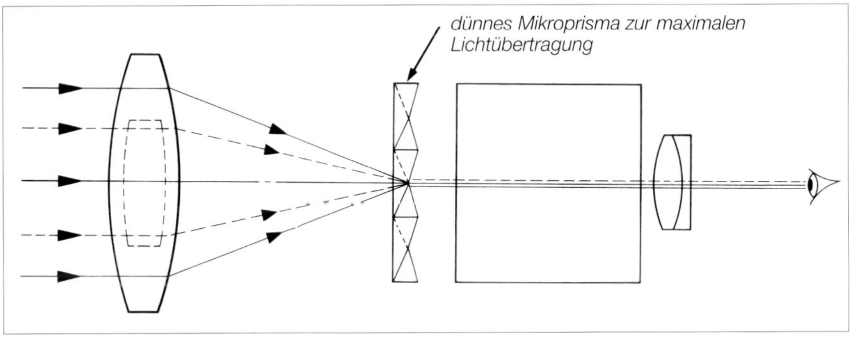

VERDUNKELUNG DES SUCHERS

Die Lichtverteilung im Sucher kann über eine Linse korrigiert werden. Diese so genannte **Fresnellinse** hat die Aufgabe, die Lichtintensität gleichmäßig zwischen Rändern und Mitte zu verteilen, damit das Bild im Sucher möglichst **hell** und **gleichmäßig ausgeleuchtet** erscheint. Wenn man die Entfernung von Hand einstellt und eine Mattscheibe mit Schnittbild-Entfernungsmesser oder anderen Einstellhilfen verwendet, ergibt sich manchmal ein kleiner Nachteil: Wenn sich das Auge des Fotografen nicht ganz korrekt in der Objektivachse befindet, werden Teile der Prismen **dunkel** und ein Scharfstellen wird unmöglich. Dieser Effekt hängt mit den Winkeln zwischen den Seiten der Prismen zusammen. Je steiler die Winkel, umso deutlicher sind Einstellfehler zu sehen und umso leichter verdunkelt sich der Sucher. Auch die **Lichtstärke des Aufnahmeobjektivs** spielt eine Rolle. Wenn man Zweifach- oder Mehrfachkonverter oder sehr lange, eher lichtschwache Brennweiten benutzt, kann ein Scharfstellen **gänzlich unmöglich** werden. Dasselbe Problem kann zu **Funktionsstörungen** beim Autofokus führen. Kleinere Mikroprismen mit weniger steilen Winkeln sind also vorzuziehen.

Mattscheiben mit mehr oder weniger feinem Mikroprismenraster lenken die Lichtstrahlen unterschiedlich ab. Flache Winkel wirken dem Verdunkelungseffekt im Sucher entscheidend entgegen.

SUCHERBILDPROJEKTION FÜR BRILLENTRÄGER

Für Brillenträger wurden Okulare mit starker regulierbarer Projektion entworfen, um den durch die Brille verursachten Entfernungsunterschied auszugleichen. Diese sind sicherlich einem Sucher mit **Dioptrienausgleich** vorzuziehen, weil der Fotograf den Rest der Szene durch das freie Auge auch mit Brille sehen kann.

Rechts: Bei den meisten Spiegelreflexkameras kann man die Mattscheibe unter dem Prisma austauschen.
Unten: Zweiäugige Spiegelreflexkamera. Das Sucherobjektiv hat dieselbe Brennweite wie das Aufnahmeobjektiv, beide werden beim Scharfstellen synchron bewegt. Das Sucherfenster befindet sich im Kameradach.

AUSWECHSELBARE SUCHER
Bei einigen wenigen Spiegelreflexkameras kann man neben der Mattscheibe auch den Sucher selbst austauschen. Das sind gewöhnlich Modelle der höheren Preisklasse, denn sie sind aufwändig gearbeitet. Bei einer so wichtigen mechanischen Komponente wie dem Sucher muss bei der Verarbeitung **auf höchste Genauigkeit geachtet werden.** Höchste Präzision ist aus einleuchtenden Gründen erforderlich, denn von einer korrekten Bildwiedergabe im Sucher hängt letztendlich ab, ob die Entfernung richtig eingestellt und das Foto scharf wird. Bei Kameras mit austauschbaren Suchern kann das bei 35 mm-Kameras verbreitete **Fünfkantprisma** mit dem Dachteil abgenommen und durch einen **Lichtschacht-** oder auch einen **Winkelsucher** ersetzt werden. Durch einen solchen Sucher blickt man von oben, was die Arbeit bei der Reproduktion von Diapositiven oder beim Fotografieren von Dokumenten sowie bei Aufnahmen in Bodennähe erheblich verändert.

Eine andere Variante ist der **Sportsucher,** in dem die Szene wie auf einem kleinen Monitor auch mit Schutzbrille oder Tauchermaske (wie etwa bei Luftaufnahmen oder unter Wasser) beobachtet werden kann. Bei vielen Mittelformatkameras ist der **Aufsichtsucher** Standard, oft kann er durch einen **Durchsichtsucher** mit Fünfkantprisma ersetzt werden.

Sucher und Messsucher

DER DIREKTE (»GALILEISCHE«) SUCHER

Dieses einfache Suchersystem besteht – ähnlich wie ein galileisches Fernrohr – aus wenigen Linsen, durch die man direkt auf das Motiv blickt. Dieser Typ wird normalerweise in **Kompaktkameras** eingebaut und bietet den Vorteil einer einfachen Bauweise und einer **klaren, direkten Sicht.** Außerdem kann man das Motiv während des gesamten Aufnahmevorgangs im Auge behalten, während bei Spiegelreflexkameras der Sucher während des Auslösens durch das Umklappen des Spiegels **verdunkelt** wird. Bei den raffinierteren Versionen zeigen **Leuchtrahmen** die vom Format abgedeckten Bildausschnitte an. Normalerweise entsprechen diese Rahmen bei weiter entfernten Motiven ziemlich genau der tatsächlichen Ausschnittgröße. Bei Nahaufnahmen ist es ratsam, den im Rahmen gezeigten Ausschnitt nach Erfahrungswerten in Gedanken zu korrigieren, denn durch den Parallaxenfehler (Abstand zwischen Sicht- und Aufnahmeachse) ergeben sich Veränderungen.
Es gibt auch eine Variante des direkten Suchers, die mit einem **Entfernungsmesssystem** kombiniert ist. Man spricht dabei vom Messsucher.

MESSSUCHER

Dies ist die klassische Lösung für die Entfernungsmessung bei Kameras ohne Reflexspiegel.
Bei dieser Methode der Entfernungsmessung werden **zwei Bilder** übereinander gelegt, eines aus dem Sucher selbst und ein anderes aus einem Hilfsfenster, das von einem dahinter liegenden Prisma umgelenkt wird. Dieses zweite Bild wird unmittelbar unter das aus dem eigentlichen Sucher gelegt. Ein optisches Lichttrennsystem erzielt einen **halbtransparenten Effekt.** Bei einem mechanischen Messsuchersystem wie dem der Leica M6 wird durch Drehen des Einstellrings am Objektiv ein Zahnradsystem betätigt, das die Neigung des Prismas hinter dem Hilfsfenster verändert. So verschiebt sich das zweite Bild und überlagert allmählich jenes aus dem Sucher, das direkt aufgefangen wird. Wenn sich die beiden Bilder **exakt decken,** ist das Objektiv auf die richtige Entfernung eingestellt.

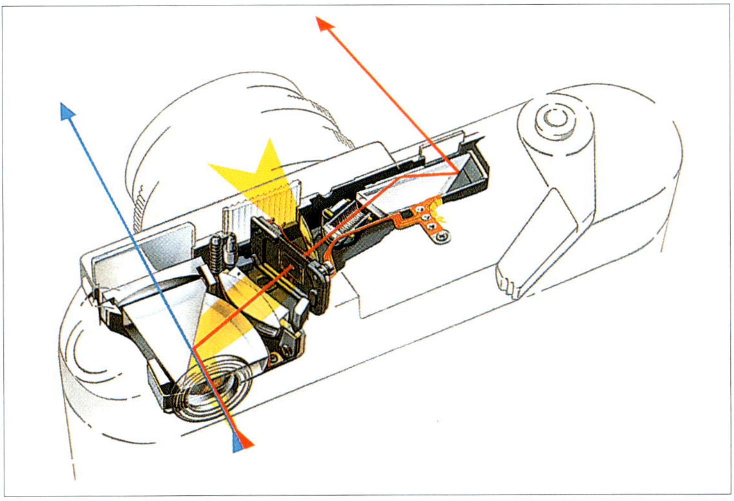

Verwandte Themen

Licht
Nachtaufnahmen
S. 195

Technik
Reflexsucher
S. 119

Licht
Infrarotaufnahmen
S. 198

Aufnahmetechnik
Fotografieren in der Dämmerung
S. 179

Links: Messsucher am Beispiel einer Leica M6.
Oben: Leica M6: Die beiden Fenster des Messsuchers sind deutlich zu sehen.

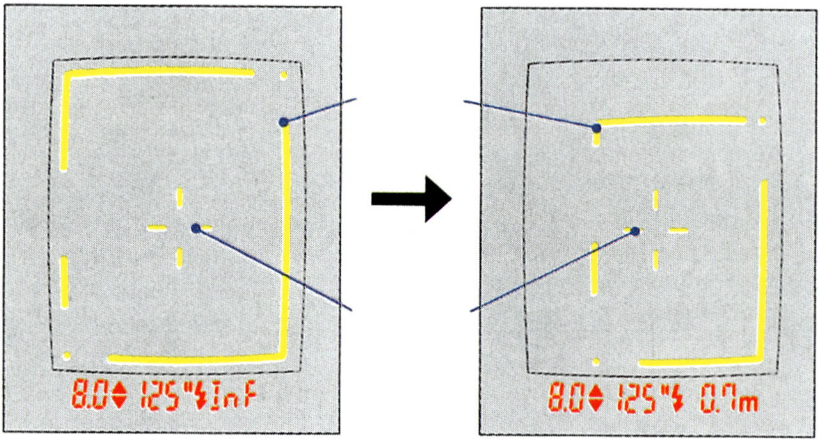

Im Messsucher der Fuji GA645 Autofokus verschieben sich die Leuchtrahmen automatisch, um den richtigen Rahmen des Bildausschnitts anzuzeigen. Diese Funktion wird oft als Parallaxenausgleich bezeichnet, was jedoch nicht ganz korrekt ist, da das Verhältnis von nahen zu weiter entfernten Objekten nicht berücksichtigt wird. Es handelt sich somit um einen reinen Bildfeldausgleich.

Dieses Messsuchersystem arbeitet umso exakter, **je größer die Basisbreite** (das heißt der Abstand zwischen den beiden Sucherfenstern) ist und funktioniert besonders mit Weitwinkeloptiken sehr effektiv, bei denen man unter Umständen Schwierigkeiten haben kann, auf der Mattscheibe einer Spiegelreflexkamera scharfzustellen. Messsucher erweisen sich auch bei **spärlichem Licht** als vorteilhaft, das Scharfstellen mittels der beiden einander überlagernden Bilder gelingt einfacher, Erschütterungen wie sie beim Spiegelreflexsystem durch die Bewegung des Spiegels bei längeren Verschlusszeiten vorkommen können, sind hier ebenfalls ausgeschlossen.

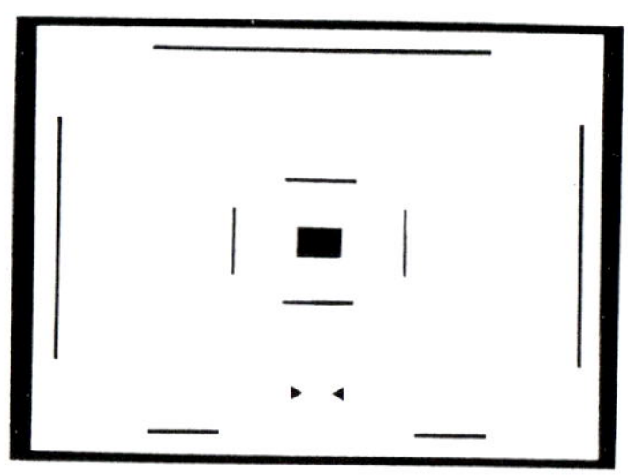

28 mm und 90 mm

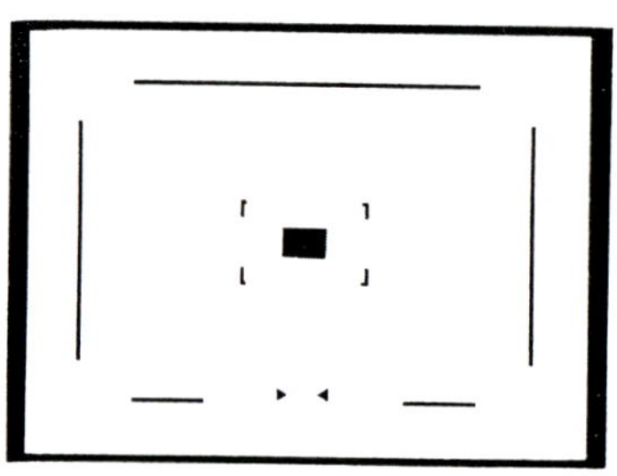

35 mm und 135 mm

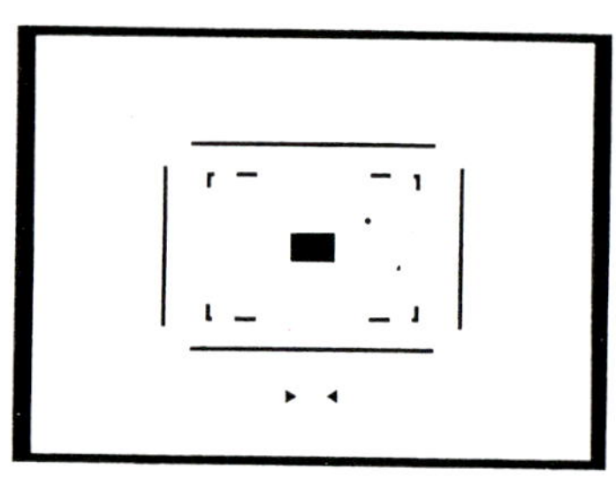

50 mm und 75 mm

Die Leuchtrahmen im Sucher der Leica M6 erscheinen automatisch und variieren je nach verwendetem Objektiv. In der Mitte liegt das Viereck für die Messsucher-Einstellhilfe.

Wahl des Objektivs

Der Bildwinkel

DAS NORMALOBJEKTIV
Als Normalobjektiv bezeichnet man eine Optik, deren Brennweite ungefähr der **Diagonale** des Negativ- (oder Diapositiv-)Formats entspricht, das man verwendet. So gilt zum Beispiel beim Format 24x36 mm ein 50 mm-Objektiv als »normal«. Für das Format 6x6 cm ist also eine 80 mm-Optik das Normalobjektiv.
Ein Normalobjektiv umfasst die abzubildende Szene in einem Winkel von 45° **ohne nennenswerte Vergrößerung** (wie bei längeren Brennweiten) oder Verkleinerung (wie bei kürzeren Brennweiten). Daraus ergibt sich, dass ein Objektiv, dass von seinem Bildkreis her mehrere Formate abdeckt, in manchen Fällen als Normalobjektiv, in anderen als Weitwinkel- oder Teleobjektiv betrachtet werden kann, es kommt nur auf das **verwendete Bildformat** an. Dasselbe 80 mm-Objektiv, das für eine Mittelformatkamera als Normalobjektiv dient, kann für eine Kleinbildkamera als mittleres Teleobjektiv verwendet werden, allerdings wird man dafür meist einen **Adapter** benötigen. Die Kleinbildkamera nutzt dann nur einen Teil des Bildwinkels, zu dem das Objektiv fähig ist.

DAS TELEOBJEKTIV
Wählt man eine im Vergleich zur Diagonale des Bildformats längere Brennweite, so arbeitet man mit einem Teleobjektiv, **das das anvisierte Motiv vergrößert.**

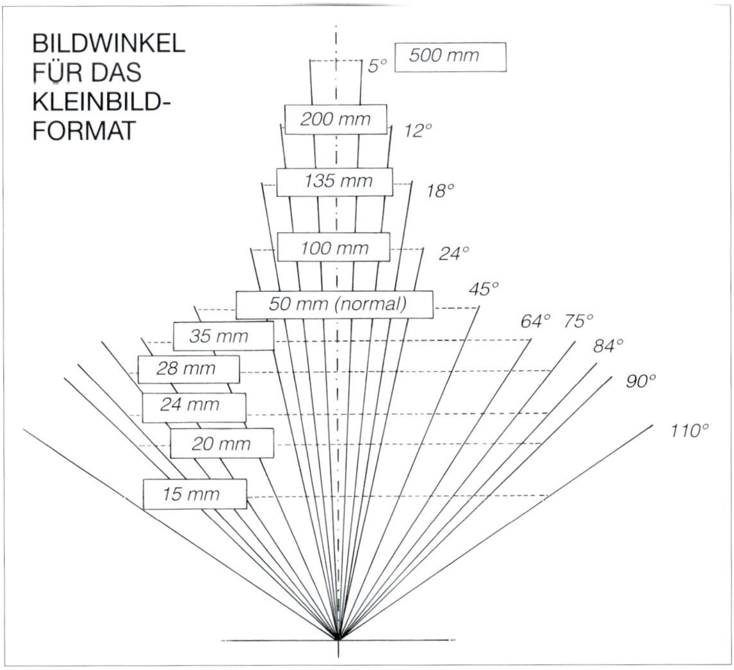

Hier sind die Bildwinkel einiger Objektive verschiedener Brennweiten für das Kleinbildformat dargestellt. Oben: Einige Objektive verschiedener Brennweiten.

Verwandte Themen

Der Blick durch den Sucher
Aspekte der Perspektive
S. 63

Aufnahmetechnik
Kamera-verschiebungen
S. 187

Objektive
Variable Brennweiten
S. 127

Aufnahmetechnik
Blende und Schärfentiefe
S. 181

Objektive
Fehler
S. 133

Vom extremen Weitwinkel- zum Teleobjektiv. Von links oben nach rechts unten wurden die gezeigten Fotografien mit den folgenden Brennweiten aufgenommen: 15 mm, 18 mm, 20 mm, 50 mm (normal), 80 mm, 180 mm.

So vergrößert ein 100 mm-Objektiv im Vergleich zu einer 50 mm-Optik eine Szene um das Doppelte, ein 400 mm-Objektiv um das Achtfache. Proportional dazu wird **der Bildwinkel immer enger,** vor allem stellt sich auch ein immer **stärkerer Kompressionseffekt** der Bildebenen ein, was besonders wichtig für die Bildgestaltung ist. Im fotografischen Fachjargon ist es heute Usus, alle Optiken, die in der Lage sind, ein Motiv näher heranzuholen, als »lange Brennweiten« oder Teleobjektive zu bezeichnen. Im engeren Sinne bezeichnet der Fachbegriff »Teleobjektiv« jedoch nur einen bestimmten Typ dieser Optiken. Aufgrund ihrer speziellen optischen Bauweise sind diese Objektive kürzer als ihre effektive Brennweite, was ein erheblicher Vorteil beim Transport ist. Tatsächlich ist diese Art auch am **weitesten verbreitet** und die breitere Verwendung dieses Begriffs daher in gewisser Weise gerechtfertigt.

DAS WEITWINKELOBJEKTIV

Wenn man eine größere Szene erfassen, das heißt einen weiteren Bildwinkel abbilden will, greift man zu einer Optik mit **kürzerer Brennweite.** Das sind die so genannten Weitwinkelobjektive. Da die Diagonale des Bildformats gleich bleibt, folgt aus der Erweiterung des Bildwinkels eine entsprechende Verkleinerung des abgebildeten Motivs. Das Resultat ist aus optischer, aber auch aus künstlerischer Sicht interessant. Durch den **Verkleinerungseffekt** wird die Entfernung zwischen den verschiedenen Bildebenen betont, auch die Entfernung des Motivs vom Fotografen erscheint länger. Der **Schärfentiefebereich** wird ebenfalls größer. Die Proportionsunterschiede zwischen im Vordergrund und im Hintergrund abgebildeten Motivteilen kommen stärker zum Ausdruck.

Variable Brennweiten

DAS ZOOM

Der ursprünglich unerfüllbar scheinende Traum, den Bildwinkel ohne umständliches Wechseln der Optik mühelos an das Motiv anpassen zu können, wurde Wirklichkeit, als die ersten Objektive mit **variabler Brennweite** gebaut wurden. Die Möglichkeit, die Position der Linsen zueinander zu verändern (variables optisches Schema), wurde immer weiter verfeinert, und aus den ersten Optiken mit in Stufen variabler Brennweite sind die modernen Zoomobjektive im eigentlichen Sinne hervorgegangen, die die Schärfeeinstellung konstant halten. Bei einem echten Zoom muss man die Schärfe nicht nachstellen, wenn man die Entfernung verändert. Neuere Bauweisen ermöglichen eine **extreme Verlängerung** der Brennweite (zum Beispiel auf das Zehnfache bei 35 bis 350 mm). Die universell einsetzbaren Zoomobjektive können Brennweitenbereiche von **kurz** bis **mittel** oder auch **lang** umfassen. So reichen manche von einer Weitwinkel- über die normale bis zur Teleposition, andere von Weitwinkel zu Weitwinkel (wie 17 bis 35 mm) oder von Tele zu Tele (wie 70 bis 210 mm).

Ihr Zweck ist es, mehrere Objektive der häufig verwendeten Brennweiten durch ein einziges zu ersetzen. Sie sind jedoch nicht nur deshalb beliebt, sondern vor allem, weil sie es dem Fotografen erlauben, mittels Drehen oder Schieben eines Einstellrings **schnell und unkompliziert** den Bildausschnitt optimal an das Motiv anzupassen. Im Vergleich mit Objektiven mit fester Brennweite haben sie jedoch zwei große Nachteile: Das ist zum einen die **geringere Lichtstärke** (in der Teleposition wäre eine Linse sehr großen Durchmessers für eine mit der Festbrennweite vergleichbare Lichtstärke nötig) und zweitens die **Naheinstellgrenze,** die in vielen Fällen größer ist als bei einer vergleichbaren Festbrennweite.

Außerdem ist es – abgesehen von einigen wenigen Ausnahmen – wegen des komplexen Aufbaus und des variablen optischen Schemas nicht ratsam, einen Konverter **zusammen** mit einem Zoomobjektiv zu verwenden.

KONVERTER

Zwischen Objektiv und Kamera kann man einen so genannten Konverter einsetzen, der aus **divergenten Linsen** besteht. So wird der im Inneren der Kamera projizierte Lichtstrahl breiter gestreut. Da sich das Format des Bildes nicht verändert, ergibt sich daraus eine Verlängerung der effektiven Brennweite des Aufnahmeobjektivs. Das breiter gestreute Licht wird auf eine größere Fläche verteilt, von der dann nur ein Teil genutzt wird. Mit einem Zweifachkonverter erreicht man eine Verdoppelung der Brennweite (ein 100 mm-Teleobjektiv wird zu einem 200 mm), doch dafür muss man eine **Verringerung der Lichtstärke** in Kauf nehmen. In diesem Fall entspricht die

Verwandte Themen

Der Blick durch den Sucher
Aspekte der Perspektive
S. 63

Objektive
Bildwinkel
S. 125

Naturfotografie
Zoos und Wildparks
S. 48

Aufnahmetechnik
Makrofotografie
S. 172

Objektive
Makro- und Spezialobjektive
S. 129

Oben: Ein modernes Zoom (AF Micro-Nikkor 70 bis 180 mm f/4,5 bis 5,6D): Es besitzt zwei Einstellringe und kann auch für die Makrofotografie verwendet werden.
Unten: Ein Zweifachkonverter wird zwischen Objektiv und Kameragehäuse eingesetzt.

Oben: Der Konverter verlängert die Brennweite, doch die Naheinstellgrenze der Grundoptik bleibt unverändert. Damit werden die Möglichkeiten für Nahaufnahmen verbessert.
Unten: Zoomobjektiv im Querschnitt.

Abnahme der Lichtstärke etwa zwei Blendenstufen (das 100 mm f/2,8 wird zu 200 mm f/5,6). Um diesen Lichtverlust, der sich in vielen Aufnahmesituationen als höchst unvorteilhaft erweist, nicht zu groß werden zu lassen, kann man auch mit Konvertern mit dem Koeffizienten 1,4 arbeiten, ein Faktor, der den **Verlust von nur einer Blendenstufe** mit sich bringt (in diesem Fall wird unser 100 mm zu 140 mm f/4).

DER KONVERTER IN DER MAKROFOTOGRAFIE

Wenn man einen Konverter zwischen Objektiv und Kameragehäuse schaltet, so verlängert man zwar die Brennweite der Optik, die Naheinstellgrenze bleibt jedoch gleich. Wenn beispielsweise ein Normalobjektiv auf eine **minimale Distanz** von 50 cm vom Motiv noch scharfstellen kann, dann ist das für dieselbe Optik mit auf das Zweifache konvertierter Brennweite – in diesem Fall also 100 mm – ebenso der Fall. Damit arbeitet diese Lösung wie ein mittleres Teleobjektiv mit Makrofunktion. Da der Konverter außerdem nur den zentralen Bereich der Optik nutzt und dieser die beste optische Vergütung aufweist, erreicht man bei den Fotos eine hohe Qualität.

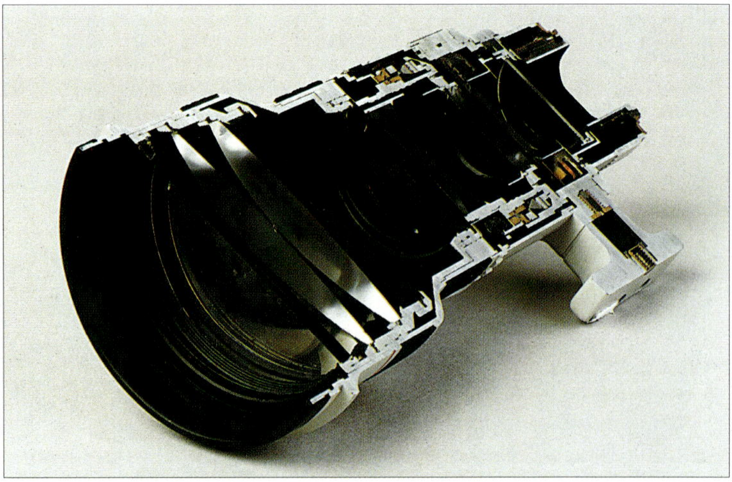

Makro- und Spezialobjektive

Verwandte Themen

Aufnahmetechnik
Makrofotografie
S. 172

Objektive
Der Bildwinkel
S. 125

Aufnahmetechnik
Kameraverschiebungen
S. 187

Objektive
Fehler
S. 133

Naturfotografie
Aquarien und Terrarien
S. 50

Zur Vereinfachung der Fotografie und Verbesserung der Bildqualität in bestimmten Spezialbereichen wurden besondere Optiken entworfen. So gibt es Objektive für Nahaufnahmen, astronomische Fotografie, Laborfotografie und Architektur.

MAKROOBJEKTIVE

Dies sind spezielle Optiken für aus nächster Nähe aufgenommene, oft sehr kleine Motive. Auch für den naturbegeisterten Fotoamateur kann ein Makroobjektiv interessant sein. Es ist so gebaut, dass es im **Nahbereich** die beste Bildschärfe erreicht (wie etwa bei 60 cm statt bei »unendlich«). Die meisten Makroobjektive im Kleinbildbereich sind heute jedoch so konstruiert, dass sie sich auch für Fernaufnahmen eignen. Immer sind sie auf eine maximale **Entzerrung** ausgelegt und damit auch gut im Bereich der Dokumentenfotografie oder zur Herstellung von Duplikaten verwendbar. Neben den Makronormalobjektiven der Brennweiten 50 und 60 mm für das Kleinbildformat gibt es diverse Makroteleobjektive (100 mm, 180 mm, 200 mm), mit denen man aus einiger Entfernung arbeiten kann. Als besonders nützlich erweist sich das beispielsweise, wenn man etwa Schmetterlinge fotografieren will.

SUPERMAKRO

Für extreme Vergrößerungen an der Grenze zur Mikroskopfotografie wurden Supermakroobjektive ohne Einstellring entworfen. Sie werden normalerweise **fest auf ein Stativ** oder **einen Galgen montiert,** die Scharfstellung erfolgt über die Veränderung der Entfernung der Kamera vom Motiv. Sie sind vor allem dann interessant, wenn der Abbildungsmaßstab die natürliche Größe übersteigt.

Oben: Makroteleobjektive erleichtern das Fotografieren von Schmetterlingen. Unten: Ein Makroteleobjektiv (100 mm f/2,8 APO-Macro Elmarit-R von Leica) mit Vorsatzlinse und Gegenlichtblende für Aufnahmen im Maßstab 1:1.

VERSCHIEBBARE OPTIKEN, TILT & SHIFT

Die Möglichkeit, die Objektivachse parallel zur Filmebene zu verschieben **(Shift),** ermöglicht eine Neutralisierung **perspektivischer Verzerrungen.** In der Architekturfotografie sind das besonders die **stürzenden Linien,** die sich ergeben, wenn ein größeres Gebäude von unten fotografiert wird. Es gibt speziell gebaute Optiken für Kleinbildkameras, die diese Möglichkeit bieten. Bei Fachkameras ist die **Verschiebbarkeit** und auch die **Schwenkbarkeit** der Objektivachse gegenüber der Filmebene sozusagen »natürlich« gegeben, sie resultiert aus der Bauweise der gesamten Kamera. In jedem Fall wichtig ist jedoch die Tatsache, dass der auf die Filmebene geworfene **Bildkreis groß genug ist,** damit sich keine Vignettierung oder sonstige Qualitätsverluste in den extremsten Positionen ergeben.
Die Möglichkeit, die Objektivachse der Länge nach zu neigen **(Tilt),** ist ein gutes Mittel, um die Schärfentiefe zu steigern, zum Beispiel zusammen mit einer kleinen Blendenöffnung.

FISCHAUGE

Die Form der Pupille und die eigenartige Perspektive, die dieses Objektiv bietet, haben ihm den Namen Fischauge eingebracht. Dabei handelt es sich um ein optisches Schema, das eine stark verzerrte Sicht des Motivs mit **sphärisch verzerrter Perspektive** wiedergibt. Ursprünglich wurde das Fischauge für die astronomische Fotografie entwickelt, um das gesamte Himmelsgewölbe zu erfassen. Doch auch außerhalb dieses spezialisierten Feldes erfreute sich das Fischauge bald unter den kreativen Fotografen wachsender Beliebtheit. Im Grunde ist es nichts weiter als ein **extremes Weitwinkelobjektiv,** das einen Bildwinkel von 180° (in Ausnahmefällen auch 220°) umfasst. Der Effekt ist spektakulär, durch die starke Verzerrung aber wenig natürlich.

UV-OPTIKEN

Nur wenige Hersteller bieten Optiken für UV-Aufnahmen an. Die ultravioletten Strahlen **können Glas nicht durchdringen,** daher kann man ausschließlich mit UV-Licht beleuchtete Motive (wie man sie in der Wissenschaft in Form von mikroskopischen Präparaten häufig vorfindet) nicht mit normalen Objektiven fotografieren. Man benötigt dazu Optiken mit speziellen Linsen aus **Quarz** oder für ultrakurze Wellenlängen durchlässigen **Kunststoffen.** Diese Objektive sind einem ganz bestimmten Bereich vorbehalten und für den Fotoamateur nicht geeignet.

Mit Makroobjektiven kann man mühelos Nahaufnahmen im Maßstab 1:1 machen.

Lichtstarke und stabilisierte Optiken

EXTREM LICHTSTARKE OPTIKEN

Wer bei schwachem Licht ohne Stativ fotografieren möchte oder Motive im Visier hat, die sich schnell bewegen und daher keine längeren Belichtungszeiten zulassen, hat grundsätzlich **zwei Möglichkeiten:** Entweder man legt einen hoch empfindlichen Film ein oder man verwendet eine extrem lichtstarke Optik, manchmal wird sogar **beides** nötig sein. Die Blendenskala dieser extrem lichtstarken Objektive unter f/2,8 bietet derzeit f/2, f/1,4 oder sogar f/1. Zu den historischen Objektiven zählen weiters das Canon f/0,95 für die Canon 7 Messsucherkamera sowie die Zeiss-f/0,85-Optiken für wissenschaftliche Zwecke. Im Umgang mit superlichtstarken Optiken sollte der Fotograf einige Regeln beachten. Diese Objektive sind meist darauf ausgelegt, besonders bei den **großen Blendenöffnungen** optimal zu arbeiten und sollten daher nicht als Universalobjektive eingesetzt werden. Bei kleineren Blenden können die Randbereiche an Qualität und an Schärfe verlieren. Bei maximaler Blendenöffnung kann es zu mehr oder weniger ausgeprägtem Koma (Abbildung von Punkten außerhalb der Objektivachse mit »Kometenschweif«) kommen, was bei asphärischen Optiken allerdings korrigiert ist. Linsen mit großem Durchmesser sind in jedem Fall auch empfindlicher gegen **Streulichtreflexe.**

OPTIKEN MIT BILDSTABILISATOR

Gerade bei langen Brennweiten ist die Gefahr des **Verwackelns** während der Aufnahme sehr groß, mit einem solchen Objektiv ist es schwierig, die Kamera ohne Stativ ruhig zu halten.

Eine Lösung für dieses Problem ist die bereits erwähnte Lichtstärke dieser Optiken auch bei sehr langen Brennweiten wie 300 mm f/2,8.

Verwandte Themen

Licht
Nachtaufnahmen
S. 195

Action-Fotografie
Mitziehen
S. 44

Naturfotografie
Zoos und Wildparks
S. 48

Objektive
Fehler
S. 133

Objektive
Bildwinkel
S. 125

Oben: Teleobjektiv Canon EF 300 mm f/4 IS-USM. Links und folgende Seite unten: Extrem lichtstarke Optiken bieten auch den Vorteil, bei spärlichem Licht ohne Blitz arbeiten und so die Stimmung besser erhalten zu können.

Rechts: Zwei Aufnahmen mit dem Canon Tele EF 300 mm f/4 IS-USM mit 1,4x-Konverter mit und ohne Stabilisator.

Damit ist es häufig möglich, ausreichend kurze Verschlusszeiten zu wählen, um **freihändig fotografieren** zu können. Durch den großen Durchmesser der Linsen ist das Gewicht dieser Objektive jedoch nicht zu unterschätzen, und es ist auch bei kurzen Zeiten schwierig, sie ruhig zu halten.

Aus diesem Grund gibt es Objektive mit Bildstabilisator. Systeme zur **Bildstabilisierung** werden bereits seit einiger Zeit in elektronischer Ausführung in Videokameras eingebaut, mechanische Stabilisatoren gibt es bei Ferngläsern wie etwa dem Zeiss 20x60, bei Fuji und Canon werden ebenfalls bei Ferngläsern **Gyroskop-Mechanismen** zur Bildstabilisierung eingesetzt. Auf diesem Gebiet ist Canon der Vorreiter. In einige Optiken für die Canon EOS (diejenigen mit der Abkürzung IS für Image Stabilizer) sind **Gyrosensoren** mit einem schnellen Elektromotor eingebaut. Sie dienen als Referenzbasis für die Wahrnehmung der von der Hand des Fotografen verursachten Schwingungen. Ist der Stabilisator aktiviert, wird jede aus der Hand kommende Vibration sofort in elektromagnetische Impulse umgesetzt, die zu einer entsprechenden **Verstellung einiger mobiler Linsen** im Objektiv führen. Dadurch kommt es zu einer wirksamen Neutralisierung der Vibrationen, was besonders bei der Arbeit mit großen Teleobjektiven eine wertvolle Hilfe ist. Alternativ zum Bildstabilisator ist auch der Einsatz eines Konverters denkbar. In der Praxis ist das durchaus üblich, denn eine weitere Beschleunigung der Verschlusszeit ist ebenfalls dazu geeignet, einer Unschärfe durch Verwackeln bei einer nicht stabilisierten Optik entgegenzuwirken. Im Vergleich schneidet jedoch der Bildstabilisator besser ab, denn wenn man diesen statt eines Zweifachkonverters einsetzt, kann man davon ausgehen, dass man **ganze zwei Blendenstufen an Lichtstärke gewinnt.**

Fehler

Die Lichtstrahlen, die das Bild aufbauen, werden von den Linsen des Objektivs gebündelt und auf die Filmebene gerichtet. Moderne Optiken bestehen immer aus **mehreren optischen Bauteilen.** In der Praxis ist es nicht möglich, eine einzige »ideale« Linse nach dem theoretischen optischen Modell zu konstruieren. So **korrigiert** stattdessen eine Linse den Fehler der anderen, um als Endresultat eine möglichst realitätsgetreue Abbildung zu erhalten. Bei Objektiven können verschiedene optische Fehler auftreten, die je nach Bauweise und Verwendung des Objektivs mehr oder weniger markant ausfallen. Hier die wichtigsten davon:

Verwandte Themen

Objektive Bildwinkel S. 125

Licht Nachtaufnahmen S. 195

Objektive Lichtstarke und stabilisierte Optiken S. 131

Objektive Variable Brennweiten S. 127

Objektive Makro- und Spezialobjektive S. 129

SPHÄRISCHE ABERRATION

Die Lichtstrahlen, die die Randbereiche einer normalen sphärischen Linse durchqueren, neigen dazu, etwas früher zu konvergieren als jene Strahlen, die durch die Mitte der Linse fallen. Ein auf die Filmebene projizierter Punkt wird daher nicht exakt deckungsgleich und somit nicht ganz klar abgebildet, es entsteht ein gewisser Schärfeverlust.

Die sphärische Aberration ist bei großen Blendenöffnungen am stärksten. Eine kleinere Blendenöffnung bewirkt, dass weniger bis gar keine Strahlen durch den Randbereich treten, die die Bildschärfe beeinträchtigenden Lichtstrahlen werden damit ausgeschlossen (S. 134 oben).

KOMA

Als Koma bezeichnet man die Aberration abseits von der Objektivachse einfallender Lichtstrahlen. Das betroffene Objekt erscheint deformiert und wird mit einer Art Kometenschweif abgebildet.

Auch dieser Fehler ist bei maximaler Blendenöffnung am stärksten. Mit einer kleineren Blende geht man diesem Problem aus dem Weg. In modernen Objektiven ist die Koma weit gehend korrigiert (S. 134 Mitte).

ASTIGMATISMUS

Bei diesem Fehler werden abseits von der optischen Achse des Objektivs liegende Punkte in der waagrechten Ebene anders berechnet als in der senkrechten. Dadurch ist das Objektiv nicht in der Lage, diese Punkte scharf abzubilden, sie erscheinen je nach Brennweite als kurze, versetzte Linien oder kleine, rechteckige Flächen, die nicht gleichzeitig scharf sein können.

Durch Abblenden verringert sich dieser Effekt. Das geschieht jedoch nicht weil die optische Korrektur verbessert wird, sondern weil die Ränder der Linse ausgeschlossen und die Schärfentiefe gesteigert werden. Die beiden unterschiedlichen Bilder verschmelzen (S. 134 unten).

Weihnachtsdekoration mit kleinen Lampen. Durch die Koma beim 35 mm f/1,4 bei maximaler Blendenöffnung wurden die leuchtenden Punkte in kleine Fähnchen verwandelt.

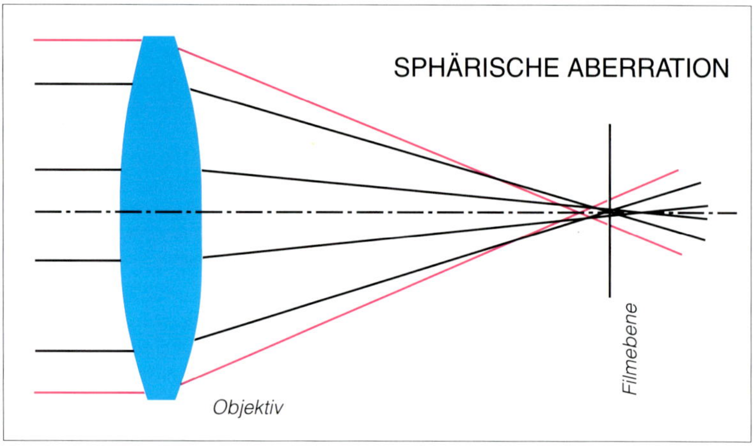
SPHÄRISCHE ABERRATION
Filmebene
Objektiv

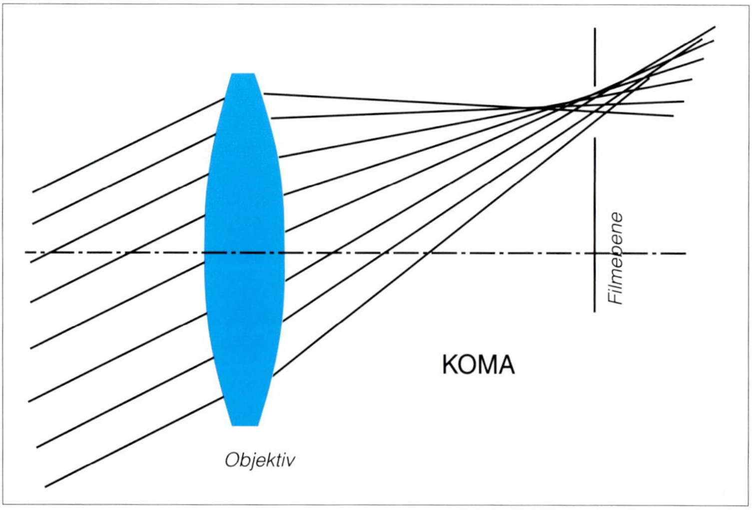
Filmebene
KOMA
Objektiv

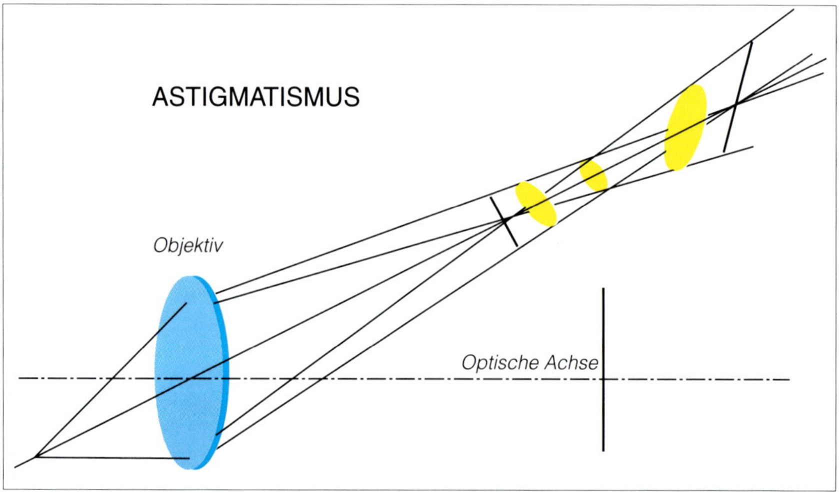
ASTIGMATISMUS
Objektiv
Optische Achse

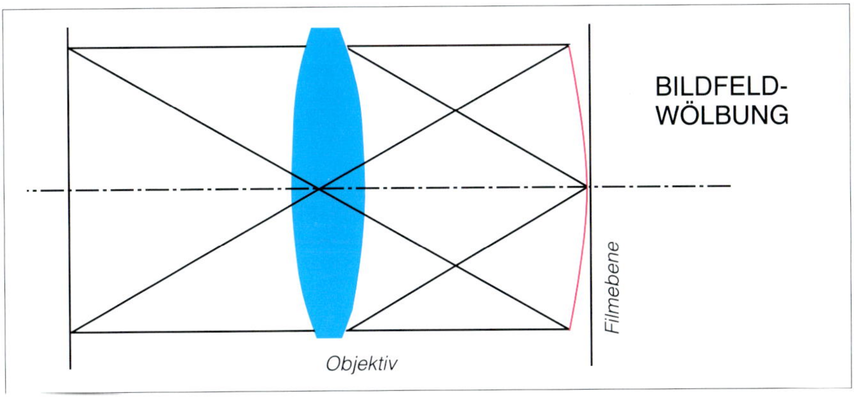

BILDFELDWÖLBUNG
Dieser Fehler hängt von der Bauweise des Objektivs ab und kann auch unabhängig von den vorher genannten Aberrationen eintreten. Die Schärfenebene ist gekrümmt, das Objektiv kann kein scharfes Bild eines plan liegenden Motivs wie etwa eines Dokuments erzeugen.
Dieser Fehler lässt sich nicht durch Schließen der Blende korrigieren, doch auch hier erzielt man eine Milderung des Effekts aufgrund der größeren Schärfentiefe, ebenso wie beim Astigmatismus.

VERZEICHNUNG (DISTORSION)
Das Bild fällt korrekt scharf auf die Filmebene, doch die von den schräg einfallenden Strahlenbündeln abgebildeten Punkte sind leicht verschoben und gerade Linien erscheinen verzerrt. Man spricht von tonnen- oder kissenförmiger Verzeichnung, je nachdem ob die Linien konkav oder konvex erscheinen.

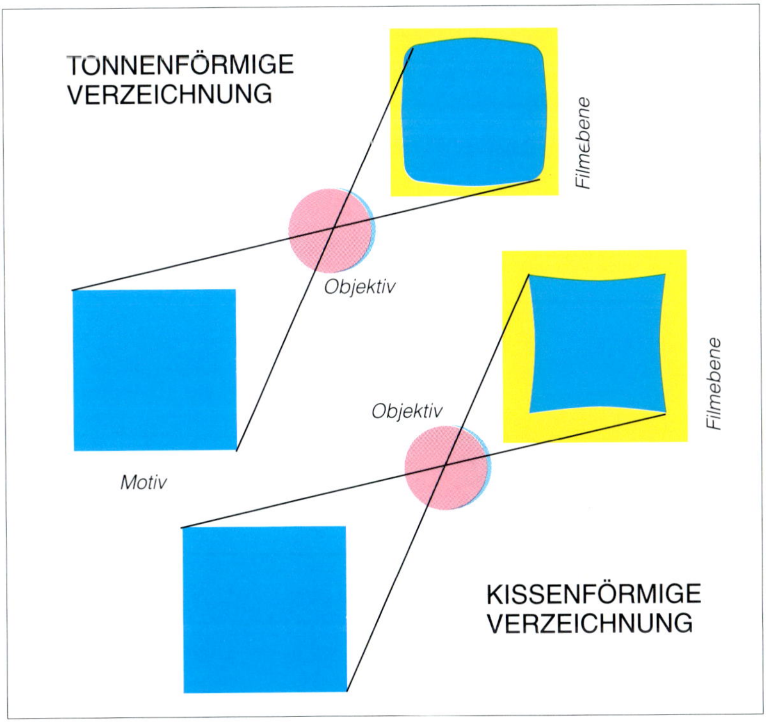

Dieser Fehler kann vom Fotografen so gut wie nicht korrigiert werden. Er hängt nicht von der Blendenöffnung ab, sondern von der Position der Blende im optischen Schema und damit von der Bauweise (S. 135 unten).

ACHSNAHE CHROMATISCHE ABERRATION

Dieser Fehler **(Farblängsfehler)** ist eine Variante der chromatischen Aberration und tritt entlang der optischen Achse des Objektivs auf, verschiedene Wellenlängen werden unterschiedlich stark gebrochen: Das Objektiv »sieht« die blauen Lichtstrahlen früher scharf als die roten.

Hier hat ein Schließen der Blende nur beschränkten Einfluss. Bei Schwarzweißaufnahmen und sehr enger Blende könnte man den Fehler noch mildern, denn die gesteigerte Tiefenschärfe lässt das Bild allgemein schärfer wirken. Die einzige Art, wie man diesen Fehler korrigieren kann, liegt in der Bauweise bzw. im Material. Oft wird aus diesem Grund Spezialglas verwendet.

ACHSFERNE CHROMATISCHE ABERRATION

Dieser Fehler **(Farbquerfehler)** tritt im Randbereich des Bildkreises des Objektivs auf und äußert sich so, dass um den Bildgegenstand Farbsäume sichtbar werden. Blau weicht dabei am stärksten von der Achse ab.

Der Farbquerfehler kann nicht durch Schließen der Blende beeinflusst werden.

Distorsion: Auf dieser Aufnahme mit einem Zoom 80 bis 200 mm ist eine leichte Krümmung der Horizontlinie zu sehen.

CHROMATISCHE ABERRATION

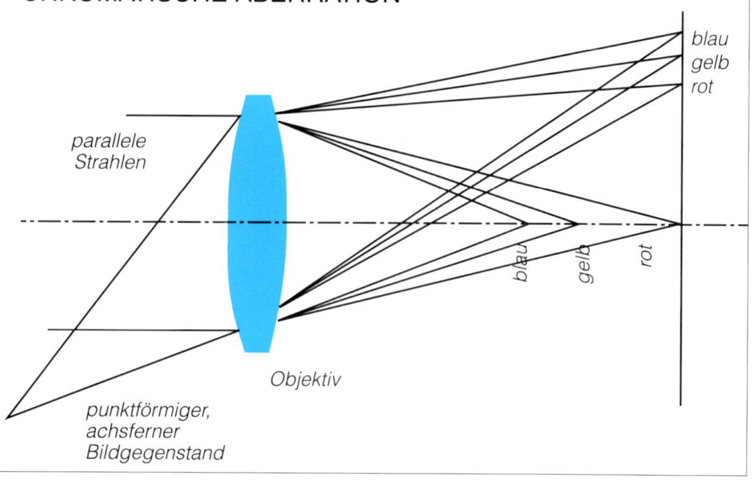

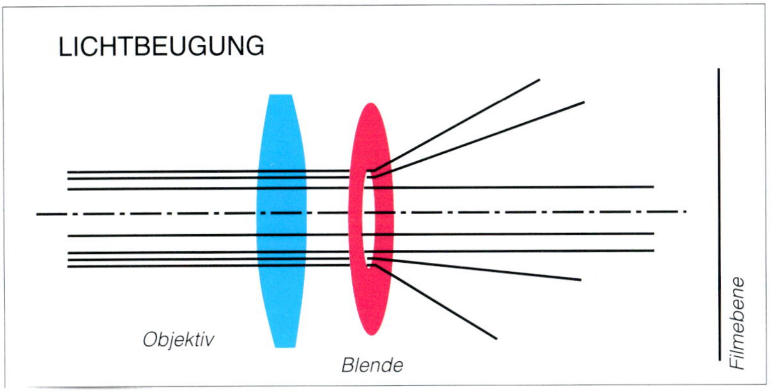

Hier sind die Reflexionen in einem 50 mm f/1,4 Objektiv bei maximaler Blendenöffnung deutlich zu sehen. Vorsicht bei punktförmigen Lichtquellen im Bildausschnitt (Nachtaufnahmen Seite 138 unten) und bei Lichtstrahlen, die direkt auf die Pupille treffen (unten).

LICHTBEUGUNG

Wenn Lichtstrahlen eine scharfe Kante passieren wie die Lamellen einer Objektivblende, dann werden sie an der Kante leicht gebeugt, ein Phänomen, das nicht mit Lichtbrechung zu verwechseln ist. In der Fotografie kann das bei kleinen Blendenöffnungen zu einem gewissen Verlust an Bildschärfe führen. Besonders in Aufnahmesituationen wie in der Makrofotografie, wo man zur Steigerung der Tiefenschärfe so weit als möglich abblendet, ist der Anteil an gebeugtem Licht in der Gesamtlichtmenge größer, wodurch ein wahrnehmbarer Schärfeverlust entstehen kann.

Falls nicht unbedingt notwendig, sollte man daher immer mit einer »mittleren« Blendenöffnung arbeiten, also lieber mit f/11 als f/22.

VERSCHIEBUNG DER BRENNWEITE

Ein Zusammenwirken aus den häufigsten Objektivfehlern kann bei manchen Objektivmodellen auch zu einer Verschiebung der Brennweite führen. Dieses Problem kann zum Beispiel in der Makrofotografie auftreten, wenn man zuerst mit offener Blende einstellt, um genügend Licht im Sucher zu haben und dann auf eine kleinere Blende umstellt, um eine große Schärfentiefe zu erzielen.

Bei starker Vergrößerung ist es zwar nicht unmöglich, bei einer größeren als der Arbeitsblende einzustellen, aber der Wert sollte doch in der Nähe der Arbeitsblende liegen.

SCHLEIER, STREULICHT, REFLEXIONEN

Wenn ein intensiver Lichtstrahl in ein Objektiv fällt, können sich im Raum zwischen den Linsen, aber auch in jeder einzelnen Linse Reflexe bilden. Im Fachjargon spricht man von **internen Reflexionen.**

Irisierende Strahlenfächer, Flecken mit Farbsaum und sogar geometrische Formen als Folge der Spiegelung der Blende in der Optik können auftreten und auf dem Foto zu sehen sein. Diffuser Lichteinfall auf die Pupille kann den Kontrast vermindern und zu Schleierbildung auf dem Bild führen.

Es ist immer ratsam, die Optik mit einer Streulichtblende zu schützen. Bei Gegenlicht sollte man keine Filter verwenden, um die Anzahl der potenziell spiegelnden Luft/Glas-Übergänge nicht noch zu erhöhen. Bei vielen Objektiven hat man bereits bei der Konstruktion darauf geachtet, solche Probleme weit gehend zu vermeiden. Die Linsen werden mit einer oder mehreren Vergütungsschichten gegen Teilreflexionen behandelt, und das gesamte Innenleben der Optik ist mattschwarz oder braun beschichtet, um das Streulicht möglichst zu reduzieren.

Im Zusammenhang mit mehr oder weniger stark vergrößernden Optiken oder bestimmten Blendenwerten können diese Effekte verschieden intensiv ausgeprägt sein. Der Fotograf wird aus der Erfahrung lernen, solche Situationen zu vermeiden oder entsprechende Gegenmaßnahmen zu ergreifen.

Oben: Kontrastverlust durch diffuses Licht auf der Pupille eines 85 mm f/2 ohne Streulichtblende.

Zubehör

Filter für die Schwarzweißfotografie

Wenn man Filter verwendet, die normalerweise vor das Objektiv montiert werden – seltener dahinter, in diesem Fall um die Gesamtlänge konstant zu halten –, so möchte man die **abgebildete Realität** verändern, indem man auf die Wellenlänge des Lichts Einfluss nimmt. Man unterscheidet zwischen Filtern für die Schwarzweiß- und solchen für die Farbfotografie.

FILTER FÜR DIE SCHWARZWEISSFOTOGRAFIE

Hier gilt eine ganz einfache Regel. Das Filter lässt Licht der gleichen Farbe durch und hält jenes in der **Komplementärfarbe** ab. So wirkt ein **Gelbfilter** hemmend gegen das einfallende blaue Licht des Himmels. Dadurch erscheint auf einem Schwarzweißfoto der Himmel dunkler, das Weiß der Wolken kommt besser zur Geltung. Benutzt man in derselben Situation ein **Orangefilter,** ist der Effekt noch stärker, mit einem **Rotfilter** erzielt man schon eine gewitterartige Stimmung. Analog dazu hellt ein **Grünfilter** das Blattwerk auf. Die verschiedenen Grüntöne des Laubs in einem Garten werden dadurch in feineren Grauabstufungen dargestellt.
Ein in der Porträtfotografie in einem Innenraum mit Kunstlicht verwendetes **Blaufilter** bremst den Überschuss an warmen Tönen und gibt die Hauttöne heller wieder. Damit man immer das richtige Filter verwendet, bedient man sich eines Hilfsmittels namens **Farbenkreis,** in dem die Komplementärfarben einander gegenüberliegend dargestellt sind.

SPEZIALFILTER ZUR SIMULATION VON SCHWARZWEISS

Ein Filter spielt eine auf den ersten Blick ungewöhnliche Rolle. Man braucht es nicht für die Aufnahmen selbst, **sondern zum Betrachten der Szene.** Wenn man mit freiem Auge durch dieses Filter blickt, sieht man die Szene in Graubrauntönen, somit erscheinen selbst hell erleuchtete Flächen in den Grauwerten, in die sie der Schwarzweißfilm umsetzen würde. Es wird bei Tageslicht benutzt.
Zu diesem Zweck verwendet man etwa ein Kodak Wratten 90 in einem dunklen Bernstein-Grauton. Die Farben **verschmelzen** dadurch zusehends, und der Fotograf oder auch Filmregisseur am Set kann die Szene nach ihren Licht-Schatten-Effekten besser beurteilen. Oft wird dieses Filter **zwischen zwei Schutzschichten** und mit versiegelten Rändern angeboten. Eine Alternative dazu ist das Kodak Wratten 44A, ein helles, grün-blaues Filter, das ursprünglich dafür entwickelt wurde, mit panchromatischen Filmen eine Wiedergabe wie bei orthochromatischen Filmen zu erzielen.

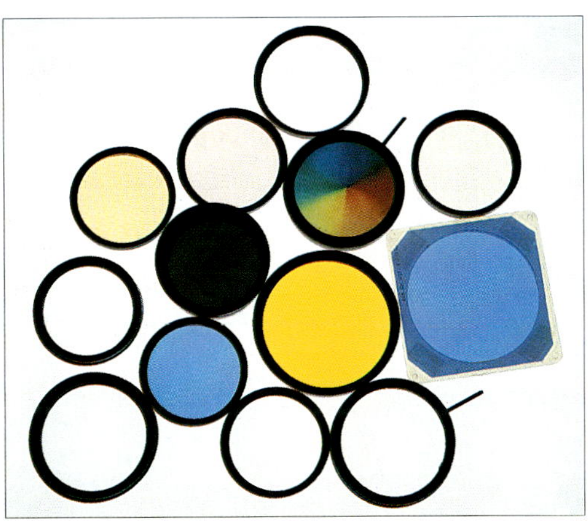

Verwandte Themen

Filme
Welcher Film für welche Zwecke?
S. 73

Zubehör
Spezialfilter und Probleme mit Filtern
S. 146

Licht
Infrarotfotografie
S. 198

Zubehör
Antinebel und Korrekturfilter
S. 143

Filme
Schwarzweiß
S. 87

Oben: Ein Lee-Filterhalter für Gelatinefilter. Man kann auch mehrere Filter übereinander legen.
Unten: Eine Anzahl verschiedener Filter für Schwarzweiß- und Farbfotografie.

Filter für die Farbfotografie

Verwandte Themen

Zubehör
Polarisationsfilter
S. 147

Licht
Infrarot-
fotografie
S. 198

Licht
Farbtemperatur
S. 190

Zubehör
Konversionsfilter
S. 144

Licht
Kunstlicht
S. 192

In der Farbfotografie wirken farbige Filter direkter: Ein bestimmtes Filter zu benutzen heißt die Farbe des Filters zu verstärken. Der Zweck kann sein, eine **effektvolle,** vielleicht unnatürliche Färbung zu erzielen. Doch man kann Filter auch verwenden, um einen Farbstich auszugleichen, wie zum Beispiel wenn man das vom Himmel reflektierte **überschüssige** Blau oder den intensiv rötlichen, durch Kunstlicht verursachten Ton zu mildern versucht. In den beiden letzteren Fällen spricht man von **Konversionsfiltern.**

EFFEKT- UND KORREKTURFILTER

Generell verwendet man Filter, um die Beleuchtung einer Szene zur korrigieren oder um bestimmte Details hervorzuheben (wie oft in der wissenschaftlichen Fotografie), oder aber um einen bestimmten Effekt zu erzielen. Zu den Effektfiltern zählen beispielsweise **Verlauffilter** (eine bestimmte Farbe verläuft von sehr intensiv nach transparent auf dem Filter), **Prismenfilter,** die bestimmte Teile des Motivs wiederholen, und Filter, die die **Bildschärfe verringern** (Soft-Filter, Weichzeichner etc.).
Eine Sonderstellung nimmt das **Polarisationsfilter** ein, das das Licht auf eine ganz bestimmte Art beeinflusst und für verschiedene Zwecke verwendet wird: Er vermindert nichtmetallische Reflexe und sättigt die Farben.

Mit Effektfilter aus verschiedenartig bearbeitetem Glas kann man strahlenförmige, irisierende Effekte oder Ähnliches erzielen.

Zu den Spezialfiltern zählen auch jene, die nur Licht einer bestimmten Wellenlänge passieren lassen, wie zum Beispiel das beinahe schwarze Filter für die **Infrarotfotografie.** Andere können bestimmte Probleme in der Aufnahmesituation lösen. Wie etwa das **Neutralfilter** (Neutral Density, ND), das man korrekter als **Graufilter** bezeichnet. Es verändert die Farbe überhaupt nicht, reduziert aber die Lichtintensität. ND-Filter ermöglichen es, auch dann noch zu fotografieren, wenn man schon an der **minimalen Blendenöffnung des Objektivs** angekommen und immer noch im überbelichteten Bereich ist, oder aber wenn man ein Motiv unter normalen Lichtumständen fotografieren will, aber lieber eine größere Blendenöffnung wählen würde, zum Beispiel, um den Hintergrund unscharf erscheinen zu lassen.

FARBKOMPENSATION

Jedes Filter verstärkt logischerweise die eigene Farbe, die Komplementärfarbe wird abgeschwächt, genauer gesagt kompensiert. In manchen Fällen, etwa in der wissenschaftlichen Fotografie, kann es sehr wichtig sein, das richtige Filter zu wählen, zum Beispiel um ein Insekt von einem Blatt oder einem Hintergrund abzuheben, egal ob man in Farbe oder in Schwarzweiß arbeitet. In der Farbfotografie kann man die Farbausgleichswirkung der Filter so zusammenfassen:

CYAN	absorbiert	*ROT*
ROT	absorbiert	*BLAU und GRÜN*
MAGENTA	absorbiert	*GRÜN*
GRÜN	absorbiert	*BLAU und ROT*
GELB	absorbiert	*BLAU*
BLAU	absorbiert	*ROT und GRÜN*

Das Spiel mit den Farben ist nicht schwierig. Hier eine Darstellung der additiven Grundfarben Rot, Blau und Grün (Dreiecke) und der subtraktiven Grundfarben Gelb, Magenta und Cyan (Kreise).

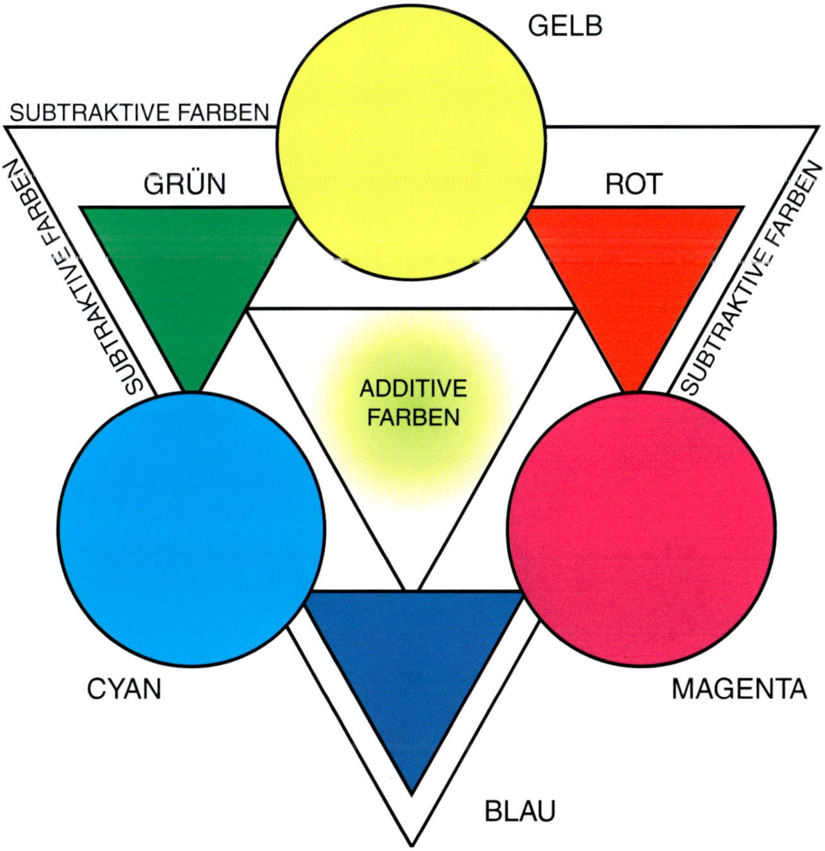

UV- und Skylight-Filter

Verwandte Themen

Zubehör
Spezialfilter und Probleme mit Filtern
S. 146

Technik
Die Fotozellen
S. 110

Zubehör
Polarisationsfilter
S. 147

Licht
Farbtemperatur
S. 190

Zubehör
Filter für Schwarzweißfotografie
S. 139

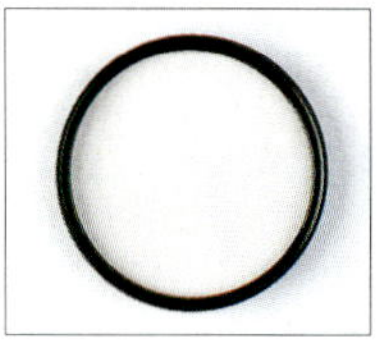

Das UV- Filter, oder treffender ausgedrückt UV-Sperrfilter, hat die Aufgabe, die überschüssigen **UV-Strahlen** am Berg, am Meer oder bei diffusem Tageslicht abzuhalten, die auf dem Film zu einem **sichtbaren Blaustich** führen könnten. Es ist eines der verbreitetsten Filter. Es ist farblos und wird sowohl mit **Schwarzweiß-** als auch mit **Farbfilm** verwendet. Heute gilt es allerdings als weniger unentbehrlich als früher, denn seit einiger Zeit statten die Filmhersteller alle Farbfilme mit einer **Anti-UV-Schutzschicht** aus, die ebendiese Aufgabe erfüllt. Trotzdem ist ein UV-Filter nützlich, denn es schützt gleichzeitig die Pupille des Objektivs gegen mechanische Beanspruchung wie Kratzer etc. Die UV-Strahlung wird zusätzlich durch die Dicke des Glases abgehalten, die heutzutage in mehrlinsigen Objektiven bereits beträchtlich ist, ebenso wie durch die Kleberkomponenten, die zum Verleimen mehrschichtiger Linsen verwendet werden (berühmt wurde in diesem Zusammenhang die **Absorbanschicht** von Leica, die besonders effizient als UV-Schutz funktioniert). Aus diesen Gründen bietet heute ein renommierter Filterhersteller wie die japanische Firma Kenko neben ihrem klassischen UV-Filter mit der Bezeichnung L39 ein ultratransparentes Filter namens L37 an, **das rein dem mechanischen Schutz der Pupille dient.**

Eine ebenfalls wirksame Neutralisierung der UV-Strahlung bietet das Skylight-Filter in leicht lachsfarbener Tönung, die die überschüssigen Blautöne neutralisiert. Dieses Filter wird heute oft dem klassischen UV-Sperrfilter vorgezogen. Der Name **Skylight** rührt daher, dass vor allem die vom Himmelsgewölbe reflektierten blauen Lichtstrahlen kompensiert werden. Ein stark unnatürlicher Blaustich kommt häufig dann zustande, wenn Fotos an einem sonnigen Tag im Freien, aber von einem im Schatten liegenden Ort aus aufgenommen werden. Der **sanfte Korrektureffekt** dieses Filters wird sich praktisch nur bei Aufnahmen mit Diafilm auswirken, da er bei Negativfilmen oft bei der automatisierten Herstellung der Abzüge neutralisiert wird. Als Schutz für die Pupille vor mechanischer Verletzung ist dieses Filter ebenfalls brauchbar. Das klassische Skylight-Filter wird von den meisten Herstellern als L1A bezeichnet. Die Version L1B korrigiert vor allem intensive Blaugrüntöne. Das Filter wählt man unter Berücksichtigung der Farbwiedergabe des betreffenden Diafilms.

Durch ihre hohe Transparenz erfordern weder UV- noch Skylight-Filter **eine Abweichung** von der normalen Belichtung.

Im Gebirge ist der UV-Anteil des Lichts besonders hoch, eine Korrektur der überschüssigen Blautöne ist ratsam. Dieses vom Oclinipass in Richtung der Schlerngruppe aufgenommene Bild (rechts) entstand mit einem L1B-Skylight-Filter auf einer Pentax 85 mm-Optik. Oben: Die beiden Skylight-Filter L1A und L1B.

Farbkorrekturfilter und Filter gegen Dunst

Wenn man im Freien von einem schattigen Ort aus fotografiert, schlägt sich das reflektierte blaue Licht des Himmelsgewölbes auf dem Film als **dominanter blauer Farbstich** nieder, obwohl dieser in der Natur kaum wahrzunehmen ist.
Manchmal kann in einem solchen Fall das Skylight-Filter nicht ausreichen, um diesen Effekt auszugleichen.
Ähnlich verhält es sich mit dem Dunst. Auf aus größerer Entfernungen aufgenommenen Fotos kann das diffuse Licht in den Luftschichten besonders bei hoher Luftfeuchtigkeit oder Staub in der Atmosphäre zu einem **Schleiereffekt** mit unnatürlichen Blautönen führen. Deshalb verwendet man gerade in der Landschaftsfotografie zusammen mit Teleobjektiven gerne Filter mit höherem Korrekturvermögen.

SERIE 81

Zur Beseitigung eines blauen Farbstichs bei Landschaftsaufnahmen kann man **Kompensationsfilter** in mehr oder weniger intensiven Bernstein-Gelb-Tönen verwenden. Diese werden in den Katalogen der wichtigsten Hersteller unter verschiedenen Bezeichnungen angeboten, am bekanntesten ist die Wratten Kodak-Filterklassifikation. Die effizientesten Filter gegen Dunst gehören zur **Serie 81.** Die Farbabstufungen der Filter 81A, 81B und 81C reichen von einem sehr hellen bis zu einem etwas dunkleren orange-bräunlichen Bernsteinton. Immer sind Kompensationsfilter jedoch sehr transparent. Mit dem 81A sorgt man für eine leichte Korrektur in den Schattenbereichen und lässt die Farben in den stärker beleuchteten Zonen fast unverändert. Das 81B hat schon eine deutlicher wahrnehmbare Wirkung, **absorbiert aber immer noch sehr wenig Licht,** die erforderliche Belichtungskorrektur mit diesem Filter beträgt nur 1/4 Blendenstufe.
Fotografen, die viel auf Reisen sind, werden dieses Filter auch zu schätzen wissen, wenn sie durch die blau getönten Scheiben eines Autobusses fotografieren.

FILTER GEGEN DUNST

Filter	Effekt	Lichtverlust (in Blenden)
Skylight 1A	rosafarbener Anti-UV-Filter	0
Skylight 1B	rosafarbener Anti-UV-Filter, leichter Effekt auch auf Blaugrün-Töne	0
Kodak 81A, oder Hoya 81A, oder Kenko W2	Ursprünglich für Filme mit 3200 Grad Kelvin bis 3400 Grad Kelvin. Nützlich für Aufnahmen an schattigen Orten. Alternativ zu Skylight-Filter für an schattigen Orten im Freien aufgenommene Fotos zur Korrektur der Blautöne.	1/4
Hoya 81B	Wirksamer als 81A für Fotos im Freien im Schatten. Nützlich gegen Dunst für Landschaftsfotos mit Teleobjektiv. Korrigiert auch überschüssiges Blau des Elektronenblitzlichts.	1/4+
Kodak 81C, oder Hoya 81C, oder Kenko W4	Intensiverer Effekt als 81B, nützlich für im Schatten aufgenommene Fotos im Freien. Sehr wirksam an Schlechtwettertagen. Effekt wird auch an hellen Stellen sichtbar, nicht nur im Schatten. Korrigiert überschüssiges Blau des Elektronenblitzlichts.	1/2
Kodak 85B, oder Hoya 85B, oder B+W KR15, oder Kenko W10	Konversionsfilter. Nützlich bei Schlechtwetter. Deutlicher Effekt auch an hellen Stellen, nicht nur im Schatten. Korrigiert starke Blautöne, wie etwa in der Morgendämmerung.	1

Verwandte Themen

Zubehör
UV- und Skylight-Filter
S. 142

Zubehör
Polarisationsfilter
S. 147

Zubehör
Konversionsfilter
S. 144

Licht
Farbtemperatur
S. 190

Zubehör
Farbige Polarisationsfilter
S. 152

Konversionsfilter

Verwandte Themen

Licht
Kunstlicht
S. 192

Aufnahmetechnik
Fotografieren in der Dämmerung
S. 179

Licht
Nachtaufnahmen
S. 195

Zubehör
Filter für Farbfotografie
S. 140

Filme
Das Diapositiv
S. 85

Wenn man für Innenaufnahmen im Licht gewöhnlicher Haushaltslampen einen auf Tageslicht ausgelegten Film verwendet, so wird die Fotografie einen starken gelben bis roten Farbstich aufweisen. Bei Dias zeigt sich dieser Effekt noch deutlicher als bei Abzügen vom Farbnegativ, denn bei der Herstellung der Abzüge im Labor kann noch korrigierend eingewirkt werden. Dieser Farbstich entsteht durch die niedrige Farbtemperatur des Kunstlichts. Um diese zu korrigieren, kann man ein **blaues Konversionsfilter** auf das Objektiv montieren. Umgekehrt wird ein bei Tageslicht verwendeter Kunstlichtfilm, der bereits eine Blaufilterschicht trägt, einen übermäßigen Blaustich zeigen. Diesen kann man mit einem **bernsteinfarbenen Konversionsfilter** korrigieren.

WELCHES FILTER FÜR WELCHE ZWECKE?
Die Kompensationsfähigkeit der Konversionsfilter hängt mit ihrer Intensität und der Farbtemperatur des Lichts zusammen. Die maximale Kompensationsfähigkeit kommt bei exakt auf eine bestimmte Farbtemperatur (Grad Kelvin) abgestimmtem Licht zustande. Es gibt eigene **Messinstrumente für die Farbtemperatur,** mit denen man genau bestimmen kann, welches Konversionsfilter gerade optimal geeignet ist, um eine Farbtemperatur von einem Wert in Richtung eines anderen zu verschieben.
Gewöhnlich arbeitet man beim Fotografieren im Studio mit speziellen Fotolampen (häufig **Halogen**). Die Lichttemperatur beträgt dann 3200° Kelvin.

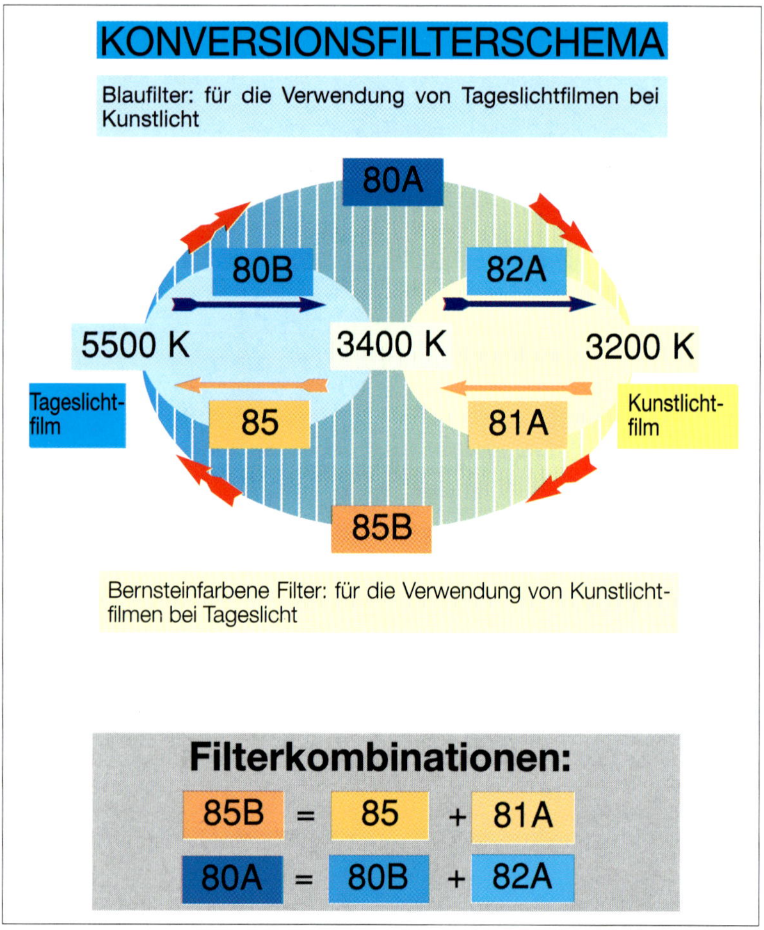

Ohne Konversionsfilter zeigt ein bei Kunstlicht verwendeter Tageslichtfilm einen starken Gelb-Rot-Stich.

Die verbreitetsten Konversionsfilter umfassen daher 3200 bis 5500° Kelvin (Blaufilter für die Verwendung von **Tageslichtfilmen im Studio**). Bernsteinfarbene Filter dagegen erlauben die Verwendung von **Kunstlichtfilmen für Freilichtaufnahmen.** Die vorhandene Blaufilterschicht gegen überschüssige Blautöne wird durch den Bernsteinfilter neutralisiert.
Das nebenstehende Schema zeigt anhand der Handelsbezeichnungen für das entsprechende Filter, wann welches von ihnen eingesetzt werden kann. Wir gehen dabei von den Kodak Wratten-Filterbezeichnungen aus, die am weitesten verbreitet sind. Der in der Mitte angegebene Übergangswert von 3400° Kelvin bezieht sich auf eine andere Art von Fotolampen, die früher häufiger benutzt wurden als heute.

Die Filter der Wratten-Serie

KONVERSIONSFILTER
Blaufilter (Konversionsfilter für die Verwendung von Tageslichtfilmen bei Kunstlicht: 80A – 80B – 80C.
Bernsteinfilter (Konversionsfilter für die Verwendung von Kunstlichtfilm bei Tageslicht: 85 – 85N3 – 85N6 – 85N9 – 85BN3 – 85BN6 – 85C.

KOMPENSATIONSFILTER
Gelbfilter: 81 – 81A – 81B – 81C – 81D – 81EF (Korrekturfilter zur Modifizierung der Farbtemperatur in besonderen Situationen, zum Beispiel bei Freilichtaufnahmen im Schatten oder bei Dunst).
Blaufilter: 82 – 82A – 82B – 82C (Filter für eine kühlere Farbtemperatur gegen Gelb-Rot-Stich, zum Beispiel bei Aufnahmen am Set im Theater oder anderen Situationen, in denen die Beleuchtung es erfordert.

Spezialfilter und Probleme mit Filtern

Verwandte Themen

Licht
Infrarotfotografie
S. 198

Licht
Nacht-aufnahmen
S. 195

Zubehör
Korrekturfilter und Filter gegen Dunst
S. 143

Zubehör
Spezielle Polarisationsfilter
S. 150

Zubehör
UV- und Skylight-Filter
S. 142

INFRAROTFILTER

Das sind so genannte Schwarzfilter für Infrarotfotografie auf Schwarzweißfilm. Es handelt sich um ein für das sichtbare Licht **undurchlässiges Filter,** dadurch kann man auch nicht mehr durch den Sucher einer Spiegelreflexkamera sehen. Daher ist es besser, in diesem Fall eine Messsucherkamera zu verwenden.
Das spezielle Filtermaterial lässt nur **Infrarotstrahlen** und sehr dunkle **Rottöne** passieren.
In der Kodak Wratten-Klassifikation tragen die Infrarotfilter die Bezeichnung 87 – 87A – 87B – 87C – 88A.
Eine spezielle Version für die Infrarotfotografie, die für Luftaufnahmen auf schwarzweißem IR-Film gedacht ist, wird mit 89B bezeichnet.

VERSCHIEBUNG DES BRENNPUNKTS

Manche Filter, besonders Modelle älterer Bauweise oder mehrere übereinander verwendete Filter können auch zu einer Verlagerung des Brennpunkts der Optik führen.

Man achte daher auf:
- die **Dicke des Filters.** Gelatinefilter sind Glasfiltern vorzuziehen.
- die **Positionierung des Filters.** Manchmal sind sie als Steckfilter gebaut und die Kammern dafür sind im Objektiv vorgesehen. Die gesamte Optik ist dann mit Filter berechnet, und es muss auch immer eines verwendet werden. Wünscht man keinen Effekt, fotografiert man mit einem farblosen Filter.

VIGNETTIERUNG UND VERGÜTUNG

Viele moderne Filter sind, ebenso wie die Objektive, vergütet. Diese Oberflächenbehandlung wirkt an sich bereits gegen Streulicht, dennoch erhöht ein Filter als zusätzlicher Übergangsraum zwischen Luft und Glas (Gelatine) die Gefahr von **Streulichtreflexen** in der Optik. Darum wird man Filter immer nur dann verwenden, wenn es nötig ist (außer bei Objektiven mit Steckfilter wie oben beschrieben). Meistens ist es auch nicht nötig, mehrere Filter übereinander zu stecken. Bernsteinfarbene Filter besitzen selbst UV-hemmende Eigenschaften und müssen daher nicht mit Skylight- oder UV-Filtern kombiniert werden. Vorsicht auch bei der Montage der Filter: mehrere übereinander verwendete Filter können, besonders bei jenen mit runder Schraubfassung, zu einer **künstlichen Vignettierung** (das ist ein dunkler, durch Lichtabfall verursachter Schleier) in den Ecken der Fotografie führen. Wenn man tatsächlich unbedingt mehrere Filter verwenden muss, ist es besser, sich einen entsprechenden **viereckigen Filterhalter** anzuschaffen, in den sehr dünne Gelatinefilter eingelegt werden können.

Das Schwarzfilter für die Infrarotfotografie ist für sichtbares Licht undurchlässig.

Das Polarisationsfilter

Unpolarisiertes Licht schwingt in verschiedenen Ebenen. Das Polarisationsfilter lässt nur in eine bestimmte Richtung schwingendes Licht passieren. Es arbeitet also wie ein auf die gewünschte Richtung **einstellbares Gitter.** Montiert man es vor das Objektiv, **neutralisiert es Reflexe** von nichtmetallischen, spiegelnden Oberflächen. So kann man eine hinter einer Glasscheibe sitzende Person oder durch die Windschutzscheibe eines Autos oder von außen in ein Schaufenster fotografieren. Auch wenn man Fische in einem Teich fotografiert, ist das Polarisationsfilter, oft auch kurz **Polfilter** genannt, nützlich, denn die Wasseroberfläche reflektiert nicht mehr.

FARBSÄTTIGUNG

Das Polarisationsfilter reduziert diffuses weißes Licht in der Atmosphäre und wird daher auch verwendet, um **sattere Farben** zu erzielen. Landschaftsfotografen schätzen das Polfilter sehr, weil sie damit einen blaueren Himmel erhalten, auf dem sich die weißen Wolken deutlicher abheben. In der Farbfotografie spielt das Polarisationsfilter eine ähnliche Rolle wie das **Gelbfilter** in der Schwarzweißfotografie.
Die Wirksamkeit des Polarisationsfilters hängt vom Einfallswinkel des Lichts und vom Aufnahmewinkel ab. Die maximale Polarisation ergibt sich bei einem Einfallswinkel von 32 bis 37° zur reflektierenden Oberfläche (Brewster-Winkel). In der Landschaftsfotografie ist das Polarisationsfilter **dann wirksam,** wenn die Lichtstrahlen (die Sonne) in einem Winkel von 90° zur Achse Kamera – Motiv stehen.
Darum ist es nutzlos, ein Polarisationsfilter im Gegenlicht zu verwenden, milchiger Himmel wird nicht azur- oder dunkelblau erscheinen.

Verwandte Themen

Zubehör
Polarisationsfilter
S. 150

Zubehör
Filter für die Schwarzweißfotografie
S. 139

Technik
Blende und Belichtungszeit
S. 99

Motiv
Das richtige Licht wählen
S. 59

Zubehör
Korrekturfilter und Filter gegen Dunst
S. 143

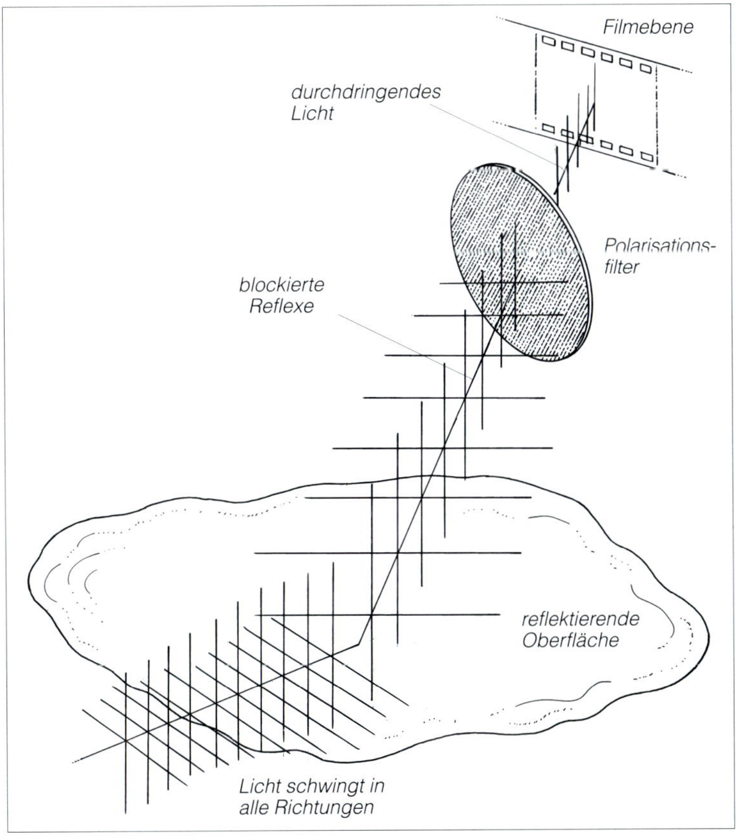

Das Licht trifft auf die Wasseroberfläche und wird reflektiert. Das Polarisationsfilter neutralisiert die Reflexe und lässt die Wasseroberfläche durchsichtig erscheinen.

Wenn die Sonne direkt über dem Betrachter steht, erstreckt sich der polarisierte Bereich 360° um den Betrachter.
Bei tief stehender Sonne (rechts) liegt der maximal polarisierte Bereich in einer Ebene von 90° zur Achse Sonne – Betrachter.

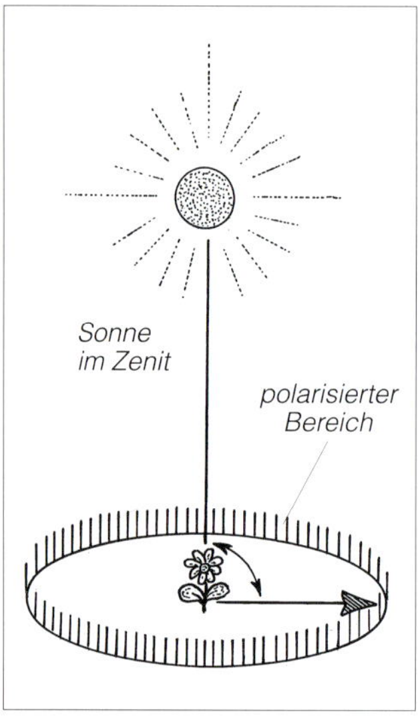

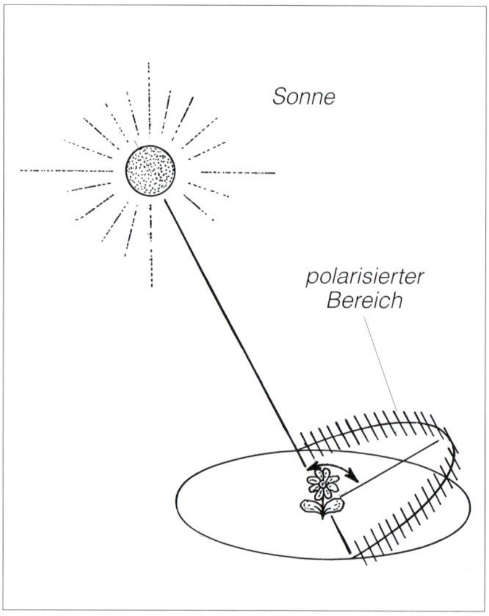

EIN FILTER ABSORBIERT LICHT
Weil ein Teil des einfallenden Lichts abgehalten wird und auch aufgrund seiner Dicke reduziert das Polarisationsfilter die Lichtmenge und erfordert daher eine **Korrektur der Belichtung.** Spiegelreflexkameras mit TTL-Messung (durch das Objektiv) berechnen die Belichtung automatisch richtig. Steht allerdings keine TTL-Messung zur Verfügung, wie etwa wenn man mit einem Handbelichtungsmesser arbeitet, muss man je nach den Absorptionseigenschaften des Filters die Belichtung um 2 bis 3 Blendenstufen korrigieren.

ZIRKULARE POLARISATIONSFILTER
Viele der modernen Spiegelreflexkameras arbeiten mit Zellen, die hinter halbtransparenten Spiegeln liegen. Sowohl die Zellen des Belichtungsmessers als auch die des Autofokus sind häufig so eingebaut. Doch diese halbdurchlässigen Flächen **verändern die Polarisierung des Lichts.**

Zur Mittagszeit bei strahlender Sonne verstärkt das Polarisationsfilter das Blau des Himmels (Valle di Fiemme, Trentino).

Zwei Aufnahmen ohne (links) und mit Polarisationsfilter (unten). Dieses Filter verstärkt die Farben und besonders das Blau des Himmels.

Daher kann es zu Funktionsproblemen kommen: Ein maximaler, im Sucher sichtbarer Effekt kann einer minimalen Polarisierung (das heißt einer maximalen Lichtdurchlässigkeit) entsprechen und zu **Überbelichtung** führen. Analog dazu kann eine nur leichte, sichtbare Polarisierung einer starken Reduzierung der Lichtmenge mit daraus resultierender **Unterbelichtung** entsprechen.

Die Lösung dieses Problems ist das **Zirkular-Polarisationsfilter.** Dieses Filter »retardiert« die Polarisationsebenen und schafft so einen besonderen Polarisierungseffekt, den man als korkenzieherartig beschreiben könnte: Dieser Kunstgriff führt zu einer korrekten Entsprechung zwischen Polarisationseffekt und Belichtungsmessung, Blende und Zeit werden **richtig ermittelt.** Außerdem ist der Polarisationseffekt durch den Sucher **mühelos zu kontrollieren.** Weiters beeinträchtigt dieses Filter auch die Funktion des Autofokus nicht, er arbeitet auch bei maximaler Polarisation **ohne Verzögerung.**

Spezielle Polarisationsfilter

Verwandte Themen

Zubehör
Polarisationsfilter
S. 147

Zubehör
Spezialfilter und Probleme mit Filtern
S. 146

Zubehör
Filter für die Farbfotografie
S. 140

Zubehör
Farbige Polarisationsfilter
S. 152

Technik
Sucher und Messsucher
S. 123

POLARISATIONSFILTER AUF WEITWINKELOBJEKTIVEN
Wenn man ein Polarisationsfilter auf einem Weitwinkelobjektiv verwendet, kann die Dicke der Filterfassung mit dem Aufnahmewinkel interferieren. So entsteht ein Lichtabfall in den Eckbereichen des Bildes, man spricht dann von **künstlicher Vignettierung.** Es gibt aber speziell für Weitwinkelobjektive **sehr dünne Filterhalter.**

Oben: Zwei um 90° gedrehte, übereinander gelegte Polarisationsfilter sperren fast das gesamte Licht.
Rechts: Schwenkbarer Polarisationsfilter für Messsucherkameras. Man beobachtet den Effekt im Sucher, vor der Aufnahme wird der Filter vor das Objektiv geschwenkt. Bei einer Drehung um 180° ändert sich die Polarisierung nicht.

Zwei Fotos, ohne (links) und mit Polarisationsfilter (unten) und einem Weitwinkelobjektiv aufgenommen (21 mm). Am Himmel sieht man einen eingegrenzten, intensiv dunkelblauen Bereich.

Diese tragen die Bezeichnungen **Slim** oder **WA** (Wide Angle) oder auch **EW** anstatt nur **E.** Diese Bezeichnungen sind neben der Dichte eingraviert.
Beim Fotografieren mit Weitwinkeloptiken ist bei der Verwendung von Polarisationsfiltern jedoch Vorsicht geboten. Da die **maximale Polarisierung** nur dann eintritt, wenn die Sonne in 90° zur Aufnahmeachse steht, kann sich bei flach einfallendem Sonnenlicht im Zenit über dem Betrachter ein sehr dunkler blauer Streifen am Himmel zeigen, was meistens unnatürlich wirkt.

Farbige Polarisationsfilter

Verwandte Themen

Zubehör
Filter für die Farbfotografie
S. 140

Zubehör
Polarisationsfilter
S. 147

Zubehör
Spezielle Filter und Probleme mit Filtern
S. 146

Licht
Farbtemperatur
S. 190

Licht
Die Farbe des Tageslichts
S. 193

Ein gutes Polarisationsfilter sollte keinen Farbstich im Bild verursachen. Die besten Filter gewährleisten eine neutrale Farbwiedergabe, wenn die Farbe beeinflusst wird, dann nur ganz leicht in Richtung der kühleren Töne. Für **kreative Zwecke** wurden jedoch auch farbige Polarisationsfilter entworfen. Durch Drehen des Filters variiert man die Intensität der Polarisierung und verstärkt oder verringert die jeweilige Farbgebung. Diese Filter bestehen gewöhnlich aus **zwei Elementen,** einem **Farbfilter** (monochromatisch) mit einer polarisierenden Schicht sowie dem eigentlichen, **farblosen Polarisationsfilter.** Durch Verdrehen der Filterfassung kann man die Farbdichte stufenlos variieren.

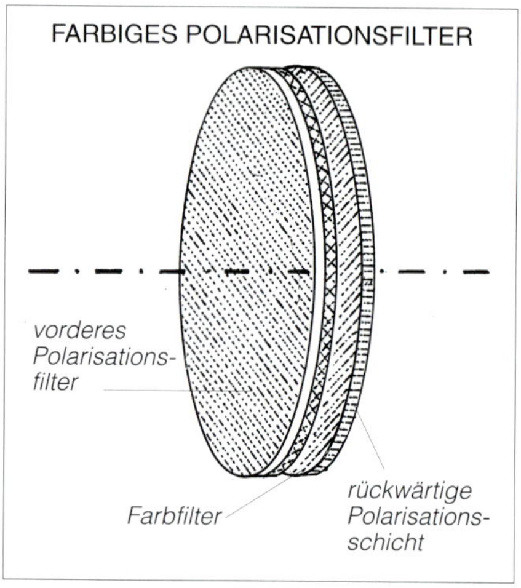

Es gibt auch komplexere Konstruktionen aus **drei Elementen,** einem neutralen Polarisationsfilter und zwei Farbpolarisationsfiltern (Bi- und Vario-PL-Color). Wieder kann man durch **Verdrehen der Fassung** den Übergang von einer Farbe zur anderen stufenlos einstellen. Bei Varianten mit fest miteinander verbundenen Farbfiltern selektiert man durch **Drehen des Polfilters,** welche Polarisierung bzw. Farbe vorherrschen soll. Reflektierende Bereiche zum Beispiel auf einer Wasserfläche erscheinen dann in der »zweiten« Farbe des Filters, die einen reizvollen Kontrast zur Grundfarbe bildet.

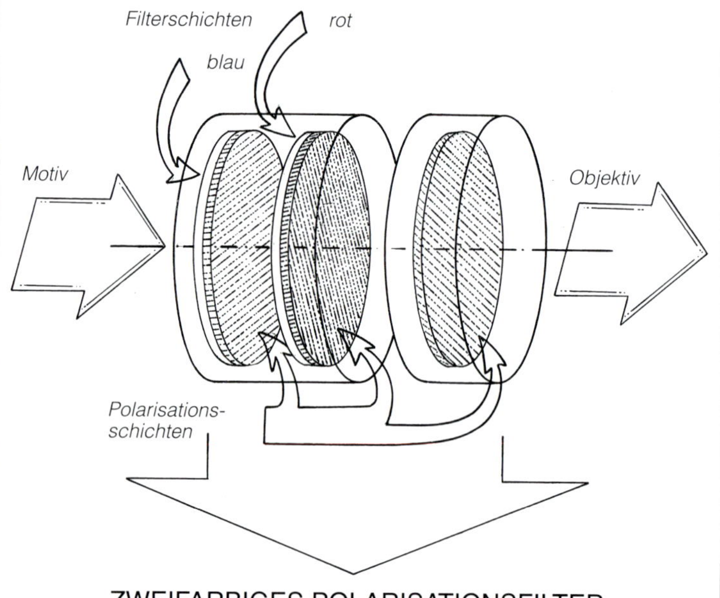

Oben: Farbiges Polarisationsfilter: Das Farbfilter erscheint je nach Stellung zum Polarisationsfilter unterschiedlich dicht. Rechts: Zweifarbiges Polarisationsfilter. Zwei farbige Polarisationsfilter sind mit einem neutralen Polarisationsfilter kombiniert.

Das Stativ

Ein Stativ zählt zu den wichtigsten Ausrüstungsgegenständen des Fotografen. Für längere Belichtungszeiten ist es **unentbehrlich,** wie zum Beispiel in der Dokumenten- oder Makrofotografie. Es schließt das **Risiko des Verwackelns** durch die Hand des Fotografen aus, besonders wenn er mit schweren Teleobjektiven arbeitet, die noch dazu oft wenig lichtstark sind und daher längere Verschlusszeiten erfordern. Grundsätzlich muss das Stativ von der Bauweise her dem **Gewicht der Ausrüstung angepasst** und ausreichend torsionssteif sein.

Die Maße müssen ein bequemes Arbeiten erlauben: In der Höhe soll es zumindest so weit verstellbar sein, dass die Kamera in Augenhöhe des Fotografen montierbar ist. Ideal wäre natürlich, wenn man damit auch in Bodennähe arbeiten könnte, wie es oft in der Makrofotografie erforderlich ist. Um all diese Erfordernisse zu erfüllen, bauen viele Hersteller Stative mit einer **Mittelsäule,** die in mehrere Teile zerlegbar ist. Diese kann man oft auch verkehrt montieren, um die Kamera in eine tiefere Position zu bringen. Stative mit hoher Stabilität stehen auch bei Wind still.

Die **Stabilität** eines Stativs hängt eng mit seinem Gewicht zusammen. Für den reisenden Fotografen ist dies jedoch oft hinderlich. Eine Alternative sind Ministative, die man auf eine **beliebige Stütze** oder einen erhöhten Platz vor Ort stellen kann. Man kann sie auch für Zusatzblitzlampen verwenden. Sie bieten gewöhnlich ausreichende Stabilität, wenn die darauf montierte Ausrüstung nicht zu schwer und zu unausgewogen verteilt ist.

Verwandte Themen

Aufnahmetechnik
Makrofotografie
S. 172

Licht
Nachtaufnahmen
S. 195

Naturfotografie
Pflanzen, Blüten, Insekten
S. 52, 54

Technik
Blende und Belichtungszeit
S. 99

Action-Fotografie
Mitziehen
S. 44

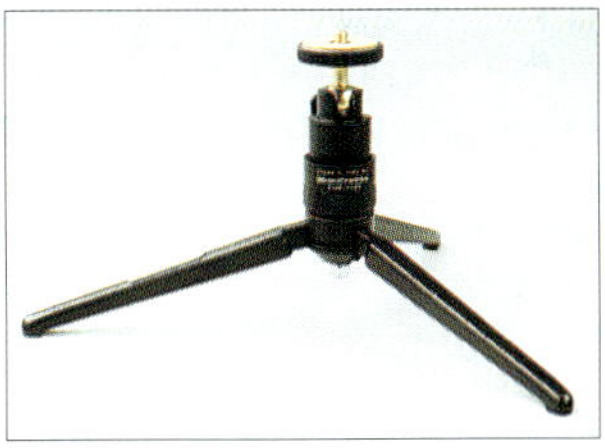

DER KOPF DES STATIVS

Auf dem Stativ sitzt ein **drehbarer Kopf,** auf den die Kamera fest montiert wird.

Kugelköpfe sind in alle Richtungen mit einer Handbewegung drehbar und werden mit einem Hebel fixiert. **Dreiwegköpfe** sind die klassische Variante, drei Hebel stellen die Kamera auf drei verschiedenen Achsen fest.

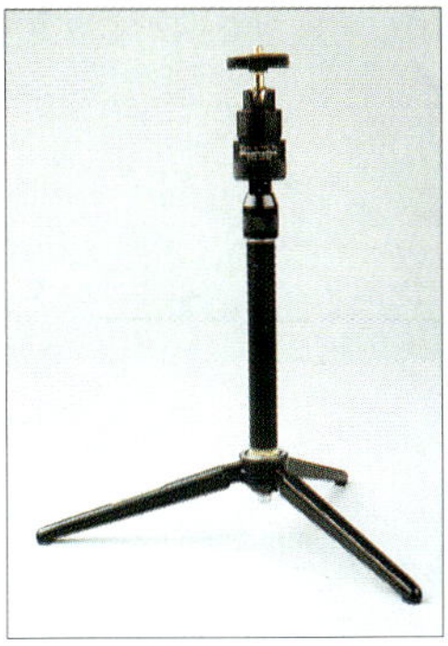

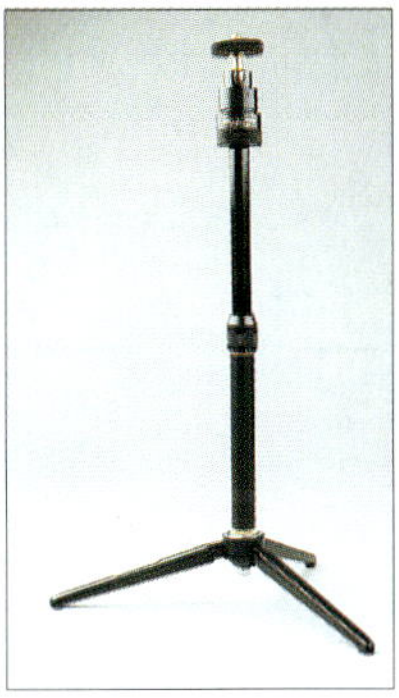

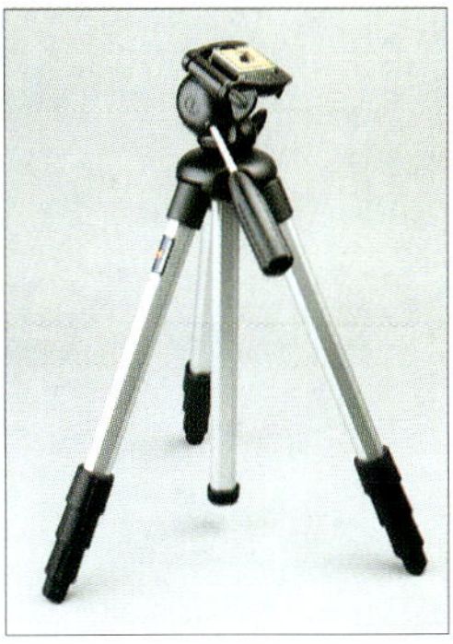

Oben: Ein Kugelkopf für ein Stativ und ein Manfrotto-Zubehörteil zum Ausbalancieren schwerer Objektive.
Links und unten: Ein Tischstativ (Tabletop Manfrotto) mit Teleskop-Mittelsäule und ein klassisches Dreibeinstativ mit Dreiwegkopf.

PANORAMAKÖPFE

Panoramaköpfe sind rundherum drehbar, aber nur beschränkt in der Längsachse neigbar. Sie werden vor allem für Video- oder Filmaufnahmen verwendet. In der Fotografie können sie für Panoramasequenzen in der Landschaftsfotografie oder beim Mitziehen nützlich sein, wenn die (einstellbare) **Friktion** dabei nicht total blockiert. Meistens bevorzugen Fotografen jedoch den herkömmlichen Dreiwegkopf. Die Bremsung der Drehbewegung kann mechanisch oder hydraulisch erfolgen. Bei Hydrauliklösungen können sich Probleme bei niedrigen Temperaturen ergeben.

ZUBEHÖR UND RATSCHLÄGE

Manche Stativköpfe besitzen einen **Schnell- oder Schlittenverschluss.** Eine Platte wird an den Boden der Kamera geschraubt, die auf dem Stativkopf einrastet. Das ist wichtig, wenn man schnell zwischen Freihand- und Stativaufnahmen wechseln will, und auch bei Nachtaufnahmen praktisch, vor allem im Winter kann es nämlich schwierig sein, die Kamera mit Handschuhen und im Dunklen per Schraubverschluss zu montieren.
Falls starker Wind die **Stabilität des Stativs** gefährdet, kann man die volle Fototasche dranhängen, um das Gewicht und damit die Stabilität zu erhöhen.

Ein Ministativ eignet sich hervorragend für Aufnahmen in Bodennähe.

Der Blitz

Der Blitz gehört zu den wichtigsten Zubehörteilen einer Fotokamera. Er stellt eine **hervorragende Hilfslichtquelle** dar, die zumindest in ihrer Reichweite erlaubt, auch dann zu fotografieren, wenn das Umgebungslicht dazu nicht ausreichen würde.
Heute verwendet man vor allem elektronisch gesteuerte Blitzgeräte. Die dabei verwendeten Gasentladungslampen sind in der Lage, sich immer wieder aufzuladen und für eine **begrenzte Zeit** eine große Menge an Licht abzugeben. Sie haben den Vorteil, dass die Lichtgaben auch auf **eine sehr kurze Dauer beschränkt** und mit variantenreichen Programmen gesteuert werden können. Die elektronische Steuerung bietet eine **Vielzahl von Hilfsfunktionen** an (sogar **Stroboskopblitz** mit sichtbarem Effekt auf dem Bild, automatische Belichtungsmessung, Synchronisierung mit zusätzlichen Blitzlampen und so weiter).
Die mit Magnesiumfäden gefüllten, nur einmal verwendbaren Kolbenblitze sind bei Fotoamateuren schon seit einiger Zeit aus der Mode gekommen. Da sie jedoch eine **hohe Lichtintensität** liefern, werden sie immer noch von einigen Profis für spezielle Erfordernisse verwendet. Sie haben eine vergleichsweise lange Brenndauer.
Weil er sich als um vieles praktischer und für den Amateur leichter zu bedienen erwiesen hat, ist der Elektronenblitz heute **in viele Kameras eingebaut,** in Kompaktkameras, APS-Kameras und auch in zahlreiche moderne Spiegelreflexkameras.

Verwandte Themen

Zubehör
Belichtungsmessung mit Blitz
S. 159

Motiv
Das richtige Licht
S. 59

Zubehör
Blitz und Kamera
S. 157

Zubehör
Blitz und Unterwasserfotografie
S. 166

MIT BLITZ FOTOGRAFIEREN

Beim Fotografieren mit Blitz sind folgende Punkte besonders zu beachten:
- Der Blitz ist eine punktförmige Lichtquelle und verursacht **deutliche Schlagschatten** besonders hinter dem Motiv, wenn der Hintergrund nahe ist (wie etwa eine Mauer) und wenn der Blitz in einem Winkel zur Kamera steht.
- Wenn der Blitz auf der Fotokamera montiert ist oder mit ihr in einer Linie steht, sind die Schatten nicht so deutlich, weil sie **hinter das Motiv fallen,** doch das Foto wirkt flacher.

Links: Es gibt zahlreiche verschiedene Elektronenblitzgeräte. Ihre Stärke ist gewöhnlich zur Größe proportional.
Oben: Ein Metz-Blitz mit Doppelreflektor (Direktlicht und indirektes Licht). Er sendet auch einen Infrarotstrahl als Hilfe für den Autofokus aus.

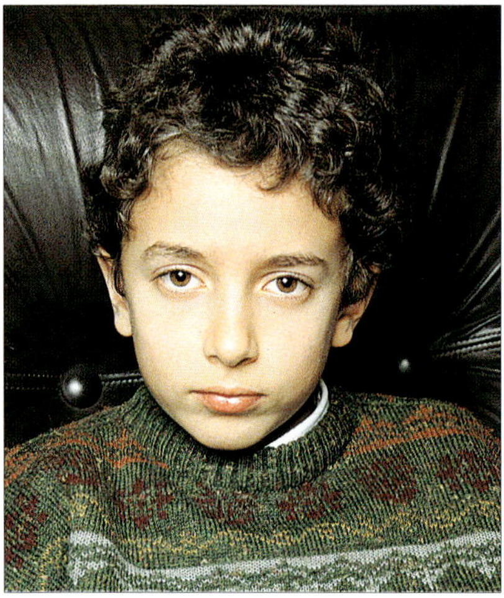

• Wenn man weicheres Licht wünscht, kann man **Diffusorfolie** vor den Reflektor des Blitzes montieren, auch ein zusammengefaltetes Taschentuch erzielt eine ähnliche Wirkung. Diffusoren sind im Fachhandel erhältlich.

• Eine andere Lösung für weniger hartes Licht ist es, den Blitz **nicht direkt auf das Motiv,** sondern auf die **Zimmerdecke** oder eine **seitliche Wand** zu richten. Das funktioniert allerdings nur mit einem ausreichend starken Blitzgerät, das die Summe der Distanz bis zur Wand und von dort zum Motiv abdeckt. Außerdem ist darauf zu achten, wie viel Licht die entsprechende Oberfläche absorbiert (Farbe, Struktur). Natürlich funktioniert indirektes Blitzen am besten mit einer glatten, reinweißen Wand oder Decke.

• Auch auf **reflektierende Oberflächen** hinter dem Motiv ist zu achten. Eine Fensterscheibe, ein Spiegel, praktisch jede stark reflektierende Oberfläche kann zu unerwünschten Reflexen auf dem Bild führen und unter Umständen sogar den Autofokus täuschen, der dann die Belichtung zu schwach ausrechnet und ein zu dunkles Bild produziert.

Zwei Porträts mit Blitz: Um das Licht weicher zu halten, wurde ein Diffusor verwendet.

Blitz und Kamera

Beim Fotografieren mit Blitz sind zweierlei besondere Umstände zu beachten. Zum einen ist der Blitz nicht eine vom Bildgegenstand weit entfernte Lichtquelle wie etwa die Sonne. Er befindet sich nur wenige Meter vor dem Motiv. Daraus ergibt sich die Notwendigkeit, **die Belichtung jedes Mal neu einzustellen,** wenn die Distanz zum Motiv verändert wird. Warum muss man sich darum nicht kümmern, wenn man im Freien mit Sonnenlicht arbeitet? Die Antwort ist einfach, man bedenke nur, wie weit die Sonne von der Erde entfernt ist. Eine Veränderung der Distanz zwischen Fotograf und Motiv wird im Vergleich dazu zu einer für die Lichtstärke vernachlässigbaren Größe. Bei einem in nur wenigen Metern Entfernung aufgestellten Blitzgerät hingegen verhält sich die Sache ganz anders. Jedes Mal, wenn man sich dem Motiv nähert oder von ihm entfernt, muss die Belichtung neu eingestellt werden. Der zweite Aspekt ist, dass es sich beim Blitzlicht um eine auf eine bestimmte, **meist sehr kurze Zeit beschränkte Lichtgabe** handelt, anders als beim ständig vorhandenen Dauerlicht.
Daher muss eine optimale Synchronisation zwischen der Lichtgabe der Blitzlampe und dem Öffnen und Schließen des Kameraverschlusses gegeben sein. Dabei ist zu unterscheiden, um welche Art von Verschluss es sich handelt.

Verwandte Themen

Zubehör
Blitz
S. 155

Technik
Der Verschluss der Kamera
S. 104

Zubehör
Aufhellblitzen
S. 162

Zubehör
Blitz und Unterwasserfotografie
S. 166

Zubehör
Rear, Slow-sync, Open flash
S. 164

ZENTRAL- ODER SCHLITZVERSCHLUSS

Bei einem **Zentralverschluss** wird die Blitzlampe dann ausgelöst, wenn der Verschluss seine maximale Öffnung erreicht hat. Die Auslösung erfolgt durch einen so genannten **X-Kontakt** (Abkürzung für Xenon, ein oft in elektronischen Blitzlampen verwendetes Gas), während der Kontakt für Kombustionslampen als **M-Kontakt** bezeichnet wird. Mit einem Zentralverschluss ergeben sich für den Fotografen keine besonderen Probleme von der Synchronisationszeit her, er kann nach Belieben unter den mit dem betreffenden Objektiv möglichen Verschlusszeit wählen, immer wird **die ganze Filmebene gleichzeitig** vom Blitzlicht erreicht werden.

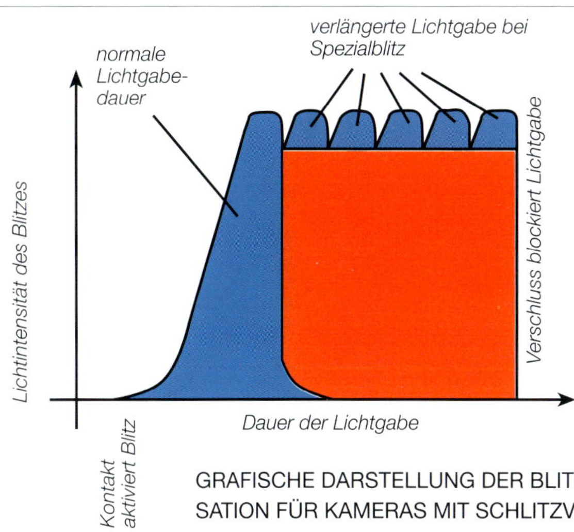

GRAFISCHE DARSTELLUNG DER BLITZSYNCHRONISATION FÜR KAMERAS MIT SCHLITZVERSCHLUSS

Links: Diese Grafik vergleicht eine normale Blitzentladung mit der verlängerten Lichtgabe aus einem speziellen Blitzgerät für die Synchronisation mit kurzen Verschlusszeiten.
Viele moderne Kameras besitzen ein eingebautes Blitzgerät (oben).

Mit einem **Schlitzverschluss** steht man allerdings vor einem Problem. Der Blitz muss ausgelöst werden, wenn der erste Verschlussvorhang ganz geöffnet hat und während der zweite Vorhang noch nicht gestartet ist, um das Bild wieder abzudecken. Nur so kann das Blitzlicht die gesamte Filmebene erreichen. Das ist **nicht bei allen Verschlusszeiten** der Kamera möglich, sondern nur bei jenen, die nicht unter einer bestimmten Zeit liegen, die mit der Mechanik der Kamera zu tun hat. Man spricht von der **Blitzsynchronzeit** oder **X-Synchronisation.** Gemeint ist damit die kürzeste Zeit, bei der der erste Vorhang ganz öffnet, bevor der zweite Vorhang startet. Gewöhnlich beträgt diese Zeit 1/125 Sekunden, je nach Bauweise der Kamera aber auch manchmal 1/60, 1/90 oder 1/250 Sekunden.
Mit einer kürzeren Zeit als der angegebenen Blitzsynchronzeit auszulösen ist immer ein Fehler: Der Blitz wird ausgelöst, wenn der zweite Verschlussvorhang bereits losgefahren ist und einen Teil des Fotos bedeckt. Auf dem Bild zeigt sich dann **ein dunkler Streifen, es ist unbrauchbar.**

SPEZIALLÖSUNGEN

Damit man auch mit Kameras mit Schlitzverschluss bei kurzen Verschlusszeiten mit Blitz arbeiten kann, haben die Hersteller von Elektronenblitzgeräten und Kameras spezielle Lösungen entwickelt. Eine davon ist die **FP-Synchronisation** (Flat Peak). Der Blitz wird schon früher ausgelöst, die Lampen haben eine längere Brenndauer (FP-Lampen) und können daher für eine gleichmäßig Belichtung während des gesamten Verlaufs des Schlitzes über die Filmebene sorgen. Auch Elektronenblitzgeräte gibt es mit einer **Funktion für »längere Brenndauer«,** die von einer Serie von Emissionsgipfeln, die einander knapp überlagern, simuliert wird. So können auch sie ausreichend lange Licht liefern. Mit diesen Blitzgeräten kann der Fotograf die gesamten an seiner Kamera möglichen Verschlusszeiten ausschöpfen, auch wenn er eine Kamera mit Schlitzverschluss hat. Bei schnellen Verschlusszeiten tritt jedoch das Umgebungslicht zunehmend in den Hintergrund und hat weniger Einfluss, daher wird der Hintergrund immer dunkler erscheinen, je schneller die Verschlusszeit ist.

Ein starker Stabblitz mit Adapter für Autofokusfunktion.

Belichtungsmessung mit Blitz

Steht die Verschlusszeit für ein Foto mit Blitz einmal fest (eine beliebige für die Kamera mit Zentralverschluss, die X-Synchronzeit oder eine längere für Kameras mit Schlitzverschluss), muss noch die **richtige Blende** dazu gefunden werden. Die Wahl hängt ganz von der Stärke der Blitzlampe und ihrer Entfernung vom Motiv ab. Jedes Blitzgerät hat seine eigenen Emissionscharakteristika. Es handelt sich um eine künstliche Lichtquelle mit einer ganz bestimmten maximalen Leistung. Die abgegebene Lichtmenge, die bei vielen Modellen regulierbar ist, kann in Zahlen ausgedrückt werden, das ist die so genannte **Leitzahl** (LZ). Dieser Wert ist für den Fotografen von großem Nutzen. Über die Leitzahl lässt sich die Blende, die man verwenden sollte, je nach **Distanz der Lichtquelle** vom Motiv feststellen. Normalerweise bezieht sich die Leitzahl auf eine Filmempfindlichkeit von **ISO 100,** eine **Entfernungsangabe in Metern** (es gibt auch eigene Angaben für die Entfernung in Fuß) sowie auf eine vom Hersteller gewählte Reflektorposition.

MANUELLE EINSTELLUNG

Wenn man mit einem Blitz arbeitet und die Belichtung manuell einstellen möchte, kann man die Blende mit Hilfe einer **einfachen Formel** errechnen:

LZ: Entfernung = Blende

Die Leitzahl ist im Beipacktext jedes Blitzgeräts angegeben. Zu beachten ist auch, auf welche Reflektorposition sich die Leitzahl bezieht (bei manchen Blitzgeräten sind die Reflektoren je nach Objektivbrennweite verstellbar).

AUTOMATISCHE BELICHTUNGSMESSUNG

Wenn man jedoch nicht jedes Mal die Blende neu berechnen will, wenn man den Bildausschnitt verändert oder sich dem Motiv nähert oder sich von ihm entfernt, erweist es sich als nützlich, wenn der Blitz mit einer **Messzelle** ausgestattet ist. Zahlreiche moderne Blitzgeräte verfügen bereits über eine solche Vorrichtung. Sie messen das vom Motiv zurückgeworfene Licht und unterbrechen die Lichtgabe, sobald eine bestimmte Schwelle erreicht ist, die je nach Filmempfindlichkeit, Blende und Leitzahl automatisch eingestellt wurde. Die benötigten Werte sind in der Elektronik des Blitzes gespeichert. Damit wird das Blitzlicht automatisch richtig dosiert. Blitzgeräte, die auf diese Weise arbeiten, werden auch oft als **»Computerblitz«** bezeichnet. Wenn man sehr nahe an das Motiv herangeht – meistens jedoch nicht näher als 70 cm, ein gängiger Minimalabstand bei Blitzgeräten – wird die Lichtgabe **sofort nach dem Auslösen wieder blockiert** und damit sehr kurz gehalten. Dabei kann es sich manchmal um so kurze Zeiten wie 1/20.000 oder 1/30.000 handeln. So können sehr schnelle Bewegungen »eingefroren« werden, weshalb der Blitz ein besonders wichtiges Utensil in der **ultraschnellen Fotografie** ist.

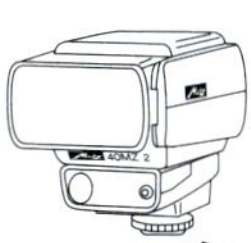

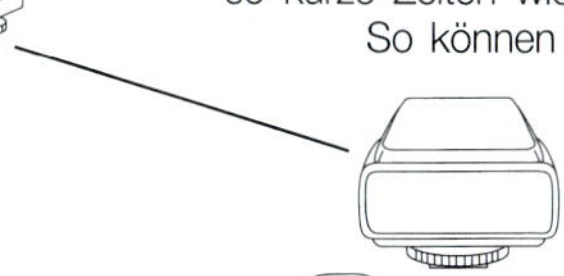

Verwandte Themen

Technik
Der Verschluss der Kamera
S. 104

Zubehör
Rear, Slow-sync, Open flash
S. 164

Technik
Die Fotozellen
S. 110

Zubehör
Blitz und Kamera
S. 157

Naturfotografie
Insekten
S. 54

Dank eines speziellen Adapters (zum Beispiel SCA-Adapter) kann die TTL-Messung auf verschiedenen Kameras auch mit einem fremden Blitzgerät genutzt werden.

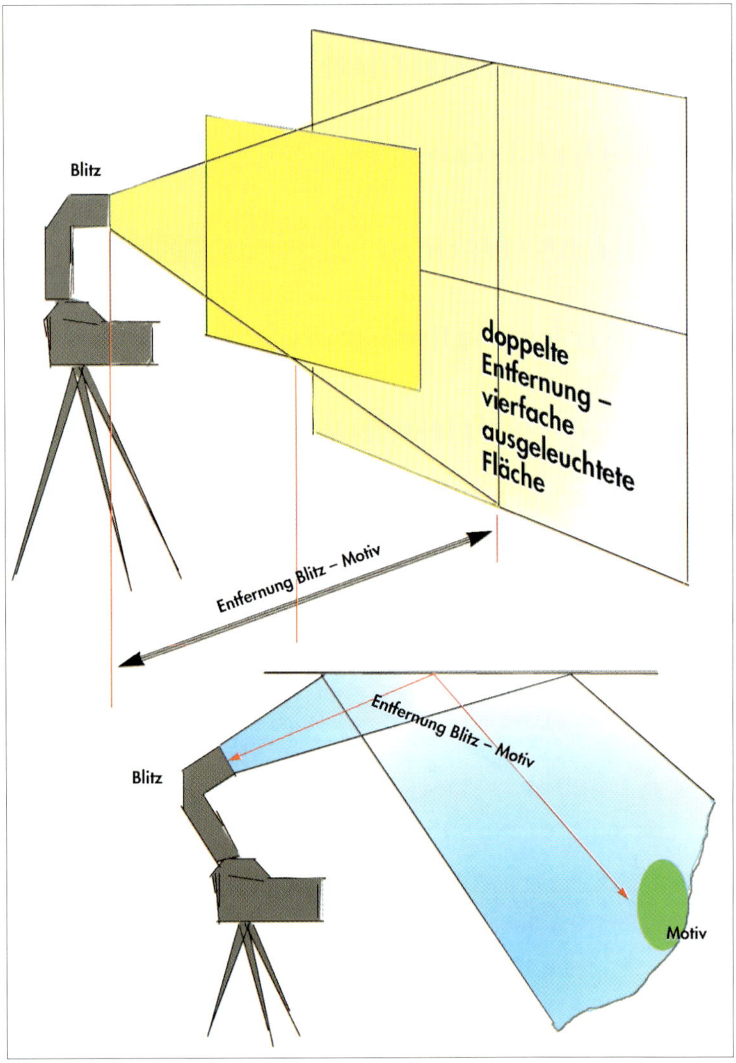

Die Lichtstärke nimmt mit dem Quadrat der linearen Entfernung vom Motiv ab. Bei doppelter Entfernung verteilt sich das Licht auf ein Vierfaches der Fläche und hat somit nur noch 1/4 seiner Intensität. Bei der Berechnung der Blende mittels der Leitzahl des Blitzgeräts muss die gesamte zurückgelegte Distanz des Blitzlichts berücksichtigt werden, wenn man den Lichtstrahl indirekt auf das Motiv lenkt.

TTL-FLASH-SYSTEM

Die Zelle für die **Steuerung der Blitzlampe** kann auf dem Korpus des Blitzgeräts angebracht sein, aber auch – besonders bei eingebautem Blitz – **in der Kamera.** In letzterem Fall ist sie auf die **Filmebene** gerichtet, kann somit das von ihr reflektierte Licht während der Auslösung messen und den Blitz entsprechend dosieren. Die gewählte Blende wird einkalkuliert, auch eventuell verwendete Filter sind berücksichtigt.

Die Steuerschaltkreise des Blitzgeräts werden direkt mit Informationen über die **Filmempfindlichkeit** versorgt (entweder durch händische Einstellung an der Kamera oder **automatisch durch den DX-Code**). Auch hier gibt es die Möglichkeit, mit sehr kurzer Brenndauer bei geringer Entfernung vom Motiv zu arbeiten. Damit die TTL-Flash-Messung funktioniert, muss das Blitzgerät entsprechend ausgestattet sein, sodass es mit der Kamera »zusammenarbeitet«. Viele Blitzgeräte funktionieren mit verschiedenen Kameratypen, wenn sie mit den entsprechenden **Adapterschuhen** und elektronischen Kontakten zur Kamera versehen sind. Das ist zum Beispiel mit **SCA-Adaptern** möglich, die von vielen Herstellern angeboten werden (Metz, Cullmann und andere).

Blitz: Probleme und Speziallösungen

Wenn man eine Aufnahme mit Blitz gemacht hat, kommt es nicht selten vor, dass man hinterher das Resultat betrachtet und einem der Vordergrund **zu hell** erscheint (überbelichtet), während der Hintergrund **zu dunkel** ausfällt (unterbelichtet). Um solche Enttäuschungen zu vermeiden, sind einige Dinge besonders zu beachten:

- Vor allem sollte man sich immer vor Augen halten, dass die Intensität des Blitzlichts um das **Quadrat der Entfernung** vom Motiv ab- bzw. zunimmt. Wenn man daher die Entfernung vom Motiv verdoppelt, beträgt die Lichtstärke nur noch ein Viertel. Geringfügige Annäherung an das Motiv beeinflusst die Belichtung oft erheblich: Je näher sich der Blitz am Motiv befindet, umso stärker wird der Helligkeitsunterschied zum Hintergrund. Eine mögliche Lösung kann sein, den Blitz in einem **größeren Abstand** vom Motiv aufzustellen und ihn eventuell mit einem ausreichend langen **Synchronkabel** mit der Kamera zu verbinden.
- Man sollte lieber **nicht näher als 70 cm** (mit einer Kompaktkamera 1,20 m) mit dem Blitz an das Motiv herangehen. Das ist normalerweise die Schwelle, unter der die Programmautomatiken Schwierigkeiten haben, das Blitzlicht exakt zu dosieren, bei Porträts beispielsweise wird die Gefahr des »Ausbrennens« heller Flächen relativ hoch.
- **Reflektierende Oberflächen** im Hintergrund sind immer besonders zu beachten, denn sie können die Messzellen täuschen.

BLITZGERÄTE MIT FOTOSENSOR-STEUERUNG

Mit der Entwicklung immer präziser arbeitender Blitzgeräte mit TTL-Flash-Messung kamen auch Blitzlampen auf, die bereits vor der Zündung **kurze Lichtgaben** aussenden, damit die **TTL-Mehrzonen-Messung** eventuelle übermäßig reflektierende Stellen auf dem Motiv identifizieren und berücksichtigen kann. Durch die Zusammenarbeit mit dem ebenfalls äußerst präzise arbeitenden Entfernungsmesser der Autofokuskameras erhalten die Programme ausreichend genaue Informationen, um auch in schwierigen Situationen wie bei sehr dunklen oder stark reflektierenden Motiven zufriedenstellend zu arbeiten.

SYNCHRONISATION OHNE KABEL

Die einfachste Art, eine in einiger Entfernung aufgestellte separate Blitzlampe **gleichzeitig** mit dem Kameraverschluss auszulösen, ist ein Synchronisationskabel. Praktischer ist es jedoch oft, mit einer Fotozelle zu arbeiten, die das Licht aus dem mit der Kamera verbundenen Blitz auffängt. So lassen sich auch Effektbeleuchtungen mit Mehrfachblitz steuern. Zur Messung der Belichtung benötigt man einen **Belichtungsmesser für Blitzlicht.** Verschiedene Speziallösungen, die im Laufe der Zeit entwickelt wurden, ermöglichen es heute, auch mit in 5 bis 7 m Entfernung aufgestellten zusätzlichen Blitzlampen noch mit der TTL-Flash-Messzelle der Kamera zu arbeiten.
Dazu kann man die Lampen mit Kabeln verbinden, es gibt jedoch auch Systeme (wie etwa Minolta Dynax und Canon EOS-3), die **kabellos** funktionieren. Dabei wird die Zündung der Zusatzblitzlampen vom auf die Kamera montierten oder mit ihr verbundenen Hauptblitz **ferngesteuert.**

Verwandte Themen

Zubehör
Blitz und Kamera
S. 157

Technik
Der Verschluss der Kamera
S. 104

Technik
Die Fotozellen
S. 110

Zubehör
Belichtungsmessung mit Blitz
S. 159

Zubehör
Der Blitz
S. 155

Ein für jeden Blitz mit TTL-Messung schwieriges Foto: Die Fensterfront einer Bar mit reflektierendem Glas, ein dunkler Hintergrund und ein sehr helles Plakat.

Aufhellblitzen

Verwandte Themen

Technik
Der Verschluss der Kamera
S. 104

Zubehör
Belichtungsmessung mit Blitz
S. 159

Zubehör
Rear, Slow-sync, Open flash
S. 164

Aufnahmetechnik
Gegenlicht
S. 176

Zubehör
Das Problem mit den roten Augen
S. 165

In manchen Aufnahmesituationen, ganz besonders wenn sich das Motiv **im Gegenlicht** befindet, kann der Helligkeitsunterschied zwischen Vorder- und Hintergrund den Kontrastumfang des Films sprengen. Der Fotograf hat dann grundsätzlich zwei Möglichkeiten: Entweder er misst den **hellen Hintergrund** an, wodurch sich das Motiv im Vordergrund nur noch als Silhouette abzeichnet, oder er misst das **dunkle Motiv** an, wobei unweigerlich der Hintergrund durch Überbelichtung »ausbrennen« wird.

Es gibt aber noch einen dritten Weg: Der Kontrast kann mit Hilfe der Blitzlampe gemildert werden. Der Vordergrund wird dabei **künstlich aufgehellt.** In diesem Fall wird die Belichtung ebenfalls nach Anmessen des hellen Hintergrunds gewählt, anschließend hellt eine Lichtgabe aus dem Blitz den Vordergrund auf. Diese Technik ist heute bereits als Funktion in den **Automatiken** vieler Kameras enthalten, die in der Lage sind, mit dem Blitz zu »kommunizieren«. Wenn man die Blitzautomatik (die sowohl in einer eigenen Zelle als auch in der TTL-Flash-Zelle enthalten sein kann) ausschaltet, ist es trotzdem möglich, den Aufhellblitz **händisch zuzuschalten.**

HÄNDISCHES AUFHELLBLITZEN

Man misst den hellen Hintergrund an und erhält eine Zeit/Blende-Kombination, zum Beispiel 1/250 – f/5,6.

- Wenn die Kamera einen Schlitzverschluss hat, muss eine Kombination gesucht werden, bei der die X-Synchronzeit nicht unterschritten wird. Das wäre bei einer **angenommenen X-Synchronzeit** von 1/125 in unserem Beispiel 1/125 – f/8.
- Dann dividiert man die **Leitzahl** durch die so erhaltene Blende, bei einer Leitzahl von 32 bekommen wir 32 : 8 = 4.
- Dieser Wert stellt die **Distanz** in Metern dar, in der wir den Blitz aufstellen sollen, um eine korrekte Belichtung zu erhalten. Nun können wir ein **Synchronkabel** verwenden, um den Blitz von der Kamera getrennt aufzustellen oder ein Zoomobjektiv, um aus entsprechender Entfernung mit dem eingebauten Blitz auszulösen.

Indem man die Blendenöffnung **ohne** den Blitz örtlich zu versetzen variiert, kann man nun noch über die Zeit – sofern diese immer über der X-Synchronzeit bleibt – die Wirkung des Blitzlichts auf den Vordergrund dosieren.

Bei Beibehaltung der Blende und Veränderung der Zeit (die selbstverständlich auch hier die X-Synchronzeit **nicht unterschreiten** darf) kann man die Belichtung des Hintergrundes in den Bereichen, die das Blitzlicht nicht erreicht, nach **oben** oder **unten** korrigieren.

Aufhellblitzen bei einem Motiv im Gegenlicht.

Blitz und verschiedene Filme

Die an der Kamera eingestellte Filmempfindlichkeit wird an die elektronischen Schaltkreise übertragen, die das Blitzgerät steuern. So funktioniert die automatische Belichtungsmessung auch mit Blitz.
Dennoch ist es nützlich, wenn der Fotograf die Leitzahl seines Blitzgeräts kennt, vor allem wenn er auch manchmal ohne Automatik arbeiten will. Die Leitzahl wird gewöhnlich für eine **Empfindlichkeit** von ISO 100 und Reflektorposition 50 mm angegeben, wenn der verwendete Film eine andere Empfindlichkeit aufweist, muss ebenfalls umgerechnet werden.

LEITZAHLEN FÜR ANDERE FILMEMPFINDLICHKEITEN
Wenn man mit Filmen arbeitet, deren Empfindlichkeit nicht ISO 100 entspricht, bedient man sich einer einfachen **Umrechnungsformel.** Man dividiert 100 durch die ISO-Zahl des verwendeten Films. Aus dem Ergebnis zieht man dann die Quadratwurzel und erhält den Koeffizienten, durch den man die Leitzahl für ISO 100 teilen muss. Das Resultat ist die Leitzahl für den entsprechenden Film.
Hier ein Beispiel: Wir wollen mit einem Film der Empfindlichkeit ISO 200 arbeiten. 100 : 200 = 0,5, die Quadratwurzel beträgt 0,7. Wenn die Leitzahl für ISO 100 22 betrug, teilen wir 22 durch 0,7 und erhalten als neue Leitzahl 31.

UMRECHNUNG IN BLENDENSTUFEN
Eine andere Art, bei der man keine Formel benötigt, basiert auf der Tatsache, dass sich die Belichtung bei Verdoppelung oder Halbierung der Sensibilität um **eine** Blendenstufe oder Stopp nach oben oder nach unten verändert. Die **Leitzahlen der Blitzgeräte** sind so berechnet, dass sie je nach Modell einem bestimmten Wert auf der **Blendenskala** entsprechen: 11, 16, 22, 32, 45 und so weiter. Eine Leitzahl von 32 für einen ISO 100-Film wird also zu 45 für einen ISO 200-Film bzw. zu 22 für einen ISO 50-Film.

Verwandte Themen

Filme
Empfindlichkeitsskalen
S. 76

Zubehör
Der Blitz
S. 155

Zubehör
Blitz und Kamera
S. 157

Zubehör
Belichtungsmessung mit Blitz
S. 159

Zubehör
Aufhellblitzen
S. 162

Belichtung mit frontalem Blitz. In dieser Situation muss die Belichtung exakt berechnet werden.

Rear, Slow-sync, Open flash

Verwandte Themen

Zubehör
Belichtungsmessung mit Blitz
S. 159

Zubehör
Der Blitz
S. 155

Licht
Nachtaufnahmen
S. 195

Zubehör
Blitz und Kamera
S. 157

Zubehör
Blitz: Probleme und Speziallösungen
S. 161

Ein Elektronenblitz kann auf verschiedene Arbeitsweisen synchronisiert werden.

REAR

Normalerweise wird bei Spiegelreflexkameras mit Schlitzverschluss der Blitz dann ausgelöst, wenn der erste Vorhang sich ganz geöffnet hat und der zweite noch nicht losgefahren ist. Mit der Funktion Rear (oder »hinterer Verschlussvorhang«), die auf dafür ausgestatteten Kameras bzw. Blitzgeräten angegeben ist, wird der Blitz **vom zweiten Verschlussvorhang** ausgelöst. Damit ist es möglich, bei einer längeren Verschlusszeit den Blitz erst **kurz vor Schließen** des Vorhangs zu aktivieren (normalerweise ist es genau umgekehrt, der Blitz zündet und die Belichtung wird **nach Ende** des Blitzlichts fortgesetzt). Damit wird beispielsweise ein Motiv »eingefroren«, nachdem es vorher bereits »Geisterspuren« auf seinem Weg hinterlassen hat. Ein Auto mit eingeschalteten Scheinwerfern auf einer dunklen Straße etwa kann dadurch sehr effektvoll und dynamisch wirken.

SLOW-SYNC

Das ist eine Synchronisation mit **langen Verschlusszeiten.** Sie wird angewandt, wenn der Blitz bei normaler Belichtung zusätzlich eingesetzt wird. Die Verschlusszeit ist **deutlich länger** als die **X-Synchronzeit**, das **Blitzlicht** und das **Umgebungslicht** wirken zusammen.
Ein Beispiel: Wenn man eine Person abends in einer Hotelhalle porträtieren wollte, bekäme man mit normaler Blitzsynchronisierung einen perfekt hell ausgeleuchteten Vordergrund, der Hintergrund würde aber im Dunkel verschwinden, da der Blitz sich in dem weiten Innenraum **verliert.** Mit »Slow-sync« dauert die Belichtung nach dem Blitz weiter an, somit wird der im Umgebungslicht liegende Hintergrund **ausreichend belichtet**, um detailliert abgebildet zu sein, was um ein Vielfaches realistischer wirkt.

OPEN FLASH

Diese Möglichkeit wird vor allem bei spärlichem Licht und langen Belichtungszeiten eingesetzt, die Kamera steht dabei auf einem Stativ. Der Blitz wird von der Kamera unabhängig **händisch** ausgelöst. Man kann mit mehreren **Lichtgaben** verschiedene Details hervorheben. Zum Zünden des Blitzes verwendet man den **Testknopf.** Man benötigt kein Synchronisationskabel. Auf diese Weise kann man weite Flächen aufhellen. Ein Beispiel wäre eine Nachtaufnahme von einem Säulengang, wobei jede einzelne Säule hintereinander mit dem Blitz aufgehellt wird.

Open-flash-Technik in einem Weinkeller: Die Kamera ist auf eine lange Belichtungszeit eingestellt, mit Blitzlicht wurden die Mauern von der linken Seite aus aufgehellt.

Das Problem mit den roten Augen

Wenn der Blitz genau in der optischen Achse der Kamera liegt, kann es bei Porträts zu einem kuriosen Phänomen kommen: Das Blitzlicht erreicht die Augen des Motivs zu rasch, als dass sich die **Iris rechtzeitig verengen** könnte, und das Licht wird vom stark durchbluteten Augenhintergrund zurückgeworfen. Die Pupille erscheint auf dem Foto **blutrot.** Besonders auffällig kommt es **bei spärlichem Umgebungslicht** zu dieser unerwünschten Nebenerscheinung, denn die Pupillen sind dann stark erweitert. Manche Hersteller statten ihre Geräte mit einer so genannten **Vorblitzautomatik** aus. Der Blitz sendet vor der Aufnahme einen intensiven, punktförmigen Lichtstrahl aus, durch den sich die Pupillen des Motivs zusammenziehen sollen. Diese Methode mildert den Effekt häufig, kann ihn jedoch nicht in allen Situationen eliminieren.
Man kann auch versuchen, **alle Lichter in dem betreffenden Innenraum einzuschalten,** bevor mit Blitz fotografiert wird, das sollte die Pupillen ebenfalls zur Verengung veranlassen.
Gerade auf mit Kompaktkameras gemachten Aufnahmen sieht man die roten »Kaninchenaugen« häufig, speziell wenn sie mit dem **Zoomobjektiv in Teleposition** aufgenommen wurden.

MÖGLICHE LÖSUNGEN
Das Problem lässt sich umgehen, indem man den Blitz **weiter vom Motiv entfernt** und ein wenig aus der Achse des Objektivs hält, dazu benötigt man ein Synchronkabel. Bei Hochzeiten und anderen Festivitäten kann man häufig Fotografen in der typischen Position mit ausgestrecktem Arm und einem Blitzgerät in der Hand sehen. Ist das Foto bereits gemacht, hilft nur noch **retuschieren.** Das kann am Negativ mit einem speziellen Stift in transparentem Grün gemacht werden, das als Komplementärfarbe das Rot neutralisiert, oder auch am Abzug mit einem schwarzen Stift bzw. bei digitalen Fotos mit der entsprechenden Software am Computer.

Verwandte Themen

Zubehör
Der Blitz
S. 155

Zubehör
Blitz und Kamera
S. 157

Der Blick durch den Sucher
Aufnahmeperspektive
S. 65

Zubehör
Aufhellblitzen
S. 162

Digitalfotografie
Fotos im Computer
S. 210

Oft kommt es zu deutlich geröteten Augen beim Fotografieren mit Blitz. Um das zu vermeiden, sollte man den Blitz aus der optischen Achse des Objektivs entfernen. Händisches Retuschieren oder die Korrektur am Computer helfen im Nachhinein.

Blitz und Unterwasserfotografie

Verwandte Themen

Aufnahmetechnik
Unterwasserfotografie
S. 182

Naturfotografie
Aquarien und Terrarien
S. 50

Zubehör
Belichtungsmessung mit Blitz
S. 159

Zubehör
Blitz und Kamera
S. 157

Zubehör
Der Blitz
S. 155

Der Blitz ist ein wichtiger, ja beinahe unentbehrlicher Teil der Ausrüstung für die Unterwasserfotografie. Viele für Tiefen von bis zu 10 m geeignete wasserdichte Kompaktkameras verfügen über einen eingebauten Blitz. In größeren Tiefen besteht die **Ausrüstung** allerdings meistens aus einer Kamera und einem separaten Blitzgerät mit Kabelverbindung. Kamera und Blitz sind oft mit einer **Blitzschiene** verbunden, wodurch es leichter wird, den Blitz schräg zur optischen Achse der Kamera einzustellen. Das ist deswegen vorteilhaft, weil man so **Reflexionen von Schwebeteilchen** im Wasser, die die Schärfe beeinträchtigen könnten, möglichst gering hält. Beim Einsatz von Blitzlicht unter Wasser ist zu beachten, dass die Leitzahl eine andere ist als zu Lande. Man errechnet sie mit einer einfachen Formel:

LZ zu Lande : 3 = LZ unter Wasser

Auch die Entfernung muss der Lichtbrechung unter Wasser angepasst werden:

Reale Distanz = scheinbare Distanz x 1,3

In jedem Fall sind bei der Arbeit unter Wasser folgende Faktoren zu beachten:

• Im Schnitt beschränkt sich die Wirksamkeit des elektronischen Blitzlichts **unter Wasser** auf 2 m.

• Man sollte immer **Belichtungsreihen** machen.

• Zur Berechnung der Blende zieht man wie üblich Leitzahl und Entfernung heran, doch durch die unterschiedliche Lichtbrechung unter Wasser kann man dazu die Skala des Objektivs nicht verwenden. Die Motive erscheinen **näher** als in der Luft. Unter Wasser ist die Entfernung **größer** und die Leitzahl **kleiner.**

EIN BEISPIEL:
Wenn die LZ eines Blitzes zu Lande 48 beträgt, entspricht das unter Wasser einer LZ von 16. Wenn das Motiv unter Wasser 1 m entfernt erscheint, beträgt die tatsächliche Distanz 1,3 m.

Krebs, von oben beleuchtet.

Daraus ergibt sich, dass ein unter Wasser in 1 m scheinbarem (1,3 m realem) Abstand mit einem starken Blitz mit der LZ 48 aufgenommenes Motiv mit einer Blende von f/12 (als Näherungswert f/11) fotografiert werden muss. Diese Berechnungen beziehen sich wie üblich auf einen Film der Empfindlichkeit ISO 100.
Außerdem muss beachtet werden, dass bei einer Distanz von 1 m auf dem Diapositiv bereits **ein beträchtlicher Blaustich** durch das Wasser auftreten kann. Dagegen kann man ein Filter verwenden, empfehlenswert wäre eventuell ein Kodak Wratten CC30M.

Links: Das Licht kommt von seitlich oben und fällt auf sandigen Grund. Oben: Ein Feuerfisch aus geringer Distanz fotografiert.

Aufnahmetechnik

Verwandte Themen

Objektive
Bildwinkel
S. 125

Der Blick durch den Sucher
Aspekte der Perspektive
S. 63

Formate
Das APS-System
S. 93

Der Blick durch den Sucher
Bildkomposition
S. 61

Formate
Filme in allen Formaten
S. 89

Panoramafotografie

Zur Abdeckung eines größeren Bildausschnitts, zum Beispiel bei großen Landschaftsaufnahmen, ausgedehnten Innenräumen oder Außenaufnahmen von Gebäuden, kurz immer dann, wenn eine **zusammenhängende Abbildung** eines großen Motivs erwünscht ist, kann man eine so genannte Panoramaaufnahme machen. Dafür gibt es speziell auf ein Bildformat mit einem besonderen Verhältnis zwischen Länge und Breite ausgelegte Kameras mit Optiken, **die einen größeren Bildwinkel** erfassen können als herkömmliche Apparate. Eine andere Lösung sind Ausschnitte im Panoramaformat 1:3 vom klassischen Kleinbildformat 2:3. Diese Bildausschnitte werden zwar als »Panorama« bezeichnet, stellen aber keine Panoramafotografie im eigentlichen Sinne dar.

PANORAMAAUSSCHNITTE

Verschiedene Kompakt- und Spiegelreflexkameras bieten für das Kleinbildformat eine **Panoramaoption** an, bei der eine Maske über das normale 24x36 mm-Bildformat gelegt wird. Beim APS-Panoramaformat wird bei der Herstellung der Abzüge ein **entsprechender Ausschnitt** angefertigt. Die Wirkung des Formats beruht ausschließlich auf dem Verhältnis zwischen Länge und Breite. Die Weite des eingerahmten Bildausschnitts hängt von der **Brennweite des Objektivs** ab. Dabei muss man sich allerdings fragen, ob diese Panoramaoption eigentlich notwendig ist, denn dasselbe Resultat könnte man mit jeder Kleinbildkamera erzielen, indem man sich **im Labor** einen entsprechenden Bildausschnitt anfertigen lässt.

OBJEKTIVE MIT GRÖSSERER BILDFELDABDECKUNG

Aber es gibt auch Kameras, die speziell für Panoramaaufnahmen gebaut sind und deren Objektive von Vornherein ein weiteres Bildfeld abdecken, das im Panoramaformat entsprechend zur Geltung kommt.

Ein Panoramafoto auf normalem Kleinbildfilm.

Panorama-Mittelformatkamera mit austauschbarer Optik.

Diese Panoramakameras sind für den professionellen Bereich gedacht und meist als Systeme mit **austauschbaren Objektiven** konstruiert. Das Format kann 24x65 mm betragen wie etwa bei der Hasselblad Xpan, bei der man Kleinbildfilm, zur Abdeckung eines größeren Bildwinkels jedoch Objektive für **Mittelformat** verwendet. Für manche professionelle Kameras gibt es **Rückwandteile** für lange, schmale Filmformate (Mamiya), bei anderen wird das Standardmittelformat **einfach aneinander gereiht,** woraus die Formate 6x12 und 6x17 entstehen (zum Beispiel Fuji und Linhof).

SCHWENKBARE OBJEKTIVE
Mit einem so breiten Format kann der Fotograf seinen Bildausschnitt entsprechend weiter fassen. Dennoch ist Vorsicht geboten, denn eine extreme Weitwinkeloptik erfasst zwar den weiten Bildwinkel, man muss dabei jedoch eine erhebliche **Verkleinerung der Abbildung** und mehr oder weniger starkes Verzeichnen im Randbereich in Kauf nehmen.

Fotografiert man damit ein großes Bergpanorama, erscheinen die einzelnen Gipfel weniger hoch, der majestätische Eindruck schwindet. Um das zu vermeiden, ist es besser, eine **Normalbrennweite** oder ein **leichtes Weitwinkelobjektiv** zu verwenden. Man muss dann allerdings in der Horizontalen einen größeren Bildwinkel erfassen können. Die Lösung dieses Problems stellen Panoramakameras mit Motor und **schwenkbarer Optik** dar. Solche Kameras benutzen ein mittleres Weitwinkelobjektiv (22 oder 28 mm), das beweglich auf einen Kasten vor dem vertikalen Schlitzverschluss montiert ist. Sie können einen Bildwinkel von 120 bis 140° erfassen. Ein klassisches Superweitwinkelobjektiv erreicht dagegen nur 110°, jedoch mit viel stärkerem **Verkleinerungseffekt.** Mit schwenkbaren Optiken **kann kein Blitzlicht eingesetzt werden,** denn die Brenndauer würde nicht ausreichen, um die gesamte Szene zu beleuchten, während der Schlitz über die Filmebene wandert.
Die Variante mit schwenkbarer Optik wurde weiterentwickelt, es gibt heute auch Kameras, die dank eines Mechanismus, der gleichzeitig **den Film in eine Trommel aufspult,** in der Lage sind, 360°-Rundum-Aufnahmen herzustellen. Das ist eine kostspielige Lösung, die praktisch nur von Berufsfotografen verwendet wird.

Ausschnitte im Vergleich

PANORAMAFORMAT BEI KOMPAKTKAMERAS

Das Panoramaformat entsteht, indem ein Teil des Kleinbildfilms während der Aufnahme durch eine Maske abgedeckt wird. Bei **APS-Kameras** funktioniert das System ähnlich, nur dass der Ausschnitt im Labor angefertigt wird. Manche Kompaktkameras – auch Wegwerfkameras funktionieren zuweilen so – verstärken den Panoramaeffekt durch den Einsatz einer kurzen Brennweite (24 mm).

WEITWINKEL AUF 24x36 mm

Ein 28 mm-Objektiv (Bildwinkel 75° auf Kleinbildformat) deckt einen **viel größeren Bildbereich** ab als ein Normalobjektiv. Der Ausschnitt erinnert mehr an ein Panorama, wobei die Proportionen zwischen den Seiten jedoch gleich bleiben.

PROFESSIONELLE PANORAMAKAMERA

Die Hasselblad Xpan wurde als Panoramakamera für das Format 24x65 mm konzipiert und verwendet ein 45 mm-Mittelformatobjektiv. Der Effekt **entspricht** dem ei-

Panoramaaufnahme über 140° mit Kamera mit schwenkbarer Optik.

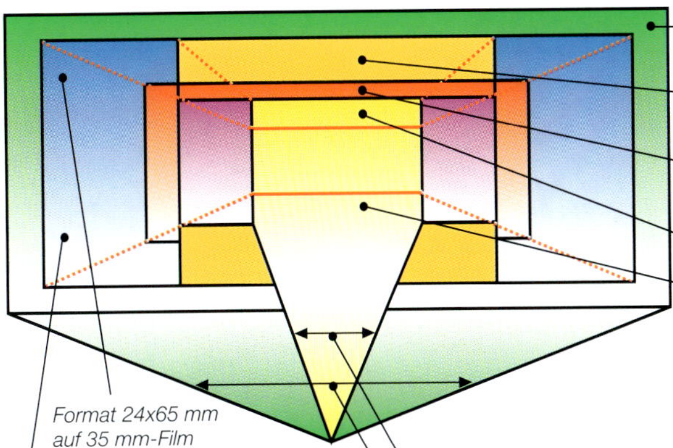

nes **28 mm-Weitwinkelobjektivs** auf Kleinbildformat. Wenn man mit dieser Kameras arbeitet, bekommt man einen ähnlichen Ausschnitt wie mit einer Kleinbildkamera mit 28 mm-Objektiv, allerdings müsste man das Bild noch (mit dem entsprechenden Qualitätsverlust) vergrößern und einen Ausschnitt anfertigen.

SCHWENKBARE OPTIK

Eine Speziallösung stellen Kameras mit schwenkbarer Optik dar. Die russische Horizon 202 erzeugt eine Abbildung im Format 24x58 mm, ihr japanisches Gegenstück Widelux im Format 24x59 mm. Beide Kameras verwenden eine **Weitwinkeloptik** bzw. 28 und 26 mm, die Details der Szene werden auch tatsächlich mit dem Verkleinerungseffekt einer 28 mm-Optik abgebildet. Doch der eingerahmte Bildwinkel beträgt nicht 75° wie gewöhnlich, **sondern dank des Schwenkmotors 120°** (oder 140°).

Makrofotografie

Verwandte Themen

Objektive
Makro- und Spezialobjektive
S. 129

Technik
Wie der Belichtungsmesser arbeitet
S. 112

Objektive
Fehler
S. 133

Zubehör
Blitz: Probleme und Speziallösungen
S. 161

Aufnahmetechnik
Blende und Schärfentiefe
S. 181

Unter dem Begriff Makrofotografie versteht man generell das Fotografieren aus **geringer** Entfernung. Solche Aufnahmen erzeugen oft überlebensgroße Abbildungen, sofern das Objektiv eine Makrofunktion besitzt. Nach der Definition der Industrienorm (DIN) wird der Bereich der Makrofotografie weiter gefasst, **der Maßstab kann zwischen 1:10 und 10:1 liegen.** In der Praxis gilt ein Objektiv als »makrofähig«, das eine Abbildung im Maßstab 1:3 oder größer erzeugen kann. Im Bereich 10:1 und darüber spricht man bereits von **Mikrofotografie.** Dazu wird die Kamera auf ein Mikroskop montiert, es gibt spezielle Objektive für diese Zwecke.

OBJEKTIVE FÜR DIE MAKROFOTOGRAFIE

Normalobjektive sind so gebaut, dass sie auf größere Distanzen optimal arbeiten. Jene für Makrofotografie sind speziell für den **Maßstab 1:1 bis 1:3** konzipiert, obwohl sie fast immer auch auf größere Entfernungen einwandfrei funktionieren. Bei der optischen Korrektur wird vor allem auf eine **maximale Entzerrung** geachtet, was besonders für die Reproduktions- und Dokumentenfotografie wichtig ist. Die Schärfenebene muss dafür **exakt plan** sein. Die Lichtstärke übersteigt selten f/2,8. Für größere Schärfentiefe kann meist bis f/32 abgeblendet werden. Häufig handelt es sich um **Festbrennweiten;** Zooms, die im gesamten Brennweitenbereich zu einer starken Vergrößerung bei guter Bildqualität in der Lage sind, findet man selten.

Ein Schmetterling, fotografiert mit einem Makro-Teleobjektiv (100 mm). Oben: Objektiv mit Vorsatzlinse für Dokumenten- oder Reproduktionsfotografie.

Gottesanbeterin, Makro-Tele 100 mm.

ZUBEHÖR FÜR DIE MAKROFOTOGRAFIE

Es gibt verschiedene Zubehörteile für die Makrofotografie.

VORSATZLINSEN

Dabei handelt es sich um konvexe Linsen, die für eine stärkere Vergrößerung vor ein Normalobjektiv montiert werden. Es gibt sie in verschiedenen Stärken (+2, 3 oder seltener auch 10 Dioptrien). Diese Linsen sind zum Fotografieren kleiner Motive wie Blüten oder auch zur Verkürzung der Distanz zum Motiv in der Porträtfotografie (mit Brennweiten von ca. 100 mm) geeignet. Sie bieten einen erheblichen praktischen Vorteil: **Sie erfordern keine Belichtungskorrektur.** Doch sie haben auch einen Nachteil, das optische Schema des Objektivs wird verändert und es können **unerwünschte Aberrationen** eintreten. Die besten Vorsatzlinsen bestehen aus zwei verleimten Elementen, wodurch zumindest die **chromatische Aberration** korrigiert ist. Für manche Objektive gibt es eigene Vorsatzlinsen, die so berechnet sind, dass sie das optische Schema des Objektivs optimal ergänzen.

Mit Blitz lassen sich auch sehr schnelle Bewegungen »einfrieren«.

ZWISCHENRINGE

Zwischenringe sind Verlängerungsteile, die zwischen Objektiv und Kameragehäuse montiert werden. So wird der Objektivauszug um eine dem Durchmesser des Zwischenrings entsprechende Strecke verlängert. Da das Objektiv dadurch **weiter von der Filmebene entfernt ist,** wird das Licht über eine längere Strecke projiziert, man erhält einen größeren Bildkreis und damit eine stärkere Vergrößerung. Manche Zwischenringe sind mit Kontakten ausgestattet, um die volle Funktionspalette der Kamera aufrechtzuerhalten.

BALGENGERÄT

Im Prinzip funktioniert ein Balgengerät gleich wie die Zwischenringe, nur dass der Auszug hier **stufenlos verstellbar** ist. Oft sind diese Balgen mit einem **Einstellschlitten** ausgestattet. Eine Schiene dient zur Einstellung der Vergrößerung, die andere zur Schärfefeineinstellung. Ein Balgen führt immer zu einer erheblichen **Verlängerung des Objektivauszugs,** auch in Minimalstellung ist er noch stärker als beim Zwischenring. Ist nur eine schwache Vergrößerung erwünscht, kann das Balgengerät zu stark sein. Manche Balgengeräte besitzen Kontakte, die Blende und Schärfeeinstellung des Objektivs mit der Kamera verbinden, sodass auch hier alle Kamerafunktionen eingesetzt werden können.

UMKEHRRING

Ein Objektiv ist normalerweise auf die Abbildung eines größeren Motivs auf eine kleinere Filmebene ausgelegt. Nähert man sich dem Maßstab 1:1 oder größer an, **kehren sich die Bedingungen um** und die fotografische Abbildung wird größer als das Motiv. Um die Abbildungsqualität zu verbessern und das Objektiv besser zu nutzen, kann es daher ratsam sein, einen Umkehrring zu verwenden.

Makroobjektiv und Blitz mit kurzer Brenndauer zum Fotografieren von Insekten im Flug.

Mit diesem Zwischenring lässt sich das Objektiv verkehrt auf die Kamera montieren. Eine solche Lösung bietet sich vor allem **für starke Vergrößerungen** an. Der Nachteil ist allerdings, dass damit die Kontakte zwischen Objektiv und Kamera unterbrochen werden, sofern es sich nicht um speziell für beidseitige Verwendung ausgerüstete Optiken handelt. Objektive mit kurzer Brennweite können verkehrt montiert starke Vergrößerungen bis zu einem Maßstab von 1:20 erzeugen.

EIN OBJEKTIV ALS NAHLINSE

Um einen starke Vergrößerung zu erzielen, kann folgender Kunstgriff nützlich sein: Man **montiert ein umgekehrtes Objektiv** praktisch als starke Nahlinse vor ein anderes Objektiv mit längerer Brennweite. Man kann beispielsweise ein 50 mm-Objektiv (je lichtstärker desto besser) als Nahlinse und ein 100 mm als Aufnahmeobjektiv verwenden. Als Verbindung dient ein Zwischenring mit doppeltem Gewinde, den man sich in einer Fachwerkstätte anfertigen lassen kann.

EXTREME MAKROOBJEKTIVE (MIKROFOTOGRAFIE)

Manche Objektive sind speziell für starke Vergrößerungen gebaut. Sie haben gewöhnlich eine Blende, aber keinen **Scharfstellmechanismus,** denn sie werden nur mit Balgen verwendet. Diese Optiken werden von manchen Herstellern als Mikroobjektive bezeichnet.

Für starke Vergrößerung aus größerer Entfernung zum Motiv: Kamera mit Zweifachkonverter, Balgen und Teleobjektiv.

Gegenlicht

Verwandte Themen

Technik
Blende und Belichtungszeit
S. 99

Technik
Wie ein Belichtungsmesser arbeitet
S. 113

Filme
Kontrastumfang
S. 81

Zubehör
Aufhellblitzen
S. 162

Technik
Die Fotozellen
S. 110

Wenn sich die Lichtquelle **vor** dem Fotografen und **hinter** dem Motiv befindet, spricht man von Gegenlicht. Normalerweise liegt die Lichtquelle **außerhalb des Bildausschnitts,** kann aber auch mit einbezogen werden. Die Schatten werden in Richtung der Kamera geworfen, die Szene wirkt besonders plastisch. Das Problem, das sich daraus für den Fotografen ergibt, ist die Tatsache, dass er sehr **helle** und sehr **dunkle** Flächen gleichzeitig im Bild hat, was den Kontrastumfang, den der Film abbilden kann, überschreitet.

BELICHTUNGSMESSUNG BEI GEGENLICHT

Eine auf dem Durchschnittswert beruhende Belichtung ist bei Gegenlicht gewöhnlich ein Fehler: Die hellen Stellen werden überbelichtet, die dunklen Bereiche unterbelichtet. Manchmal rettet die **hohe Kompensationsfähigkeit** des Negativfilms zusammen mit den Korrekturmöglichkeiten im Labor noch das eine oder andere brauchbare Bild, doch davon kann man nicht mit Sicherheit ausgehen. Daher ist es besser, bereits bei der Aufnahme auf die besonderen Gegebenheiten einzugehen. Der Fotograf muss zunächst eine Entscheidung treffen.

- Anmessen der **hellen Stellen:** Das ist gewöhnlich die bessere Lösung. Man misst den hellen Bereich mit dem Belichtungsmesser an (ohne jedoch genau auf die Lichtquelle zu zielen), wählt die Zeit/Blende-Kombination entsprechend und erhält somit eine Abbildung mit guter Detailzeichnung im hellen Bereich. Die Schattenzonen hingegen werden dunkel, die Detailzeichnung geht verloren.
- Eine mögliche Lösung vor allem bei Porträtfotos wäre, die Vorderseite des Motivs mit dem Blitz aufzuhellen. Man spricht dann von **Aufhellblitzen.**
- Anmessen der **dunklen Stellen:** Diese Lösung wird man gewöhnlich nur wählen, wenn sich das Hauptmotiv im Schattenbereich befindet und die hellen Stellen der Umgebung weniger bedeutend für das Bild sind. Eine typische Situation wäre das Porträt einer am Fenster sitzenden Person. Die Belichtung wird aus der Nähe auf das Gesicht gemessen, Details der Landschaft außerhalb des Fensters gehen durch Überbelichtung verloren.

ART DER BELICHTUNGSMESSUNG

Wie immer bei starken Kontrasten ist auch hier die Spot-Messung zu empfehlen. Man richtet das Messfeld genau auf die wichtigsten Teile des Motivs, wenn sich dieses nicht genau in der Bildmitte befindet, speichert man die Einstellung mit Hilfe der Memory-Funktion, wählt dann den Ausschnitt und löst aus.

Hier ein typisches Beispiel mit Belichtungsmessung auf den hellen Bereich.

Die Sonne ist hinter einem Blatt versteckt: Auch das ist eine gute Lösung, um eine größere Blendenöffnung verwenden und die Umgebung mit mehr Detailzeichnung abbilden zu können.

VOREINGESTELLTE BELICHTUNGSKORREKTUR
Viele Automatikkameras führen in Gegenlichtsituationen eine mittenbetonte Messung durch, was fast immer unterbelichtete Bilder ergibt. Manche Kameras besitzen eine **Korrekturtaste** für Gegenlicht, die meistens als B.L. (Back Light) oder B.C. (Backlight Compensation) bezeichnet wird. Damit wird die Belichtung um etwa 1,5 Blendenstufen **nach oben** korrigiert, wodurch auch die Details im Schattenbereich besser zu sehen sind. Nützlich ist diese Korrektur auch bei Aufnahmen im Schnee, denn durch das starke Umgebungslicht wird der Schnee häufig grau statt weiß abgebildet.

DIE SONNE IM BILDAUSSCHNITT
Dies ist die schwierigste Gegenlichtsituation. Der Kontrastumfang der Filme wird hier in jedem Fall überschritten. Selbstverständlich darf man in einer solchen Situation nicht die Sonne anmessen, was nur mit spezieller Ausrüstung möglich wäre. Um dennoch die hellen Stellen anmessen zu können, sollte man:

- Mit dem Belichtungsmesser auf eine **sehr helle Stelle** des Bildausschnitts (etwa den Himmel in der Nähe der Sonne) zielen, jedoch nie direkt auf die Sonne.
- Das »Profil« der im Schatten liegenden Bereiche gut beobachten, denn sie werden so gut wie sicher nur als **dunkle Silhouetten** abgebildet. Diese sollten noch zu erkennen sein und keine unförmige Masse bilden.
- Genau auf mögliche **Reflexionen** innerhalb der Optik achten. Oft muss man den Bildausschnitt nur ganz leicht verändern, um sie erheblich zu reduzieren.
- Eventuell auf das Objektiv montierte **Filter** entfernen, da sie einen zusätzlichen Glas/Luft-Übergang darstellen, der spiegeln könnte.
- Die **Streulichtblende** benutzen. Gegen die Sonne selbst ist sie weit gehend unwirksam, doch seitlich einfallendes Streulicht, das ebenfalls zu Reflexionen führen könnte, wird abgehalten.
- Daran denken, dass bei sehr kleiner Blende starke Lichtquellen durch das Phänomen der Lichtbeugung mit einem **Strahlenkranz** erscheinen. Dieser Effekt kann durchaus attraktiv sein, man muss ihn jedoch in die Bildkomposition mit einbeziehen. Ist dieser Effekt nicht erwünscht, hilft eine schnellere Verschlusszeit mit größerer Blende.
- Bei modernen Kameras wenn möglich die **Mehrzonenmessung** verwenden. Die Programme kompensieren die große Helligkeit der Sonne automatisch.
- Bei Fotokameras mit händischer Einstellung eine alte, aber taugliche **Grundregel** beachten: Mit einem ISO 100-Film und der Sonne im Bildausschnitt fotografiert man mit 1/500 Sekunde und f/11.

Einen Sonnenuntergang fotografieren

Verwandte Themen

Aufnahmetechnik
Gegenlicht
S. 176

Zubehör
Filter für die Farbfotografie
S. 140

Technik
Belichtungsmessung
S. 108

Zubehör
Aufhellblitzen
S. 162

Technik
Wie der Belichtungsmesser arbeitet
S. 112

Ein Sonnenuntergang gehört zu den Klassikern unter den Fotomotiven. Doch dass man dieses Motiv so häufig sieht, bedeutet nicht, dass es einfach zu fotografieren wäre. Ein guter Teil der faszinierenden Stimmung, die bei einem Sonnenuntergang auf den Betrachter einwirkt, liegt in den **starken Farb- und Lichtkontrasten** zwischen den hellen und dunkeln Bereichen. Die Umgebung versinkt schon in der Dunkelheit, während der Horizont noch hell erleuchtet ist, der Himmel erglüht in den unterschiedlichsten Rottönen. Auf einem Foto sind solche Kontraste nicht ganz leicht festzuhalten. Mann muss fast immer einen **gewissen Verlust** an Detailzeichnung in den weniger ausgeleuchteten Zonen in Kauf nehmen. Die Belichtungsmessung erfolgt normalerweise auf den hellen Bereich. Die Filme reichen an den Kontrastumfang, den das menschliche Auge wahrnehmen kann, nicht heran, was man an Ort und Stelle in den dunklen Bereichen noch sieht, geht auf dem Foto verloren. Will man diese Details erhalten, muss man die spärlich beleuchtete Zone anmessen, damit erhält man einen überbelichteten Himmel und das Farbenspiel des Sonnenuntergangs wird nicht abgebildet. Hier einige Ratschläge für solche Situationen:

- Man sollte immer einen hellen Bereich anmessen, zum Beispiel den **Himmel,** und die Zeit/Blende-Kombination entsprechend wählen, der Detailverlust in den dunklen Bereichen ist für die Stimmung weniger ausschlaggebend als in den hellen.
- Man sollte die **Spot-Messung** verwenden und das Messfeld vorzugsweise auf eine sehr helle Stelle des Himmels richten, nicht aber auf die Sonne selbst.
- Bei Kameras mit Programmautomatik ist es oft besser, diese auszuschalten. Meistens erhält man **mit einer Messung nur in der Bildmitte** ein besseres Resultat, denn durch den Kompensationseffekt der Mehrzonen- oder Matrixmessung kann zum Beispiel das Rot des Sonnenuntergangs verblassen.
- Zur Verstärkung des roten Lichts kann ein **Farbfilter** eingesetzt werden. Auf den stark unterbelichteten Bereich im Schatten hat das Filter ohnehin keine Wirkung, weil dieser schwarz erscheint. Man achte jedoch auf mögliche **Reflexionen,** die gerade mit einem Filter wahrscheinlicher werden, weil damit ein weiterer, im Objektiv nicht mit einberechneter Glas/Luft-Übergang vorhanden ist.
- Vorsicht bei Digitalkameras mit **automatischem Weißabgleich.** Das Rot des Sonnenuntergangs kann diese Automatik in die Irre führen. Es ist in diesem Fall besser, händisch einen Weißabgleich vorzunehmen. Wenn der Sensor nicht mit TTL-Modus arbeitet, ist es eine mögliche Lösung, mit Automatik und einem Orange- oder Rotfilter zur Verstärkung der Rottöne zu arbeiten.
- Bei der Messung auf den hellen Himmel und der sich daraus ergebenden starken Unterbelichtung aller im Schatten liegenden Bereiche werden diese meist nur noch als schwarze Schattenrisse abgebildet, was bei der Komposition des Bildausschnitts mit beachtet werden muss. Formschöne, noch erkenntliche Silhouetten, die sich gegen den Hintergrund abzeichnen, können sehr reizvoll wirken.

Ein klassisches Fotomotiv: Sonnenuntergang in den Dolomiten.

Fotografieren in der Dämmerung

Ein Sonnenuntergang hat eine unverwechselbare Stimmung, häufig dominieren die Rottöne. In der Dämmerung hingegen erscheinen alle Farben blasser und **der Blauanteil überwiegt.** Zu dieser Tageszeit ergibt sich oft ein magisch anmutendes Licht. Das vom Himmelsgewölbe reflektierte Blau mag der Grund dafür sein, dass die Franzosen diese Zeit *l'heure bleue,* die blaue Stunde, nennen. Das Licht wirkt diffus, die Farben pastellig. Gerade zu dieser Zeit hebt sich Kunstlicht stark von der Umgebung ab. So bietet die **Dämmerung** ein höchst interessantes Betätigungsfeld für den Fotografen. Der Zauber der Nacht ist bereits vorhanden, doch die Lichtverhältnisse sind meist noch ausreichend, um **eine gute Detailzeichnung** auf der Abbildung zu erhalten. Der Kontrast zwischen bläulichem Umgebungslicht und gelb-rötlichem oder kühl-grünlichem Kunstlicht wird von den **Tageslichtfilmen,** deren Emulsionen auf eine so einheitliche Farbgebung eigentlich nicht ausgelegt sind, noch verstärkt.

Das Fotografieren in der Dämmerung stellt keine besondere Schwierigkeit dar. Das Licht reicht meistens aus, um noch eine exakte Belichtungsmessung zu erhalten. Dennoch ist es nützlich, ein paar kleine »Geheimnisse« zu kennen:

- Zuallererst benötigt man das richtige Objektiv. Besonders geeignet sind **extrem lichtstarke Optiken** (wie etwa f/1,4), so kann man noch ohne Stativ arbeiten. Bleibt die Wahl der richtigen Brennweite. Stehen verschiedene Objektive zur Verfügung, so sollte man sich für eines entscheiden, das möglichst **keine Koma** aufweist, das ist ein Abbildungsfehler, bei der achsferne Lichtquellen wie mit einem Kometenschweif verzerrt abgebildet werden. Dieser Fehler ist bei extrem lichtstarken Weitwinkeloptiken **relativ häufig,** bei mittleren Teleobjektiven hingegen schon besser **korrigiert.** Will man trotzdem ein Weitwinkelobjektiv verwenden, ist es besser, auf die maximale Blendenöffnung zu verzichten und eventuell eine Belichtungsreihe mit abnehmenden Blendenstufen anzufertigen. Moderne Optiken mit **asphärischen Linsen** sind nicht von diesem Fehler betroffen. Nicht selten entscheidet sich der Fotograf daher heutzutage in der Dämmerung für ein Weitwinkelobjektiv mit kleinerer Blende auf Stativ, obwohl er mit einem Teleobjektiv noch freihändig fotografieren könnte.

Verwandte Themen

Objektive
Lichtstarke und stabilisierte Optiken
S. 131

Aufnahmetechnik
Einen Sonnenuntergang fotografieren
S. 178

Licht
Die Farbe des Tageslichts
S. 193

Licht
Nachtaufnahmen
S. 195

Zubehör
Aufhellblitzen
S. 162

Nach Sonnenuntergang und vor Einbruch der Nacht setzt die »blaue Stunde« ein, im Umgebungslicht dominiert der Blauanteil.

Eine noch sehr helle Phase der Dämmerung. Die Belichtung ermöglichte eine ausreichende Detailzeichnung in den weniger stark beleuchteten Zonen.

• Auch die Wahl des richtigen Films beeinflusst die Wiedergabe von in der Dämmerung aufgenommenen Fotografien erheblich. Der **Farbnegativfilm** mit seiner hohen **Kompensationsfähigkeit,** die normalerweise einen großen Vorteil darstellt, kann sich in der Dämmerung nachteilig auswirken. Auch beim Herstellen der Abzüge wird nur allzu häufig die Farbgebung **zu stark neutralisiert,** was die Stimmung zerstört. In dieser speziellen Situation sind **Diapositivfilme** eindeutig vorzuziehen. Die verschiedenen Filmempfindlichkeiten machen ebenfalls einen mitunter großen Unterschied aus. Höher empfindliche Filme reagieren im Allgemeinen schwächer auf Unterschiede in der **Farbtemperatur** einzelner Lichtquellen (daher kann man bei Aufnahmen in der Dämmerung eine höhere Farbtreue erwarten). Niedriger empfindliche Filme neigen zur Verstärkung der verschiedenen Farbtemperaturen, was manchmal eine spektakulärere Wirkung zur Folge hat, aber oft auch unnatürlich wirkt. Häufig kommen bei niedrig empfindlichen Filmen in der Dämmerung ausgeprägte **Farbverschiebungen** bei der Straßenbeleuchtung vor, die dann nicht mehr gelblich-grün, sondern blaugrün wirkt. Letztere Angaben beziehen sich hauptsächlich auf **Farbumkehrfilme** (Diapositive) für Tageslicht.

• Zwischen Tageslicht- und Kunstlichtfilm entscheidet man sich in der Dämmerung vorwiegend für den **Tageslichtfilm** (Daylight). Das tut man unter anderem auch deshalb, weil der auf Kunstlicht abgestimmte Film eine **Blaufilterschicht** besitzt, die bei einer bestimmten Farbtemperatur (3200° Kelvin) ein **besseres Farbgleichgewicht** gewährleistet. Eine solche Beleuchtung ist zwar im Studio meist vorhanden, in der Dämmerung jedoch kaum. Während einige wenige Lichtquellen mit größerer Farbtreue dargestellt werden, ergibt sich fast immer auf dem gesamten Bild eine **übermäßige Kompensation** in Richtung der Blautöne.

Blende und Schärfentiefe

Die Schärfe erstreckt sich in der Fotografie immer über einen gewissen Bereich vor und hinter dem Motiv, auf das scharfgestellt wurde. Diese mehr oder weniger ausgedehnte Zone nennt man im Fachjargon **Schärfentiefe.** Ihre Ausdehnung ist variabel und hängt von der **Blende** und dem **Vergrößerungsfaktor** ab. Je kleiner die Blende, umso weiter erstreckt sich die Schärfentiefe, je offener die Blende, umso geringer ist die Schärfentiefe. Weiters gilt: Je stärker die Vergrößerung, umso geringer die Schärfentiefe.

Verwandte Themen

Technik
Blende und Belichtungszeit
S. 99

Technik
Wie der Belichtungsmesser arbeitet
S. 112

Objektive
Bildwinkel
S. 125

Der Blick durch den Sucher
Aspekte der Perspektive
S. 63

SCHÄRFENTIEFESKALEN

Die Hersteller von Objektiven für Fotokameras liefern mit jedem Modell eine Tabelle, auf der der Schärfentiefebereich für die jeweils einstellbaren Blenden angegeben ist.

In der Praxis finden es die Fotografen jedoch meistens bequemer, sich der Schärfentiefeskala am Einstellring des Objektivs zu bedienen, die auf derselben mathematischen Formel beruht wie die Tabellen. Auf beiden Seiten der Markierung für die optimale Schärfe ist die Abfolge der Blendenstufen in unterschiedlichem Abstand angegeben. So benutzt man diese Skala:

- Man bestimmt die **gewünschte** Zeit/Blende-Kombination.
- Man **stellt scharf** (entweder manuell, auf der Mattscheibe mit Schnittbildindikator oder mit dem Autofokus).
- Man liest den entsprechenden **Blendenwert** ab.
- Man sucht auf der Schärfentiefeskala nach diesem Wert und wird ihn **an zwei Stellen,** links und rechts von der Markierung der optimalen Schärfe, finden.
- Nun liest man die zwei entsprechenden Meterangaben auf der **Entfernungsskala** ab und erhält damit die nahe und die ferne Grenze der Schärfentiefe.

Oben: Skala für die Schärfentiefe bei einem 60 mm-Objektiv.
Links: Bei starkem Licht kann man eine kleine Blende verwenden und erhält dadurch große Schärfentiefe.

Unterwasserfotografie

Verwandte Themen

Zubehör
Blitz und Unterwasserfotografie
S. 166

Naturfotografie
Aquarien und Terrarien
S. 50

Technik
Der Reflexsucher
S. 119

Objektive
Bildwinkel
S. 125

Filme
Welcher Film für welche Zwecke?
S. 73

Grundsätzlich ist es sowohl mit **klassischen** als auch mit **digitalen** Kameras möglich, unter Wasser zu fotografieren, es kommt nur auf die **richtige Ausrüstung** an. Es gibt wasserdichte Kameras, die bis in eine Tiefe von 10 m einsetzbar sind, oder aber wasserdichte und druckfeste Gehäuse für handelsübliche analoge und digitale Fotokameras. Mit diesen Gehäusen kann teilweise auch in erheblicher Tiefe gearbeitet werden, für industrielle Zwecke gibt es **bis zu Tiefen von 100 m** taugliche Konstruktionen. Sind die Anforderungen weniger hoch, genügen auch Kompakt- oder sogar Wegwerfkameras, die bis in 5 oder 10 m Tiefe einsetzbar sind. Diese **Tiefenbeschränkung** bezieht sich nicht unbedingt auf die wasserdichten Gehäuse, sondern mehr auf die **Mechanik,** die unter größerem Druck nicht mehr funktioniert. Eine **wasserdichte Wegwerfkamera** ist für den Amateur vor allem auch deshalb interessant, weil man sie auf einen kleinen Bootsausflug oder an den Strand mitnehmen kann, ohne dabei Beschädigungen zu riskieren.

Links und linke Seite: Zwei Aufnahmen im flachen Wasser bei natürlichem Licht, einmal mit Kodak Ektachrome Underwater mit Magentafilterschicht, einmal mit normalem Tageslichtfilm (Fotos: Kodak). Wenn man unter Wasser ohne Blitz arbeitet, muss etwas gegen den Blaustich getan werden. Es gibt wasserdichte Gehäuse für handelsübliche Kameras. Linke Seite oben: Ein Modell der kanadischen Aqua Vision System für Nikon-Spiegelreflexkameras.

DIE FILME

Unter Wasser verwendet man gewöhnlich **normale Tageslichtfilme.** Je tiefer man taucht, umso mehr verblassen allerdings die Farben, was von der Wellenlänge des Lichts abhängt. **Rot** ist nur bis zu einer Tiefe von bis zu **3 m** (bei klarem Wasser) zu sehen. Für realistische Farben in der Unterwasserfotografie benötigt man daher Licht nahe am Motiv, also einen Blitz. Für Fotos in geringer Wassertiefe ohne Blitz hat Kodak einen speziellen Film namens **Ektachrome Underwater** entwickelt, der mit einem Magentafilter beschichtet ist, um die überschüssigen Blautöne zu kompensieren. Besonderen Einfluss auf das Resultat hat natürlich die **Sicht** unter Wasser. Dabei ist nicht nur zu beachten, dass trübes Wasser Licht absorbiert und daher eine längere Belichtungszeit verlangt, sondern auch, dass Schwebeteilchen einen **Farbstich** hervorrufen können, wie etwa grüngelb, wenn es sich um Pflanzenpartikel handelt.

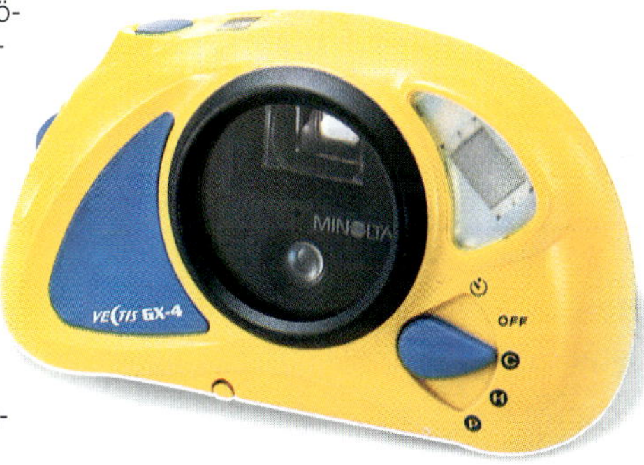

Eine APS-Kompaktkamera in wasserdichter Ausführung für Unterwasserfotos bis 10 m Tiefe und eine Wegwerfkamera (oben), die in nicht mehr als 1 m Wassertiefe verwendet werden sollte.

BELICHTUNG UNTER WASSER
Die preisgünstigen Wegwerfkameras haben normalerweise keine Korrekturfunktionen und eine feste Schärfeneinstellung. Damit sollte man sich nicht zu nahe an das Motiv heranbegeben, **der Minimalabstand beträgt 1,2 m.** Bei der Farbwiedergabe verlässt man sich auf die hohe Kompensationsfähigkeit der Filme. Meist werden höher empfindliche Filme verwendet.

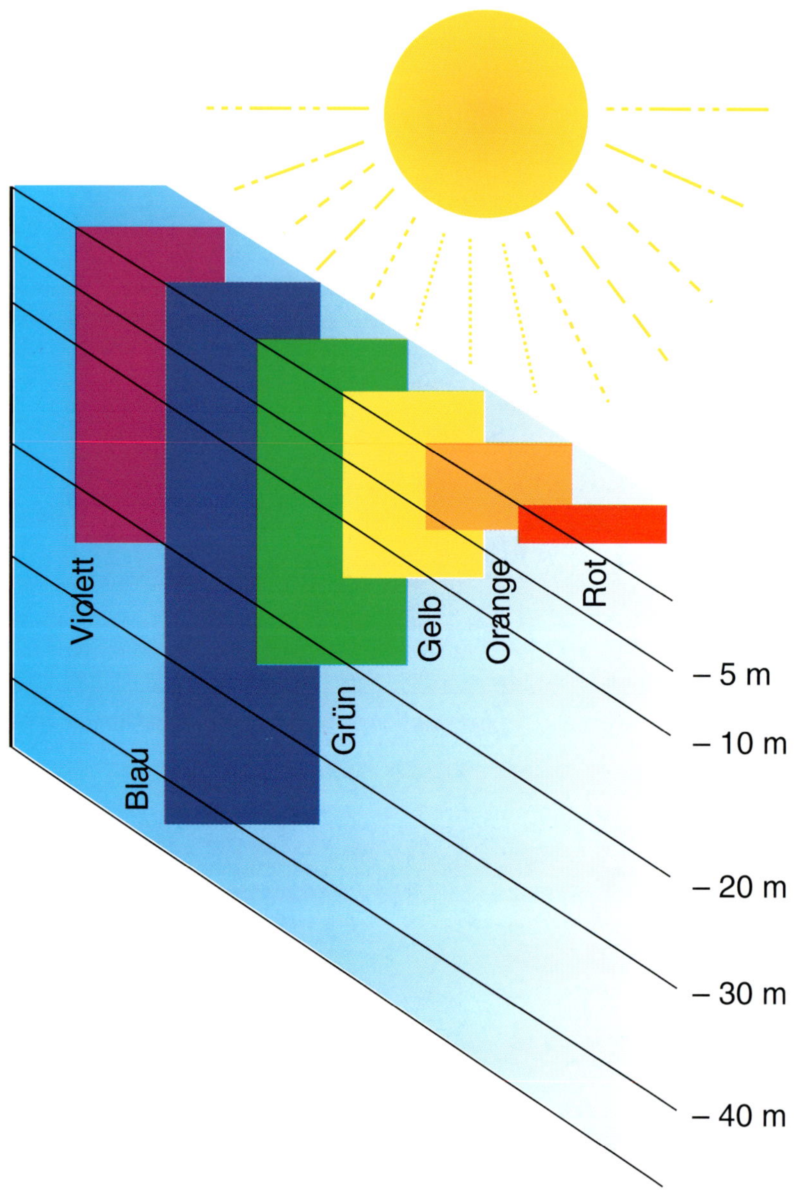

WASSER ABSORBIERT DIE FARBEN
IN UNTERSCHIEDLICHER TIEFE

In einer Tiefe von 10 m ohne Blitz mit hochempfindlichem Tageslichtfilm (ISO 800) aufgenommenes Foto.

Ob man nun mit herkömmlichen Kameras im speziellen Gehäuse oder mit wasserdichten Kompaktkameras arbeitet, ob man mit Blitz oder bei natürlichem Licht fotografieren möchte, die Belichtung unter Wasser **muss in jedem Fall** im Vergleich zu jener an der Oberfläche korrigiert werden. Apparate mit eingebautem Belichtungsmesser, besonders jene mit TTL-Messung, sorgen für die nötigen Korrekturen automatisch.

OBJEKTIVE UND AUSRÜSTUNG

Die im Wasser stärkere Lichtbrechung wirkt sich auch auf die Leistungsfähigkeit der Objektive aus und führt vor allem zu einer **Einschränkung des Bildwinkels.** So hat beispielsweise ein 35 mm-Objektiv unter Wasser denselben Bildwinkel wie ein 50 mm-Objektiv zu Lande. Aus diesem Grund, und auch weil man wegen der besseren Sicht möglichst nahe am Motiv fotografieren will, werden unter Wasser starke Weitwinkelobjektive bevorzugt.

BELICHTUNGSKORREKTUR

Tiefe in Metern	Erforderliche Korrektur
1	+ 1.5 Blenden
2	+ 2 Blenden
5	+ 2.5 Blenden
10	+ 3 Blenden

BILDWINKEL UNTER WASSER

Objektiv	Bildwinkel	
	unter Wasser	zu Land
21 mm	75°	92°
28 mm	60°	75°
35 mm	49°	63°
50 mm	36°	47°
80 mm	23°	30°

Um den Bildwinkel möglichst nicht einzuschränken liegt das Objektiv der Kamera im Unterwassergehäuse nicht **hinter einem planen Fenster,** sondern **hinter einem gewölbten Glas** (Dome).

Ein anderes Problem ergibt sich aus der **scheinbaren Nähe** zum Motiv, die Distanz erscheint um etwa 1/3 **kürzer** als zu Land. So ist es von großem Vorteil, wenn man über eine **Spiegelreflexkamera mit Autofokus** oder eine **Digitalkamera mit LCD-Monitor** verfügt. Wichtig ist, dass man durch den Sucher auch klar und bequem sehen kann, wenn man eine Tauchermaske trägt. Ein gutes und einfaches Hilfsmittel sind **Sucherrahmen,** durch die man direkt hindurchsieht. Für Spiegelreflexkameras im wasserdichten Gehäuse gibt es eigene so genannte **Sportsucher,** die wie ein kleiner Monitor aussehen und das Bild über ein Prisma größer projizieren. Diese Lösung ist allerdings nur bei Modellen der höheren Preisklasse mit austauschbarem Sucher möglich.

Die Nikonos RS, eine speziell für die Unterwasserfotografie konzipierte Kamera mit Zubehör.

Kameraverschiebungen

Bei den meisten Kameras ist die Stellung des Objektivs zur Filmebene fest. Eine Ausnahme bilden Shift-Optiken und Fachkameras, bei denen man die Objektivachse zur Filmebene horizontal oder vertikal **parallelverschieben** und/oder sogar **neigen** kann. Diese Lösungen sind gewöhnlich für Berufsfotografen gedacht und werden durch eine spezielle Bauweise erreicht.
Wozu ist es gut, wenn man die Achse des Aufnahmeobjektivs neigen oder parallel zur Filmebene verschieben kann? Hier einige Beispiele: Eine Neigung der Objektivachse **steigert die Schärfentiefe,** eine Parallelverschiebung **korrigiert die Perspektive.**

Verwandte Themen

Objektiv
Bildwinkel
S. 125

Technik
Der Verschluss der Fotokamera
S. 146

Aufnahmetechnik
Blende und Schärfentiefe
S. 181

Objektive
Makro- und Spezialobjektive
S. 129

Der Blick durch den Sucher
Aufnahmeperspektive
S. 65

NEIGUNG DER OBJEKTIVACHSE (TILT)

Wenn ein Motiv sich weit in die Tiefe erstreckt, wählt man gewöhnlich eine **sehr kleine Blende** um die Schärfentiefe zu steigern. Doch es kann auch vorkommen, dass selbst damit die Schärfentiefe noch nicht groß genug ist. In solchen Fällen kann man die **Objektivachse neigen.** Mit der Neigung der Objektivachse verlängert man auch die Schärfentiefe, die sich je nach Vergrößerung und Blende über einen bestimmten Bereich erstreckt.
Wie weit sich der durch den Objektivschwenk erreichte Schärfentiefebereich verlängert, kann man nach einer als **Scheimpflug-Bedingung** bekannten Regel einschätzen, nach der sich Filmebene, Objektivebene und Motivebene in einem bestimmten Punkt schneiden.

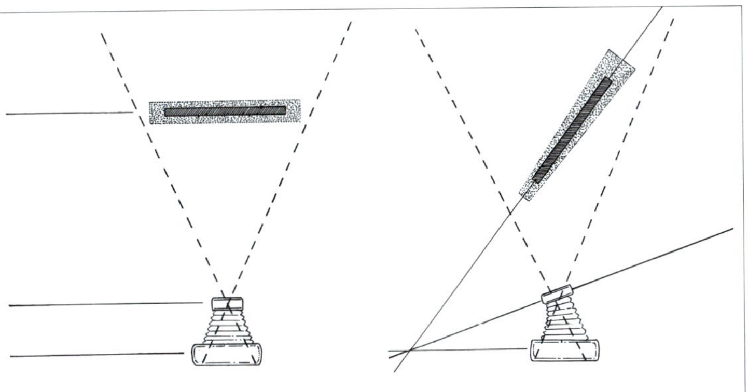

Motiv parallel zur Filmebene

Motiv zur Filmebene geneigt, durch Objektivneigung wird die Schärfenebene angepasst.

Links: Die Neigung der Objektivachse (oder der Filmebene) dient dazu, die Schärfentiefe zu steigern. Oben: Die Flexbody, eine Hasselblad 6x6 cm.

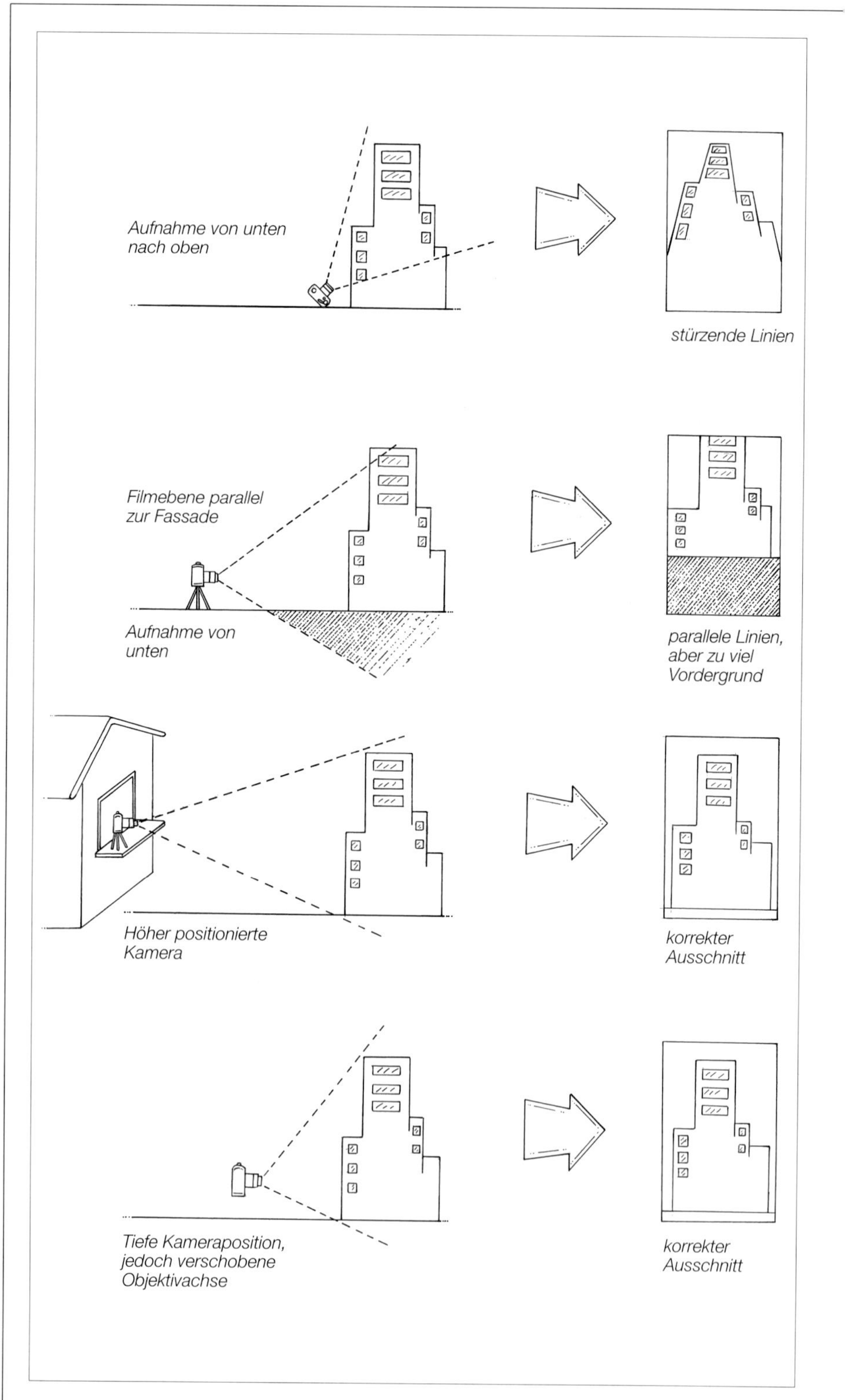
Aufnahme von unten
nach oben
stürzende Linien
Filmebene parallel
zur Fassade
Aufnahme von
unten
parallele Linien,
aber zu viel
Vordergrund
Höher positionierte
Kamera
korrekter
Ausschnitt
Tiefe Kameraposition,
jedoch verschobene
Objektivachse
korrekter
Ausschnitt

Auch bei Makroaufnahmen, bei denen die Schärfentiefe oft stark eingeschränkt ist, können Kameraverschiebungen helfen. Zu diesem Zweck wurden Balgengeräte entwickelt, die diese Verschiebbarkeit gewährleisten. Bevor man jedoch die Optik verschiebt, muss man sich versichern, dass diese auch **einen ausreichend großen Bildkreis abdeckt,** um die Verschiebung ohne Lichtabfall in den Ecken (Vignettierung) zu erlauben.

Linke Seite: Bei von unten aufgenommenen Gebäuden entstehen stürzende Linien, wenn die Filmebene nicht parallel zur Fassade gehalten wird. Aus diesem Grund muss man entweder einen erhöhten Aufnahmestandpunkt wählen oder die Objektivachse neigen.

PARALLELVERSCHIEBUNG (SHIFT)

Stellen wir uns vor, wir wollen eine Aufnahme von einem größeren Gebäude **von unten** machen. Mit einer gewöhnlichen Kamera müssten wir den ganzen Apparat neigen, um das Gebäude ganz auf das Bild zu bekommen. Durch diese Perspektive konvergieren die Linien des Gebäudes stark nach oben. Hier spricht man von den so genannten **stürzenden Linien,** die manchmal für kreative Zwecke erwünscht sein können, meistens aber unnatürlich wirken.

Wenn wir die Kamera anders positionieren und die Filmebene **parallel zur Fassade** halten, verschwinden die stürzenden Linien und die Perspektive ist korrekt, doch der Bildwinkel genügt meistens nicht, um das ganze Gebäude aufzunehmen. Eine Lösung des Problems wäre, sich einen **erhöhten Standpunkt** zu suchen und die Kamera dort aufzustellen. Dazu sollte man höher oder gleich hoch stehen wie das Motiv. Doch ein geeigneter Platz steht nicht immer zur Verfügung.

Mit der Möglichkeit, die Objektivachse zur Filmebene zu verschieben, kann man das gesamte Gebäude auch von einem **tieferen Standpunkt** aus erfassen. Man verschiebt die Achse nur leicht nach oben, und das ganze Gebäude ist korrekt abgebildet.

Diese Technik ist nicht nur bei Architekturaufnahmen, sondern auch in der Werbefotografie von Bedeutung, gerade bei Stillleben kann die Perspektive eine große Rolle spielen (wie etwa bei Verpackungen, die von oben oder unten aufgenommen werden). Oft wird die Verschiebung mit einer Neigung der Objektivachse kombiniert, um die Schärfentiefe besser zu kontrollieren. Spezielles Zubehör für Mittelformatkameras wurde eigens dafür entwickelt.

Zubehör: Mit einem Zwischenteil wie einem Shift-Tilt-Adapter wird die Optik verschiebbar (Mamiya RZ67).

Die Qualität des Lichts

Verwandte Themen

Licht
Kunstlicht
S. 192

Zubehör
Konversionsfilter
S. 143

Aufnahmetechnik
Einen Sonnenuntergang fotografieren
S. 178

Licht
Nachtaufnahmen
S. 195

Technik
Autofokus: Messprobleme
S. 118

Farbtemperatur

Ein Fotograf schätzt die Stärke des Lichts ein, indem er es mit einem Belichtungsmesser misst. Außerdem beurteilt er die Position der Lichtquelle in Relation zur Kamera und zum Motiv und unterscheidet zwischen gerichtetem und diffusem Licht. Eine andere, in der Fotografie relevante **Qualität** des Lichts basiert auf seiner Farbe. Zu **Rot** tendierende Töne bezeichnet man als **warme,** zu **Blau** tendierende Töne als **kalte Farben.** Um diese Lichtqualität, die man Farbtemperatur nennt, genau zu bestimmen, bedient man sich einer Skala, die nach dem englischen Wissenschafter und Adeligen William Thomson Lord Kelvin (1824 bis 1907) benannt ist.

DIE KELVIN-SKALA

Lord Kelvin fand eine Entsprechung zwischen der Farbtemperatur eines schwarzen Körpers, der schrittweise aufgewärmt wird und der Farbe des Lichts, das von ihm ausgesendet wird. Der **Nullwert** wurde bei **–273,15° Celsius** (absoluter Nullpunkt) festgesetzt. Die Kelvin-Skala schreitet im gleichen Rhythmus voran wie die Celsius-Skala, der **Gefrierpunkt** von Wasser liegt bei +273,15° und der **Siedepunkt** bei 373,15°. Die Entsprechung zwischen warm und kalt bei hohen bzw. niedrigen Temperaturen in Celsius ist jedoch bei den Farbtemperaturwerten genau umgekehrt. Niedrige Farbtemperaturwerte stehen für die warmen Farben mit **hohem Rotanteil,** je höher die Werte werden, um so weißer wird das Licht, später überwiegt der Blauanteil und man spricht von kühlen Farben.

Für eine korrekte Farbwiedergabe sind die Filme auf eine bestimmte **Farbtemperatur** abgestimmt. Bei **Tageslichtfilmen** (Daylight) entspricht die Farbtemperatur 5500° Kelvin. Fotografiert man mit solchen Filmen bei Kunstlicht, das einen höheren Rotanteil hat, zeigt das Foto einen mehr oder weniger starken Rotstich. **Farbnegative** werden bei der Belichtung der Abzüge nochmals korrigiert, bei **Farbpositiven** (Dias) muss das bereits bei der Aufnahme durch entsprechende **Filter** oder **Filterfolien** vor den Lichtquellen geschehen.

Ein Tageslichtfilm gibt in der Dämmerung das Kunstlicht aus einer Bar in einem starken Kontrast zum Umgebungslicht wieder.

Straßenlichter mit niedriger Farbtemperatur haben zu einem starken Gelbstich geführt. Tageslichtfilm bei langer Belichtungszeit.

Es gibt auch Diapositivfilme für Kunstlicht (Tungsten) mit einer korrekten Farbwiedergabe zwischen 3200 und 3400° Kelvin.

Elektronenblitzgeräte sind ein Fall für sich. Aufgrund ihrer Bauweise senden sie Licht hoher Farbtemperatur mit 5600 bis 6000° Kelvin aus. Sie sind also mit Tageslicht vergleichbar und werden mit **Tageslichtfilm** verwendet.

HÖHER EMPFINDLICHE FILME

Hoch empfindliche Filme (ISO 400 und darüber) zeigen sich oft **weniger sensibel** gegenüber Farbtemperaturunterschieden. Das ist eine interessante Ausweichmöglichkeit, besonders wenn man mit Diafilm arbeitet, wo es **keine Korrekturmöglichkeit** mehr im Labor gibt.

DIGITALE AUFNAHMEN

Bei Digitalaufnahmen ist besonders auf die Beleuchtung zu achten. Da die Sensoren sehr schnell ansprechen, können Entladungslampen, die eine gewisse Zeit brauchen, bis sie den Emissionsgipfel erreicht haben, zu Schwierigkeiten bei der **Einschätzung der Farbtemperatur** führen.

Kunstlicht

Verwandte Themen

Aufnahmetechnik
Fotografieren in der Dämmerung
S. 179

Zubehör
Konversionsfilter
S. 143

Zubehör
Rear, Slow-sync, Open flash
S. 164

Licht
Farbtemperatur
S. 190

Licht
Nachtaufnahmen
S. 195

Es gibt verschiedene Arten von künstlichen Lichtquellen, mit denen ein Fotograf konfrontiert werden kann: **Dauerlichtlampen** (Tungsten), **Gasentladungslampen** (Fluoreszenzröhren), **Nitraphotlampen** oder **Halogenlampen** und schließlich noch der **Elektronenblitz.**
Nachstehend sind die Farbtemperaturen des Lichts aus verschiedenen Kunstlichtquellen angeführt. Zu beachten ist allerdings, dass Fluoreszenzlampen ein Licht aussenden, das zwar weiß erscheint, es aber nicht ist. Grafiken, die das **Emissionsspektrum** verschiedener Leuchtstoffröhren darstellen, zeigen große Unterschiede zwischen einzelnen Marken und sogar Modellen. Aus diesem Grund weisen bei Fluoreszenzlicht aufgenommene Fotos immer einen **Farbstich** auf, der meist ins Grünliche geht. Diese Farbverschiebungen werden zumindest teilweise durch ein entsprechendes Filter korrigiert. Es gibt auch **Filterfolien,** die direkt vor die Lichtquelle montiert werden können.
Vorsicht: Die Korrektur ist nur dann effizient, wenn die Emissionskurve der Lichtquelle ziemlich kontinuierlich ist. Gibt es »Farbgipfel«, wie das oft bei Fluoreszenzlampen der Fall ist, ist die Farbfilterung **unvollständig** und die Korrektur erfolgt nur teilweise.

EINIGE FARBTEMPERATUREN

Quelle	Grad Kelvin
Elektronenblitz *(Eventuell vergilbte Reflektoren im Inneren des Blitzes können die Farbtemperatur beeinflussen, ebenso kann bei kurzer Brenndauer der vom Film registrierte Blauanteil höher ausfallen.)*	5000–6500
Flutlichtlampen (Daylight)	4800
Fluoreszenzlampen *(es gibt große Unterschiede bei Leuchtstoffröhren)*	4500
Kombustionsblitzlampe	3800
Nitraphotlampe Typ A zu 500 W	3400
Nitraphotlampe Typ B zu 500 W	3200
Diaprojektorlampe zu 250 W	3200–3100
Haushaltslampe zu 100 W	2800
Haushaltslampe zu 60 W	2600
Kerzenflamme	1500

Die Farbe des Tageslichts

Je nach Tageszeit und anderen Einflussfaktoren kann die Farbtemperatur des Tageslichts erheblich variieren, auch bei Freilichtaufnahmen bei Sonnenschein.
Bei **Sonnenuntergang** und **am frühen Morgen** überwiegen die Rottöne, zur **Mittagszeit** wird das Licht zunehmend weiß, der Blauanteil fällt stärker ins Gewicht. Manche Tageszeiten haben ihre ganz typische Farbgebung wie die Dämmerung mit der »blauen Stunde«.

FARBTEMPERATUREN BEI VERSCHIEDENEN WETTERLAGEN

Wetterlage	Farbtemperatur in Grad Kelvin
Sonne (direkt gemessen)	6500
Sonnenlicht zu Mittag	5800
Sonnenlicht bei wolkenlosem Himmel	6500
Sonnenlicht bei schwach bedecktem Himmel	6800
Bedeckter Himmel, diffuses Licht	8000
Vom HImmelsgewölbe reflektiertes Licht bei heiterem Wetter	12.000–27.000

Verwandte Themen

Licht
Farbtemperatur
S. 190

Aufnahmetechnik
Einen Sonnenuntergang fotografieren
S. 178

Zubehör
Das Stativ
S. 153

Objektive
Lichtstarke und stabilisierte Optiken
S. 131

Aufnahmetechnik
Fotografieren in der Dämmerung
S. 179

Eine Aufnahme im Sommer bei tief stehender Sonne: Ein ideales Licht für Farbbilder.

Die Farbtemperatur verändert die Berge: Rot bei Sonnenuntergang, Grau zur Mittagszeit (St. Martin, Trentino).

FARBTEMPERATUR BEI AUSSENAUFNAHMEN

Sonnenstand	Farbtemperatur in Grad Kelvin
5°	2200
15°	3540
25°	4320
35°	4680
45°	4850
55°	4960
65°	5020
75°	5060
85°	5080

Bei diesem Licht handelt es sich nicht um das Sonnenlicht selbst, sondern um vom Himmelgewölbe reflektiertes Licht **mit hohem Blauanteil.** Diese Lichtstimmung kann sicherlich kreativ genutzt werden.

VERÄNDERUNGSFAKTOREN

Die Farbtemperatur bei Freilichtaufnahmen hängt von vielerlei Faktoren ab:

- Jahreszeit
- Tageszeit
- Atmosphärische Störungen
- Luftverschmutzung
- Wolkenanteil am Himmel
- Meereshöhe

Nachtaufnahmen

In der Nacht kann man sehr schöne Fotos machen, allerdings lassen sich Nachtaufnahmen nicht so leicht über einen Kamm scheren. Für eine **Reportage am Abend** in einer Stadt mit erleuchteten Schaufenstern ohne Blitz benötigt man zum Beispiel ein extrem lichtstarkes Objektiv und einen hoch empfindlichen Film. Will man jedoch ein beleuchtetes Denkmal oder ein Gebäude fotografieren, braucht man ein Stativ, denn man arbeitet mit **langen Belichtungszeiten** von einigen Sekunden bis zu mehreren Minuten. Im Unterschied zum menschlichen Auge »akkumuliert« der Film das Licht, die Abbildung kann dadurch mehr oder weniger hell werden.

Verwandte Themen

Filme
Welcher Film für welche Zwecke?
S. 73

Technik
Belichtungsautomatik
S. 102

Zubehör
Das Stativ
S. 153

Technik
Autofokus: Messprobleme
S. 118

Objektive
Fehler
S. 133

Ein Feuerwerk ist nicht schwer zu fotografieren, man braucht dazu nicht einmal unbedingt ein Stativ.

LANGE BELICHTUNGSZEITEN

Viele Kameras mit automatischer Belichtungssteuerung bieten Belichtungszeiten bis zu 16 oder auch 30 Sekunden an. Längere Zeiten kann man mit der **Position B** einstellen: Der Verschluss bleibt dabei so lange offen, wie der Fotograf den Auslöser gedrückt hält. Dazu wird man vorzugsweise einen Drahtauslöser benutzen, denn so werden Erschütterungen durch die Hand des Fotografen vermieden. Manche Kameras bieten daneben noch die **Einstellung T** an, bei der der Verschluss mit einer Betätigung des Auslösers geöffnet und mit einer zweiten wieder geschlossen wird. Diese Option ist vor allem in der astronomischen Fotografie interessant, wo Belichtungen manchmal **mehrere Stunden** dauern können.

Bei Langzeitbelichtungen sind einige Besonderheiten zu beachten.

- **Der Schwarzschildeffekt** – Dieser Effekt ist nach dem Astrophysiker Karl Schwarzschild benannt. Er bezieht sich auf die Erscheinung, dass Filme **nicht auf die gleiche Weise** auf lange Belichtungszeiten reagieren wie auf kurze, eine hohe Lichtintensität bei kurzer Zeit ruft eine **stärkere Schwärzung** hervor als eine geringe Lichtintensität bei einer längeren Zeit. Bei den modernen Filmen gibt es diesbezüglich normalerweise bei Belichtungszeiten von 1/10.000 Sekunde bis zu 10 Sekunden keine Probleme. Manchmal ist eine Belichtungskorrektur bereits bei Zeiten über 1 Sekunde erforderlich, das ist gewöhnlich im Beipacktext der Filme erklärt.
- **Kleine Blenden sind vorzuziehen** – Extrem lichtstarke Objektive sind nützlich für das freihändige Fotografieren (Reportage) in der Nacht. Wenn man jedoch mit Stativ arbeitet, ist es besser eine eher **kleine Blende** zu verwenden, auch wenn die Lichtstärke des Objektivs dies nicht unbedingt erfordern würde. Wenn man auf die **maximale Blendenöffnung** verzichtet, verbessert man die Abbildungsqualität und kann viele Fehler wie Koma, Vignettierung etc. umgehen.
- **Den richtigen Film wählen** – Niedrig empfindliche Filme sind am **anfälligsten** für Farbstiche durch den Schwarzschildeffekt, mit jenen mittlerer bis hoher Empfindlichkeit gibt es gewöhnlich keine Probleme. Bei Diapositiven greift man auch in der Nacht zu normalen **Tageslichtfilmen.** Die mögliche Tendenz zur Verstärkung der »warmen« Farbtöne wird gewöhnlich als optisch angenehm empfunden. Natürlich kann man auch **Kunstlichtfilme** mit Blaufilterschicht verwenden, doch bei Straßenbeleuchtung kann es zu einer **Überkorrektur** kommen, die kühlen Farben auf dem Foto wirken dadurch unnatürlich. Unter den modernen Filmen sind die hoch empfindlichen Farbnegativfilme (ISO 400) am wenigsten für Unterschiede der Farbtemperatur anfällig.

Ein Nachtfoto mit langer Verschlusszeit und Stativ (30 Sekunden, f/4, ISO 100). Der Film registriert die Straßenbeleuchtung mit einem Grünstich.

In der dunklen Stadt

Die vielfältigen Motive in der nächtlichen Stadt erfordern eine unterschiedliche technische Behandlung.

MONUMENTE

Beleuchtete Denkmäler oder Gebäude wie Kirchen oder Schlösser können lohnende Motive sein. In der Nacht heben sie sich von der Umgebung durch die Beleuchtung mit starken Scheinwerfern effektvoll ab. Um solche Motive gut in Szene zu setzen, sollte man sich zuerst **ausreichend nähern,** um nicht zu große dunkle Flächen im Ausschnitt zu haben. Zu viel Schwarz rundherum lässt das eigentliche Motiv unbedeutend erscheinen und ist eigentlich Verschwendung von Film. Aus der Nähe ist es außerdem **wahrscheinlicher,** dass der Belichtungsmesser brauchbare Daten liefert, obwohl es meistens trotzdem besser ist, die Belichtung ein wenig nach oben zu korrigieren und die Blende um eine Stufe weiter zu öffnen.

Es gibt kein Patentrezept für eine korrekte Belichtung, doch einige Anhaltspunkte für bestimmte Motive können hilfreich sein:

- Beleuchtete Kirchenfassade: 10 Sekunden Belichtungszeit, f/4, ISO 100
- Hell beleuchteter Brunnen mit Scheinwerfern im Wasser, Nahaufnahme: 8 Sekunden Belichtungszeit, f/4, ISO 100
- Lichter einer Stadt von einem Aussichtspunkt von oben aufgenommen, Umgebung dunkel: 20 bis 30 Sekunden Belichtungszeit, f/4 ISO 100

Natürlich macht es einen großen Unterschied aus, ob es sich dabei um Nachtaufnahmen von einer Großstadt von einem Wolkenkratzer aus oder um eine Aufnahme von einer Kleinstadt in den Bergen handelt. Wenn der Belichtungsmesser keine Anzeige mehr liefert, muss der Fotograf mit **Erfahrungswerten** arbeiten und ist immer gut beraten, wenn er mehrere Belichtungszeiten ausprobiert. Auf eine **Besonderheit** sei hier jedoch hingewiesen: Bei so langen wie den hier angegebenen Zeiten hat eine Korrektur von ein paar Sekunden **praktisch keine Bedeutung**. Wenn man Belichtungsreihen machen will, sollte man daher die Zeit erheblich verändern und bedenken, dass eine Verdoppelung der Belichtungszeit lediglich einen Unterschied von **einer** Blendenstufe darstellt.

FEUERWERK

Ein Feuerwerk ist an und für sich nicht schwer zu fotografieren, auch wenn man die Belichtung dabei mehr oder weniger »erraten« muss, da man sie vorher kaum messen kann. Mit lichtstarken Objektiven (wie etwa f/2) und einem Tageslichtfilm (ISO 100) kann man Belichtungen mit 1/4, 1/2 oder 1 Sekunde ausprobieren. Oft kann

Mit einem extrem lichtstarken Objektiv (F/1,4) konnte man in dieser Situation noch freihändig auslösen und benötigte kein Stativ (ISO 100-Film).

man sich auch ohne Stativ behelfen, indem man eine **stabile Unterlage** als Stütze verwendet, wie etwa eine Mauer, einen Pfosten oder Ähnliches.
Von Vorteil ist es, wenn man ausreichend nahe am Geschehen mit einem **Weitwinkelobjektiv** fotografieren kann.
Wenn man die Kamera auf ein Stativ montieren will, muss man den zu fotografierenden Bereich vorher abschätzen. Bei großen Feuerwerken ist nicht schwer festzustellen, in welchem Bereich des Himmels die meisten Feuerwerkskörper explodieren werden. Mit langen Belichtungszeiten sieht man durch den Reflexsucher wegen des hochgeklappten Spiegels nichts, mit einer Messsucher-Kamera kann man den Ausschnitt **besser kontrollieren** und die Belichtung beenden, bevor die Leuchtspuren des Feuerwerkskörpers den Bildausschnitt verlassen.

AUTOS

Bei langen Belichtungszeiten hinterlassen die Autos in den Straßen einer Stadt **leuchtende Streifen.** Die Frontscheinwerfer erscheinen gelblich-weiß, die Rücklichter rot, die Blinker als gelbe, unterbrochene Streifen. Mit einem ISO 100-Film und f/4 liegt die erforderliche Belichtungszeit zwischen 8 und 15 Sekunden. Aber Vorsicht: Die Messung darf nicht auf die Scheinwerfer erfolgen, die sehr intensiv und leicht abzubilden sind, **sondern auf die umliegenden Gebäude.**

PERSONEN

Eine effiziente Kombination in der Nacht ist eine **lange Belichtungszeit** zur Abbildung der Lichter der Umgebung zusammen mit einem **Blitz** direkt auf das Motiv **im Vordergrund.** So könnte man zum Beispiel eine vor einem Aussichtspunkt stehende Person (wie etwa auf einem Turm, von dem man auf eine Stadt hinabsieht) korrekt belichten. Der im Vergleich zur Belichtungszeit kurze Blitz hätte auf die Lichter der Stadt keine Wirkung, weil diese zu weit entfernt sind. Bei dieser Technik spricht man von **Synchronisation** mit langen Verschlusszeiten, die übliche Abkürzung dafür lautet **Slow-sync.** Wenn man die Kamera auf **B** eingestellt hat und den Blitz von Hand zündet, spricht man von **Open flash.** Der Blitz kann eine Fotozelle besitzen und sich selbst regulieren, bei billigen Modellen ohne Fotozellen errechnet man die korrekte Distanz zum Motiv mit Hilfe der **Leitzahl** (Leitzahl durch Arbeitsblende ist gleich Abstand). Viele moderne Kameras bieten auch ein **Programm für Nachtaufnahmen** oder Porträts in der Nacht an, das die entsprechenden Einstellungen selbstständig vornimmt.
Auch wenn man sich für diese Variante entscheidet, die Kamera auf ein Stativ montiert, die **B**-Position einstellt und aus der Hand (mit dem Testknopf) blitzt, ist diese Technik nicht schwierig.

Infrarotfotografie

Verwandte Themen

Licht
Farbtemperatur
S. 190

Zubehör
Spezialfilter und Probleme mit Filtern
S. 146

Zubehör
Farbige Polarisationsfilter
S. 152

Licht
Die Farbe des Tageslichts
S. 193

Zubehör
Filter für die Schwarzweißfotografie
S. 139

Oben: Ein Gelbfilter Nr. 12, der für Infrarot-Farbfilme empfohlen wird.

Von Violett bis zu sehr dunklem Rot nimmt das menschliche Auge das Licht in verschiedenen Wellenlängen als unterschiedliche Farben wahr. Normale Fotofilme versuchen, diese Eigenschaften so gut als möglich **zu simulieren.** Anders die so genannten Infrarotfilme, sie bilden auch noch die für das Auge unsichtbare Lichtstrahlung ab. Manche dieser Filme sind so sensibilisiert, dass sie über das sichtbare Spektrum hinaus in den Infrarotbereich eine Abbildung liefern. Verschiedene Gegenstände reflektieren nicht nur das sichtbare Licht auf unterschiedliche Art, sondern auch das unsichtbare, auf einem Foto mit **Infrarotfilm** kann man eine Abbildung dieser Eigenschaften erkennen. Es gibt **Schwarzweißfilme** (IR), die einen Sensibilitätsbereich bis zu sehr langen Wellenlängen (900 Nanometer beim High Speed Infrared) besitzen. Je nach der Art, wie das **infrarote Licht** von den Gegenständen im Bildausschnitt **reflektiert** wird, erhält man eine Abbildung in verschiedenen Grautönen. Laub wirkt darauf sehr hell, der Himmel sehr dunkel. Man verwendet diese Filme in der Wissenschaft, der Medizin sowie im gerichtlichen und im militärischen Bereich. Es gibt auch einen Infrarot-Diapositiv-Farbfilm, den **Kodak Ektachrome Infrared.** Er ist wie ein normaler **Farbumkehrfilm** aufgebaut, anstelle der blauempfindlichen Schicht besitzt er jedoch eine für Infrarot sensibilisierte Schicht. Daraus ergibt sich nach der Entwicklung (nach gewöhnlichem E-6-Verfahren) eine **Verfälschung der Farben.** Die unterschiedliche Art, wie infrarotes Licht von verschiedenen Gegenständen und Materialien reflektiert wird, kommt auf einem solchen Film durch verschiedene Farben zum Ausdruck.
Diese Bilder mit ihrer besonderen Farbwiedergabe und den starken Kontrasten bei den Schwarzweißfilmen haben viele Fotografen dazu angeregt, Infrarotfilme zum **kreativen Experimentieren** zu verwenden.

FILTER MIT IR-FARBFILM

Mit einem IR-Farbfilm ist besonders zu beachten, dass alle Filmschichten für Blau sensibilisiert sind. Aus diesem Grunde empfiehlt Kodak für eine differenziertere Wiedergabe die systematische Verwendung eines mittleren **Gelbfilters** Wratten Nr. 12. Man kann die unterschiedliche Farbwiedergabe mit stärkeren Filtern noch deutlicher steigern, wie etwa mit Orange- oder Rotfiltern. Der Effekt wirkt dann ziemlich spektakulär: **rote** Wiesen und **blauschwarze** Bäche unter **smaragdgrünem** Himmel.

VORSICHT MIT DER SCHÄRFE

Normalerweise sind Objektive dafür gebaut, mit dem sichtbaren Licht zu arbeiten. Infrarot hat eine andere Wellenlänge, wodurch es zu einer **Verschiebung der Schärfeebene** kommt.

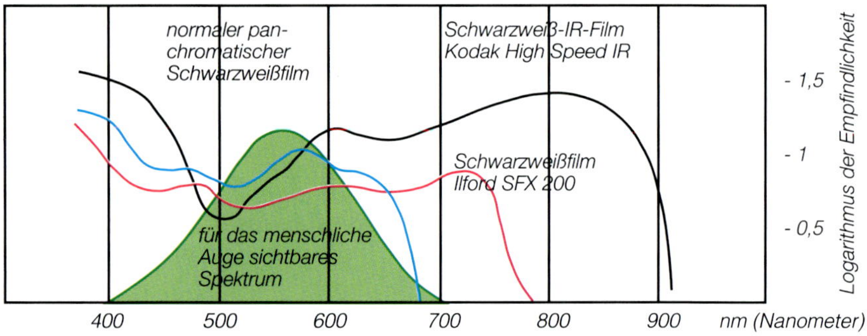

Die ungewöhnliche Farbwiedergabe eines Infrarot-Farbfilms mit verschiedenen Filtern: Von links nach rechts und von oben nach unten mit normalem Farbfilm, Infrarotfilm ohne Filter und Infrarotfilm mit Rotfilter Nr. 25 sowie Infrarotfilm mit Rotfilter Nr. 70.

Mit IR-Schwarzweißfilm und mit hoch selektiven Filtern (wie Wratten Nr. 87, das fast schwarz und nur für Infrarotstrahlen durchlässig ist) wird eine **Schärfekorrektur** notwendig. Man stellt dazu die wie üblich ermittelte Entfernung nicht mit der gewöhnlichen Referenzmarkierung des Objektivs ein, sondern mit einer roten Markierung (oft **R**) genannt, die sich in einigem Abstand daneben befindet. Bei APO- oder Superachromat-Objektiven ist diese Korrektur **nicht nötig.** Bei Infrarot-Farbfilm benötigt man ebenfalls **keine Korrektur,** weil das Bild zu einem erheblichen Teil auch durch sichtbares Licht entsteht und alle Farbanteile auf eine ziemlich genaue **gemeinsame Schärfeebene** abgestimmt sind. Die erwähnten, nicht ganz billigen, hoch farbtreuen Objektive (APO- oder Superachromat) sind auch dann von Vorteil, wenn der Fotograf sich wenig oder gar nicht mit Infrarotfotografie beschäftigt. Sie liefern nämlich ganz allgemein eine außergewöhnlich hohe Bildqualität und sind ausgezeichnet korrigiert.

WELLENLÄNGE DES FARBIGEN LICHTS

Wellenlänge (Nanometer)	Farbe
< 425 nm	Violett
425÷455 nm	Indigo
455÷490 nm	Blau
490÷575 nm	Grün
575÷585 nm	Gelb
585÷645 nm	Orange
645÷700 nm	Rot
> 700 nm	Infrarot
780 nm	Grenze des für das menschliche Auge sichtbaren Spektrums

Negativentwicklung und Abzüge

Verwandte Themen

Filme
Schwarzweißfotografie
S. 87

Filme
Welcher Film für welche Zwecke?
S. 73

Negativentwicklung und Abzüge
Diapositiv und Farbnegativ
S. 204

Filme
Das Farbnegativ
S. 83

Formate
Das APS-System
S. 93

In der Dunkelkammer

Sind die Fotos – einerlei ob in Farbe oder Schwarzweiß – erst einmal aufgenommen, müssen zunächst die Filme entwickelt werden. Man verwendet dazu verschiedene Chemikalien, einen Entwickler, eventuell einen Unterbrecher sowie einen Fixierer. Letzterer sorgt dafür, dass sich das entwickelte Bild anschließend nicht mehr verändert. Zum Schluss wird der Film mit Wasser gespült (im Fachjargon: gewässert) und getrocknet. Das **latente,** auf dem Filmstreifen **unsichtbare Bild** wurde entwickelt, wir haben ein **Negativ** erhalten. Dieses kann nun in einen **Vergrößerer** eingelegt und auf Fotopapier projiziert werden. Das kann ein kleiner Heimvergrößerer oder eine Entwicklungsmaschine in einem Großlabor sein. Danach muss auch das Bild auf dem Fotopapier entwickelt werden, und zwar in einem Entwicklungs-, einem Stopp- und einem Fixierbad. Anschließend wird es ebenfalls gespült (gewässert) und getrocknet.
Den gesamten Prozess wollen wir hier am Beispiel eines **Schwarzweiß-Negativfilms** näher erläutern, weil dieser am ehesten zur Entwicklung und Ausarbeitung zu Hause für den Fotoamateur geeignet ist.

Phasen der Entwicklung: Negativentwicklung

1 – Der Film **ist fertig belichtet.** Wenn die Lasche noch aus der Patrone ragt und nicht ganz in ihr verschwunden ist, kann man direkt zu Punkt 2 übergehen. Ansonsten ist es notwendig, den Film in der Dunkelkammer **bei absoluter Dunkelheit** aus der Patrone zu holen.
2 – Man schneidet die **Anfangslasche** mit einer Schere rund zu, um sie besser in die Entwicklungsspirale einfädeln zu können. Dabei achtet man darauf, keine Perforation zu verletzen.
3 – Immer noch in absoluter Dunkelheit spult man nun den Film auf die **Spirale.** Anschließend wird die Spirale auf den Spiralkern gestülpt. Dann gibt man diese in die Entwicklungsdose (manchmal auch **Tank** genannt).
4 – Ist der Deckel geschlossen, kann das **Raumlicht** wieder eingeschaltet werden, der Film ist vor Licht **geschützt.**
5 – Nun gießt man den zuvor in der richtigen Verdünnung und der erforderlichen Temperatur (normalerweise 18 bis 20 °C) nach den Instruktionen des Herstellers vorbereiteten **Entwickler** in den Tank, der dafür einen Spiraleingang hat, durch den **kein Licht einfallen** kann. Mit etwa 300 ccm Entwickler kann man eine Rolle Film entwickeln.
6 – Ist die Dose nun mit dem Flüssigkeitsdeckel verschlossen, stellt man die **Zeitschaltuhr** ein, kippt die Dose um und stößt damit auf den Tisch, damit **Luftblasen** sich von der Filmoberfläche lösen. Das macht man zunächst für 10 Sekunden, dann wiederholt man diesen Handgriff genau nach Uhr jede Minute. Nach Ablauf der Entwicklungszeit je nach Instruktionen und verwendetem Film unterbricht man die Entwicklung.
7 – Man leert die Dose. **Einmalentwickler** dürfen in geringen Mengen in die Kanalisation entsorgt werden, andere Entwickler bewahrt man in einer Flasche zur **Wiederverwendung** auf. Beim Wiederverwenden ist darauf zu achten, dass der Entwickler mit jeder Entwicklung an Stärke verliert und die Entwicklungszeit daher entsprechend **verlängert** werden muss. Die Verlängerungszeiten werden vom Hersteller angegeben, die Anzahl der Verwendungen sollte auf dem Flaschenetikett vermerkt werden.
8 – Die Entwicklung wird unterbrochen, indem man **Wasser** oder ein **Unterbrecherbad** in die Dose füllt.
9 – Nach etwa **1 Minute** wird das Wasser ausgeschüttet.
10 – Nun kommt das **Fixierbad** in die Dose, das dafür sorgt, dass der Film von Lichteinwirkung in Hinkunft nicht mehr verändert wird. Wieder schüttelt man 10 Sekunden, um Luftblasen entweichen zu lassen und lässt dann die **erforderliche Fixierzeit** verstreichen. Nach 1 Minute kann man die Dose öffnen und den Film im Fixierbad bewegen.

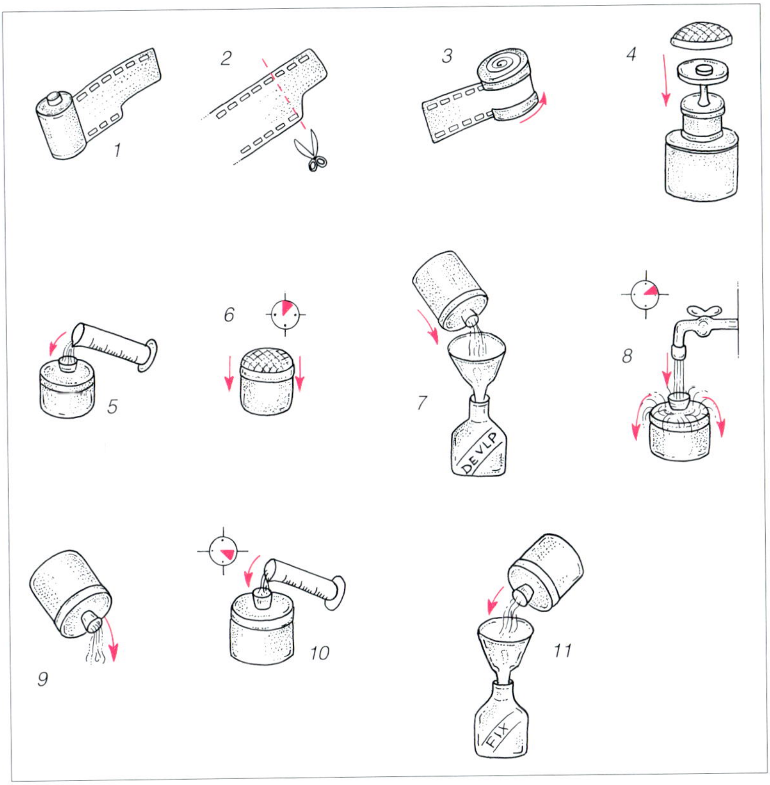

11 – Auch das Fixierbad kann **wiederverwendet** werden und wird in eine Flasche gefüllt. Es darf unter **keinen Umständen** in die Kanalisation gegossen werden. Anschließend erfolgt die **Schlusswässerung,** dazu wird Wasser in die Dose gegossen und 30 Minuten lang **alle 5 Minuten** gewechselt.

Nun kann man den Film von der Spirale ziehen und das überschüssige Wasser abstreifen. Dann hängt man den Streifen an einem luftigen, staubfreien Ort zum **Trocknen** auf. Man kann dazu eine Leine spannen und den Film mit einer Klammer (es gibt gummierte Spezialklammern) aufhängen. An das untere Ende wird eine Klammer als **Gegengewicht** gehängt.

Phasen der Entwicklung: Vergrößerung und Fotoentwicklung

VERGRÖSSERUNG UND BELICHTUNG

Hat man den Negativfilm **zu Hause** oder im Labor entwickelt, kann man nun zu Hause Abzüge herstellen. Dazu benötigt man einen Vergrößerer, einen gut abdunkelbaren Raum, Fotopapier und die entsprechenden Chemikalien. Wir wollen hier beschreiben, wie man Schwarzweißabzüge herstellt, da dieses Verfahren am besten für Amateure geeignet ist.

1 – Man legt das **Negativ** in die dafür vorgesehene Bühne des Vergrößerers ein. Noch wird kein Papier auf das Grundbrett gelegt. Dann schaltet man die Lampe ein und **verändert den Auszug des Vergößerers** so lange, bis die gewünschte Vergrößerung erreicht ist. Dabei kann man **Ausschnitte** anfertigen, indem man eine größere Projektion einstellt und das Fotopapier im gewünschten Bereich platziert.

2 – Nun stellt man die **Schärfe am Objektiv** des Vergrößerers ein. Für eine präzise Scharfstellung benötigt man eine so genannte **Korn-** oder **Luftbildlupe.** Das ist ein kleiner Spiegel mit einer Lupe mit so starker Vergrößerung, dass man das **Negativkorn** sehen kann. Nun stellt man auf das sichtbare Korn scharf.

3 – Nun schließt man die **Blende** um ein paar Stufen – auch beim Vergrößerer sollte man eher **nicht** die größte Blendenöffnung benutzen – ,denn die **Mittelwerte** bringen die beste Bildwiedergabe.
4 – Man legt das **Rotfilter** vor das Objektiv.
5 – Nun muss das **Licht gelöscht** werden. Die Arbeit in der Dunkelkammer beginnt. Mit eingeschaltetem Vergrößerer und dem Rotfilter vor dem Objektiv nimmt man ein Blatt **lichtempfindliches Papier** aus der Packung und verschließt sie dann wieder sorgfältig. Man legt das Papier auf das Grundbrett des Vergrößerers auf und fixiert es mit den Rahmenschienen plan in der gewünschten Position.
6 – Man **löscht die Lampe** des Vergrößerers.
7 – Man **klappt das Rotfilter** zurück.
8 – Dann schaltet man die Lampe ein und lässt gleichzeitig den für die **gewünschte Belichtungszeit** voreingestellten Timer ablaufen. Anschließend **löscht** man die Lampe sofort wieder.

FOTOPAPIERE
Es gibt verschiedene Fotopapiere für eine mehr oder weniger intensive (**harte** oder **weiche**) **Kontrastwiedergabe.** Die Abstufungen reichen von 0 bis 5 und können dabei helfen, die nicht zufriedenstellende Kontrastwirkung eines Negativs zu korrigieren oder auch einen bestimmten Effekt zu erreichen. Heute sind Papiere mit **variablem Kontrast** sehr verbreitet. Damit deckt man mit einer einzigen Papierart (Multigrade, Polykontrast, Multicontrast und so weiter) mehrere Kontraststufen ab. Man verwendet diese Papiere **zusammen** mit Farbfiltern in Gelb oder Magenta. Das geht auch gut mit dem **Objektiv eines Farbvergrößerers,** der mit entsprechenden Filtern ausgestattet ist.

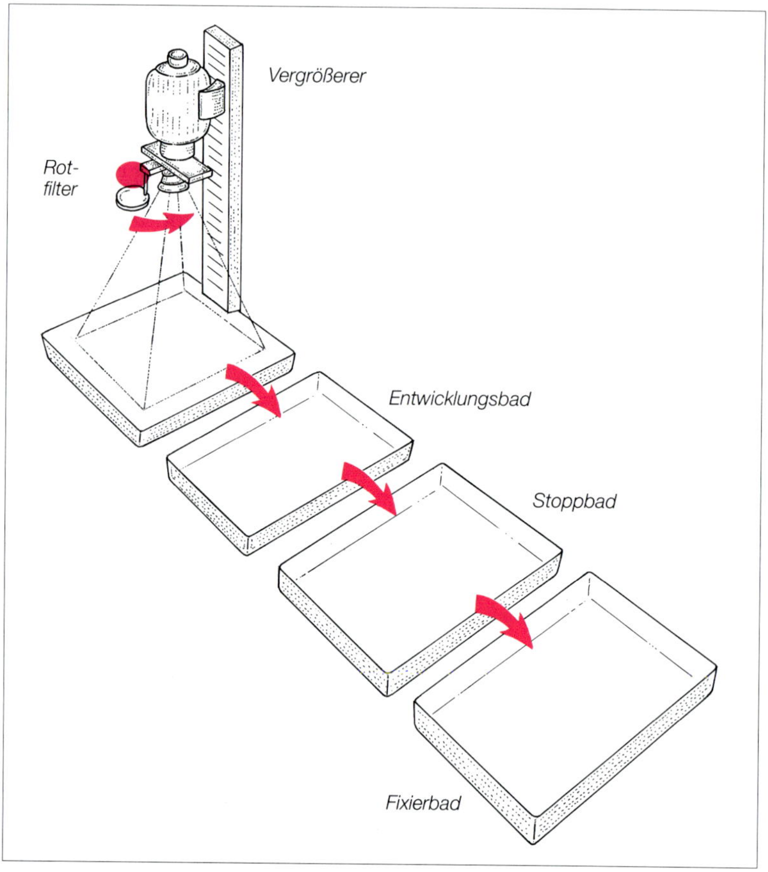

ENTWICKLUNG DER ABZÜGE

Nun gibt man das belichtete Papier in das Entwicklungsbad. Dabei kann man beim Licht einer **Dunkelkammerlampe** arbeiten. Wenn die Belichtung korrekt war, wird sich der Abzug zunehmend schwärzen. Bei Erreichen des richtigen Kontrastes wird die Schwärzung nicht mehr fortschreiten. Dann muss die **Entwicklung unterbrochen** und das Fotopapier in die Schale mit dem **Stoppbad** gelegt werden, anschließend kommt es ins **Fixierbad.** Nach ein paar Minuten im Fixierbad kann man das Licht wieder einschalten und das Ergebnis begutachten (Vorsicht: Man achte darauf, dass sich zu diesem Zeitpunkt **nicht noch andere Abzüge** im Entwicklerbad befinden!).

Beobachtet man genau wie die Schwärzung verläuft, kann man sich auch dafür entscheiden, das Bild **nicht** »auszuentwickeln« und den Prozess schon früher abzubrechen, allerdings riskiert man dabei eine ungleichmäßige Schwärzung. Umgekehrt kann man das Bild auch **länger** im Entwicklungsbad liegen lassen und dadurch nicht zufriedenstellenden Kontrast verstärken, dabei riskiert man aber eine diffuse **Schleierbildung.**

Kurz gesagt: Man kann eine Fehlbelichtung des Abzuges mit freiem Auge im Entwicklungsbad innerhalb gewisser Grenzen korrigieren, doch es ist im Interesse einer besseren Bildqualität eher ratsam, einen weiteren Abzug mit einer **korrigierten Belichtungszeit** anzufertigen. Als Näherungswert kann man sagen, dass sich ein gut belichtetes Bild nach 30 bis 60 Sekunden im Entwicklungsbad gut abzeichnen sollte.

Nach dem Fixierbad muss das Foto gründlich gewässert werden, und zwar am besten in **fließendem Wasser.** Von einer guten Wässerung hängt ab, wie dauerhaft das Foto später sein wird.

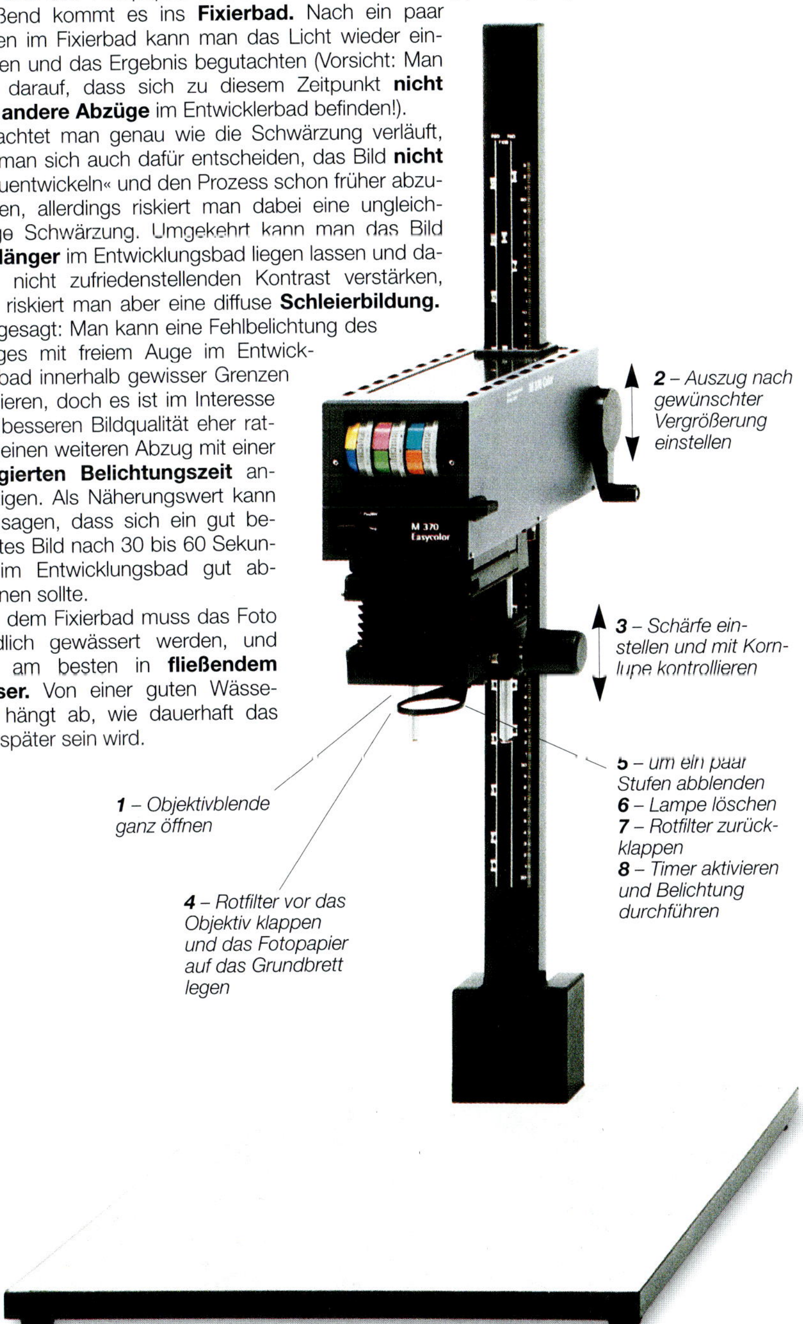

Diapositiv und Farbnegativ

Verwandte Themen

Filme
Das Diapositiv
S. 85

Filme
Das Farbnegativ
S. 83

Negativentwicklung und Abzug
In der Dunkelkammer
S. 200

Ein Diapositiv- und ein Farbnegativfilm funktionieren auf eine ganz ähnliche Weise. Das Diapositiv jedoch wird im Rahmen eines besonderen Entwicklungsprozesses einem **Umkehrverfahren** ausgesetzt, das zu einem positiven Bild führt. Aus diesem Grund spricht man manchmal von **Farbumkehrfilm.**
Wer mit Diafilm arbeitet, kann sicher sein, dass das Bild, das bei der Aufnahme auf Film gebannt wurde, auch **ganz genau demjenigen** entspricht, das nachher auf der Leinwand oder im Diabetrachter erscheint. Es bietet eine hohe Bild- und Schärfequalität, Farbsättigung und einen starke, plastische Wirkung in der Projektion. Aber Vorsicht: Ein Dia ist immer das **einzige existierende Original** und muss daher mit Sorgfalt behandelt werden. Duplikate sind nicht ganz leicht herzustellen und immer von etwas geringerer Qualität.

ENTWICKLUNG

Um ein Diapositiv zu erhalten, wird die Filmrolle zunächst einer **Erstentwicklung** unterzogen. Diese hat den Zweck, das latente Bild in Schwarzweiß zu entwickeln. Anschließend wird der Film einem **Umkehrprozess** (mit Zwischenbelichtung bei Kodakchrome) behandelt. Dieser hat den Zweck, die bisher nicht belichteten Stellen zu belichten. Die in der ersten Entwicklungsstufe geschwärzten Stellen werden zu Silber reduziert. Durch den Farbentwickler entstehen Oxidationsprodukte, die mit den eingelagerten Farbkupplern **sichtbare Farbstoffe** bilden. Somit entsteht ein positives Bild.
Nun muss noch das geschwärzte Silber zu fixierbadlöslichem Silbersalz modifiziert werden, das geschieht beim **Bleichen.** Dieses lösliche Silbersalz wird im anschließenden Fixierbad in wasserlösliche Komplexe umgewandelt und ausgewaschen. Von einer **gründlichen Lösung des Silbersalzes** hängt die **Farbtreue** und die **Brillanz** der Farben beim Diapositiv ab. Die Farbe selbst wird dabei nicht beeinflusst.

FARBNEGATIV

Beim Farbnegativfilm hingegen werden bei der Farbentwicklung die latenten Bilder in jeder Schicht in geschwärztes Silber umgewandelt und bilden zusammen mit dem ebenfalls enthaltenen Farbkuppler die **sichtbare Komplementärfarbe.** Jede Schicht arbeitet mit einem anderen Farbkuppler. Anschließend wird der Film ebenfalls gebleicht, danach fixiert und gewässert. Damit erhält man ein **Negativ,** das in getrocknetem Zustand für die Herstellung von Abzügen auf Fotopapier in die Negativbühne eines Vergrößerers eingelegt wird. Das Positiv erhält man erst durch die **Entwicklung** des Fotopapiers.
Zu beachten ist beim Farbnegativ, dass man sich unbedingt **genau** an die auf der Packung angegebenen **Entwicklungszeiten** des Herstellers halten muss. Abweichungen beeinflussen nicht nur das latente Bild in jeder Schicht, sondern auch die Farbdichte.
Verläuft der Entwicklungsprozess nicht nach den Instruktionen, können sich **unerwünschte Farbstiche** ergeben.
Bei Diapositivfilmen ist das anders. Da die Entwicklung des latenten Bildes in einem separaten Schritt erfolgt und die Farbe erst **anschließend** entwickelt wird, ist es beim Diapositivfilm möglich, beim Fotografieren die **Nennempfindlichkeit** zu überschreiten und die Entwicklung zu forcieren. Man hat damit die Möglichkeit, den Belichtungsmesser der Kamera auf ISO 200 einzustellen, obwohl man nur einen ISO 100-Film eingelegt hat. Das erleichtert die Arbeit des Fotografen in Situationen mit spärlichem Licht erheblich.
Beide Farbentwicklungsverfahren, sowohl für Farbnegativ als auch für Diapositiv, können selbstverständlich vom Fotoamateur im Heimlabor durchgeführt werden. Doch dabei handelt es sich um komplexe Verfahren, die eine **genaue** Regulierung und Kontrolle der Temperaturen der Entwicklungsbäder erfordern. Bei den eher hohen Temperaturen (wie etwa 38 °C) werden Abweichungen nur in ganz geringem Ausmaß **toleriert** (± 1/4 °C). Beim Herstellen der Abzüge ergibt sich eine weitere Schwierigkeit aus der notwendigen Farbfilterung bei Farbfotopapieren. Aus all diesen Gründen sollte man sich mit der Farbentwicklung zu Hause erst beschäftigen, wenn man bereits **einige Erfahrungen** mit der Schwarzweißentwicklung besitzt.

Das Polaroidsystem

Das Polaroid-Sofortbild-System stammt von Edwin Land und basiert auf dem Prinzip der **kontrollierten Diffusion.** Der Film ist in einzelnen Schichten aufgebaut und enthält unter anderem ein **Negativ,** eine **Entwicklerpaste** und eine **Bildempfangsschicht.** Nach der Belichtung wird der Film durch zwei gerillte Walzen aus dem Fotoapparat geschoben, dabei wird der Entwicklerbehälter aufgebrochen und der Entwicklungsprozess beginnt.

In der Originalversion sind für dieses System fixe Formate vorgesehen, man benutzt **normalerweise** spezielle Filmkassetten zu 10 Stück in der Größe 8 x 8 oder 8 x 10 cm. Ein ähnliches System wurde auch von **Fuji** entwickelt und unter der Bezeichnung **Instax** auf den Markt gebracht.

Im professionellen Bereich hat man auch an die Bedürfnisse der Berufsfotografen gedacht, die mit Fachkameras arbeiten. Man hat **Instant-Negativfilme** entwickelt, die sofort ein Negativ liefern, die dann sofort in den Vergrößerer eingelegt werden können. Im Unterschied zum Sofortbildsystem für Amateure, wo jedes einzelne Bild **ein Original ist,** können hier mehrere Abzüge hergestellt werden.

Bei Polaroid hat man zusätzlich noch einen 35 mm–Film entwickelt. Dieser befindet sich in einer herkömmlichen Patrone und kann nach der Belichtung **sofort** entwickelt werden. In die Entwicklungskassette kommt zusammen mit der Filmrolle eine Entwicklungskartusche mit Entwickler, durch ein Rollensystem wird der Entwickler auf dem Film verteilt, der ihn bei Kontakt über einen chemisch-physikalischen Prozess entwickelt.

So erhält man sofort entwickelte Diapositive mit **normalem Kontrast** oder, mit einem anderen Film, auch mit **hohem Kontrast.**

Links: Eine Polaroid-Sofortbildkamera.
Unten: Schematische Darstellung einer Polaroid-Sofortbildkamera. Die Filme werden unten eingelegt, wo sie über einen Umlenkspiegel belichtet werden. Sie werden vorne durch Rollen ausgestoßen, die die Entwicklung in Gang setzen.

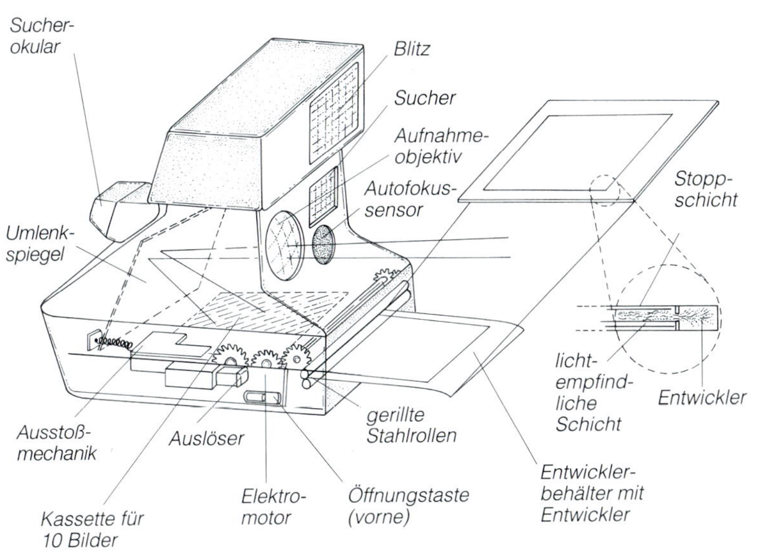

Digitalfotografie

Rund um den Computer

Der Computer spielt in der digitalen Fotografie eine ähnliche Rolle wie die Dunkelkammer bei der klassischen Methode. Es ist jener Ort, wo es möglich ist, auf das Bild **einzuwirken,** zu **retuschieren,** zu **vergrößern** oder zu **verkleinern.** Die auf dem Monitor überprüfte und für gut befundene Fotografie kann dann über einen mit dem Computer verbundenen **Drucker** ausgedruckt werden. Manche Fotokameras sehen sogar einen direkten Anschluss an einen Drucker vor, doch meistens erhält man damit nur kleinformatige Bilder, eine Korrektur ist nicht möglich. Kurz: der Computer dient dem Fotografen heute **im digitalen Bereich** als Fotolabor, er bildet das verbindende Herzstück eines Systems mit einer breiten Palette von Zusatzgeräten, die die Bilder einlesen, ausdrucken oder auf anderen Medien speichern können.

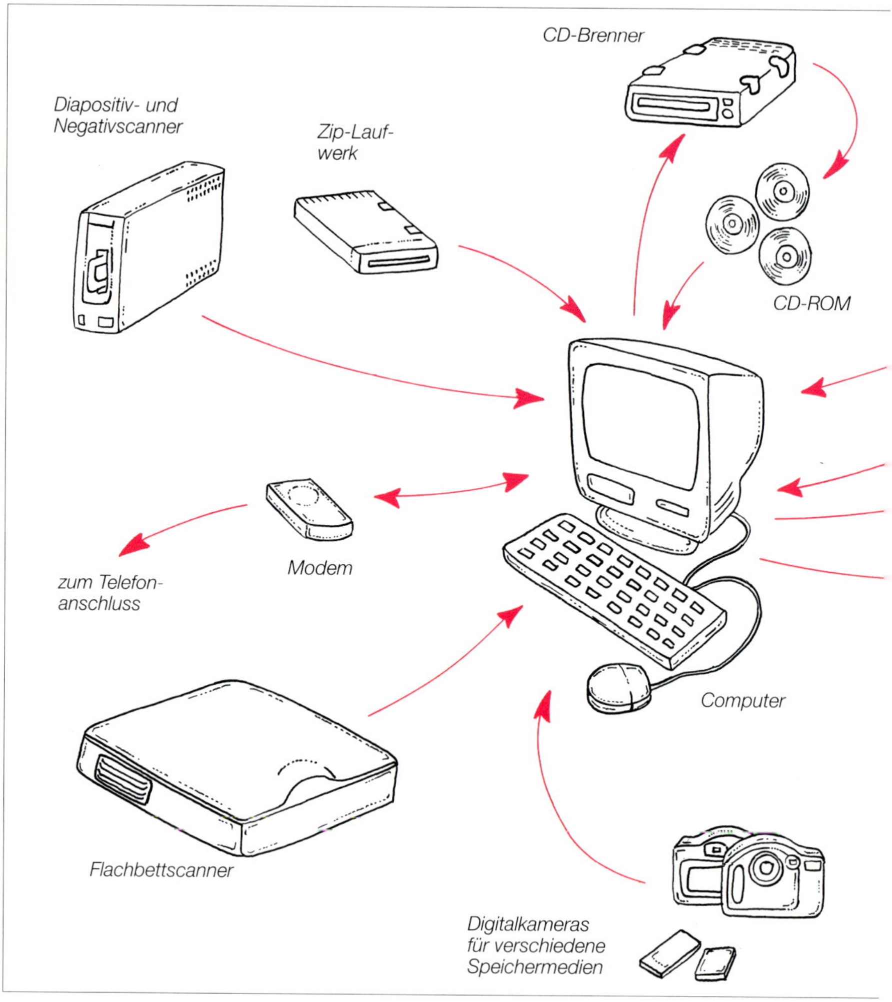

Hier die wichtigsten Zuberhörteile für die Bildbearbeitung mit Computer:

FLACHBETTSCANNER
Damit kann man **fertige Fotoabzüge** oder auch **Zeichnungen** (ebenso wie Texte, die mit einem OCR-Programm auch als solche erkannt werden) **einlesen.** Negative und Diapositive können damit weniger gut eingescannt werden, es gibt zwar einen Adapter dafür, die Qualität leidet jedoch.

DIAPOSITIV- UND NEGATIVSCANNER
Mit diesen so genannten **Durchlichtscannern** kann man kleine Negative oder Diapositive digitalisieren. Manche Modelle können auf bestimmte Filme abgestimmt werden, andere bieten diverse Bildbearbeitungsfunktionen als Zubehör (wie etwa Nikon Super Coolscan 2000). Manche Scanner können auch APS-Filme einlesen.

CD-BRENNER
Damit können Fotos auf CD-ROM gespeichert werden. Der Vorteil dieses Datenträgers ist die hohe Speicherkapazität von bis zu 650 MB. CD ROM (ebenso wie Foto CDs, die eine Abart der CD-ROM darstellen) können in jedem herkömmlichen CD-ROM-Laufwerk eingelesen werden.

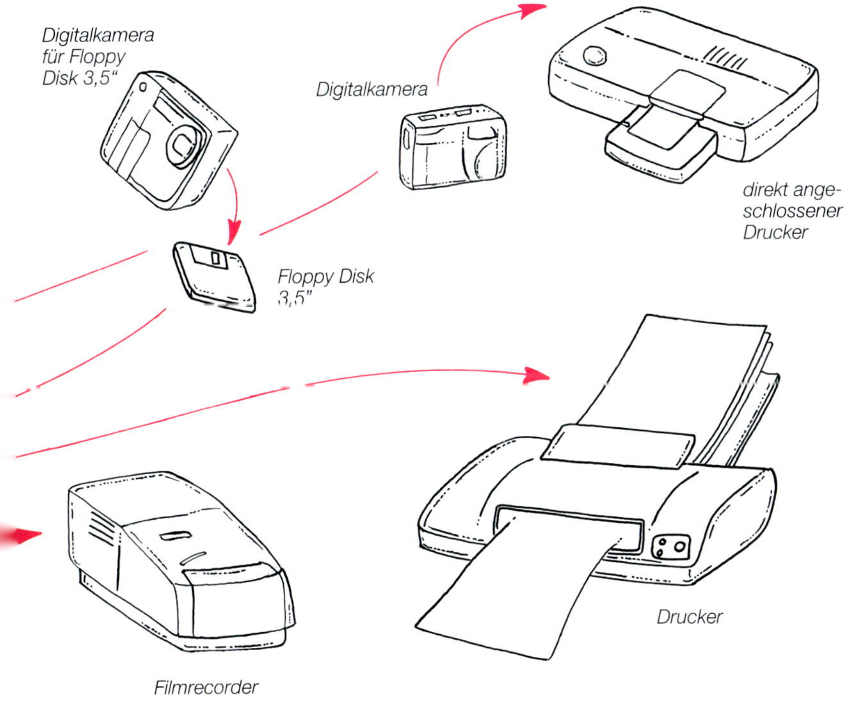

MODEM
Dieses Gerät stellt die **Verbindung zum Telefonnetz** her und erlaubt den Empfang und das Versenden von Daten über die Telefonleitung oder das Internet.

ZIP-LAUFWERK
Auf solche Speichermedien können große Dateien dauerhaft gespeichert werden, auch **Bilder** in ausreichend hoher Auflösung für eine **gute Bildqualität.** Auf der klassischen Floppy Disk 3,5" ist eventuell zu wenig Speicherplatz vorhanden. Zip-Disks zu mehreren 100 MB oder Jaz-Disks zu 1 GB mit den dafür geeigneten Laufwerken werden von der Firma Iomega hergestellt und sind eine verbreitete Lösung für **mehr Speicherplatz** und **Sicherungskopien,** ebenso wie zum Beispiel die SuperDisk zu 120 MB von Imation, die mit Laufwerken für Floppy Disk gelesen werden kann.

DIGITALKAMERA
Eine Digitalkamera nimmt ein Bild bereits digital auf. Je nach Typ der Kamera kann das in einer **hohen** oder **geringeren Auflösung** erfolgen. Studiokameras werden direkt mit einem Computer verbunden, Kompaktkameras können die Informationen auf einem internen Speicher ablegen und dann **via Kabel** an einen Computer übertragen. Viele Apparate speichern auf Datenträgern verschiedener Art, meist so genannte **Cards.**

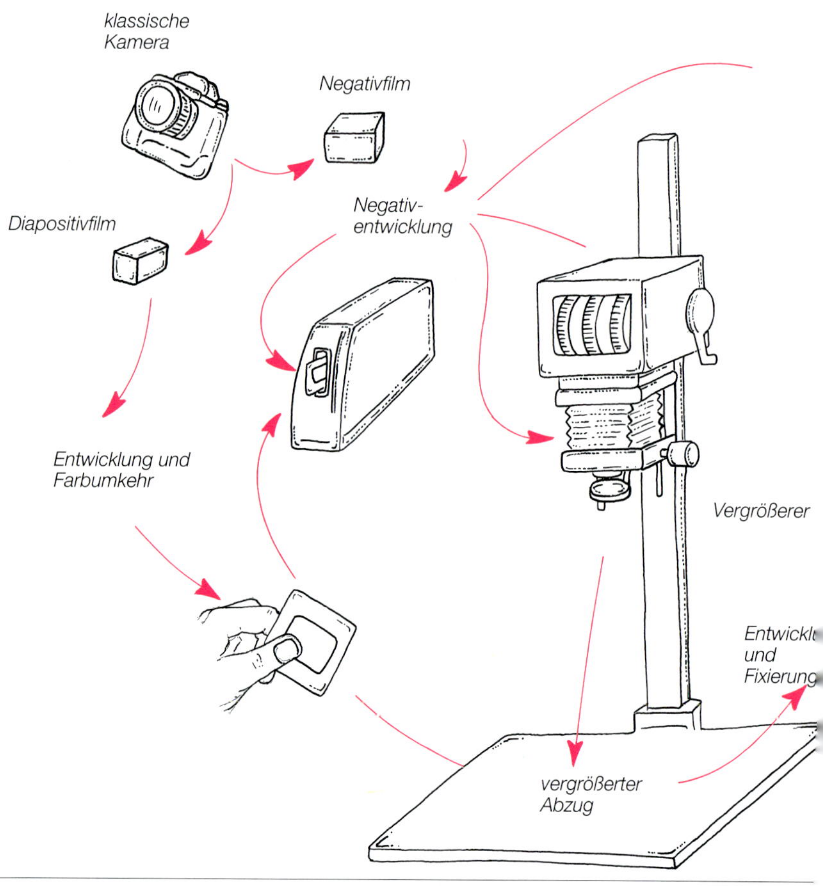

Für Datenträger dieser Art gibt es gewöhnlich Laufwerke für den Computer als Zubehör im Fachhandel. Die Mavica FD-5/FD-7 von Sony speichert Bilder auf **herkömmlichen** Floppy Disks 3,5", die dann im herkömmlichen Laufwerk des Computers eingelesen werden können.

DRUCKER
Das auf dem Monitor visualisierte Bild kann über einen mit dem Computer verbundenen Drucker ausgedruckt werden. Das kann etwa ein **Tintenstrahl-** oder **Laserdrucker** sein. Das auf dem jeweiligen Medium gespeicherte Bild kann man auch einem Fotolabor übergeben, wo dann Abzüge in der gewünschten Größe auf traditionellem Fotopapier angefertigt werden.

FILMRECORDER
Vom Computer aus kann man die digitalisierten und bearbeiteten Bilder auch wieder **analogisieren.** Die Daten werden dazu an einen Filmrecorder weitergegeben, der sie auf einen herkömmlichen Film druckt, um beispielsweise von verarbeiteten Digitalfotos Dias zu bekommen.
Im Grunde genommen handelt es sich bei diesen Geräten um eine Art Kamera mit klassischem Fotofilm und einem Laser, der den Film mit den Daten der digitalen Bilder **beschreibt.** Der Film wird anschließend normal entwickelt. Für dieses Verfahren gibt es eigene Filme mit moderaten Kontrasten.

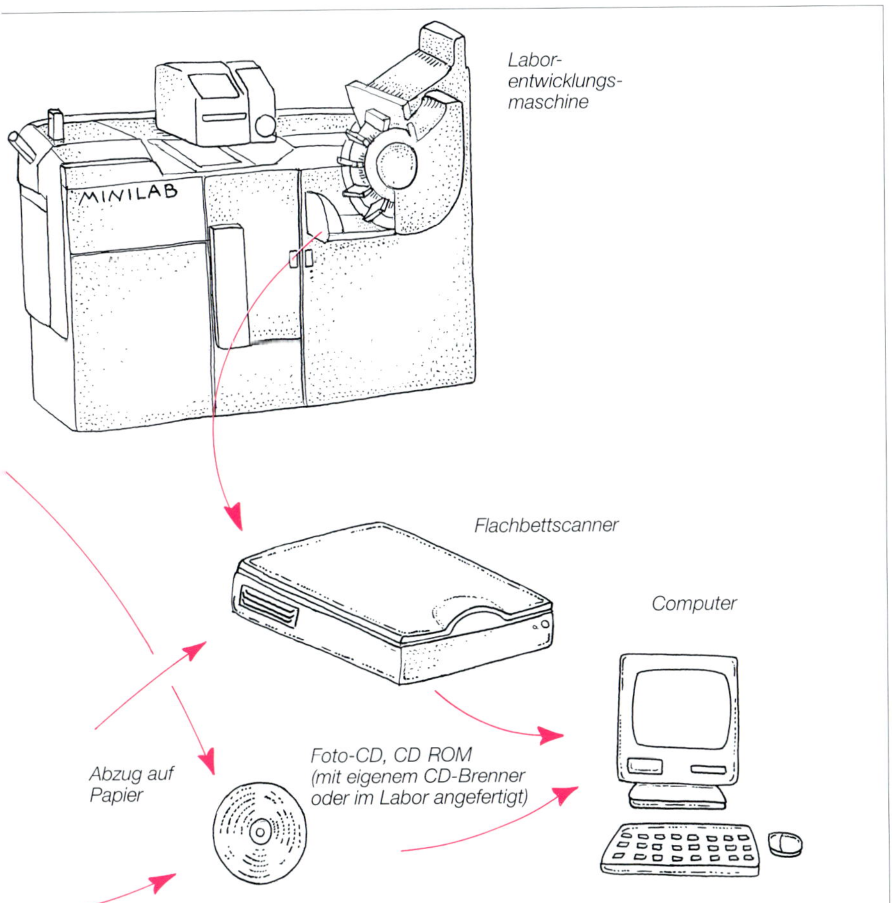

Fotos im Computer

Es gibt zwei Wege, wie man zu digitalen Fotos kommen kann: Entweder man macht die Aufnahmen gleich mit einer **Digitalkamera,** speichert diese auf dem jeweiligen Datenträger, lässt sie dann vom Computer einlesen und druckt sie über einen Drucker aus. Oder man fotografiert mit einer **klassischen Analogkamera** auf normalem Film, entwickelt die Negative oder Diapositive, und scannt diese in einem Durchlichtscanner bzw. die Abzüge auf Papier in einem Flachbettscanner, wodurch man ebenfalls eine Datei erhält, die im Computer bearbeitet werden kann. Nun kann man das Bild **nach Belieben nachbearbeiten** und ausdrucken. Die zweite Art bevorzugen heute viele Liebhaber der klassischen Fotografie, sie sehen darin eine Möglichkeit, bereits **bestehende Archive** von Diapositiven und Negativen zu ordnen und auf kleinerem Raum auf CD-ROM oder DVD zu lagern. Außerdem können sie ihr Archiv mit Hilfe der modernen **Informationstechnologien** übersichtlicher ordnen und besser nutzen. Durch das Einlesen eines Negativs oder Positivs mit einem Scanner erhält man eine große Menge an Information, meistens weit mehr als die Sensoren von Digitalkameras der unteren und mittleren Preisklasse aufnehmen können. Auf diese Weise kann man die **Vorteile der digitalen Bildbearbeitung** nutzen, ohne die hohen Kosten für eine digitale Fotokamera oder den Qualitätsverlust durch billigerer Modelle in Kauf nehmen zu müssen.

VOM ANALOGEN ZUM DIGITALEN BILD

Durchlichtscanner für **Negative** und **Diapositive** können 35 mm-Filme scannen, manchmal auch das APS-Format, mit einem **Flachbettscanner** kann man auch Abzüge auf Papier digitalisieren. Die Auflösung wird beim **Durchlichtscanner** auf mindestens 1800x1200 Pixel eingestellt, beim Flachbettscanner sollten wir etwa 600 Pixel erreichen (850x570), wenn wir davon ausgehen, später ein 10x15 cm-Bild ausdrucken zu wollen.

Dann speichern wir das eingescannte Bild. Dabei können wir wählen, welches **Dateiformat** gespeichert werden soll. Empfehlenswert ist ein nicht komprimiertes graphisches Format wie etwa **TIFF.**

Wer keinen Scanner hat, kann seine Bilder bereits im Fotolabor digitalisieren lassen. Dort kann man Negative, Diapositive oder APS-Filme auf **Kodak-Foto-CD** oder allgemeiner auf **CD-ROM** speichern lassen.

Die CD-ROM ist einer der praktischsten Datenträger zur Archivierung von digitalen Bildern. Rechts eine Kodak-Foto-CD mit Kodak-Photoplayer.

Auf einer Kodak-Foto-CD werden die Bilder normalerweise in fünf verschiedenen Auflösungen geliefert. Das sind:

192x128 Pixel
384x256 Pixel
768x512 Pixel
1536x1024 Pixel
3072x2048 Pixel

Auf jeder Foto-CD haben etwa **100 Bilder** Platz. Mit der Auflösung 1536x1024 erhält man gute 10x15-Ausdrucke.

VON DIGITAL ZU DIGITAL

Die Qualität des Ausdrucks eines mit einer **Digitalkamera** aufgenommenen Bildes hängt von der Pixel-Anzahl ab, die der Sensor (den diese Kameras anstelle eines Films besitzen) zu liefern in der Lage ist. 640x480 Pixel sind das absolute Minimum. Je mehr Pixel,desto besser die Bildqualität. Heutzutage werden die Kameras verstärkt mit **Megapixel-Sensoren** mit mindestens 1 Million Pixel gebaut, die bereits zu einem erschwinglichen Preis erhältlich sind.

BILDBEARBEITUNG

Ist das Bild digitalisiert, kann man es nun mit der entsprechenden Software im Computer bearbeiten. Von den elementarsten Maßnahmen wie **Säuberung** von kleinen Fehlern (Kratzer, Staub, leichte Farbkorrekturen) bis zu stärkeren **Veränderungen** für kreative Zwecke ist alles möglich. Es gibt die verschiedensten **Bildbearbeitungsprogramme,** manche werden mit Scannern oder Digitalkameras mitgeliefert. Einige gute Programme zu günstigem Preis für den Fotoamateur sind Adobe Photodeluxe, Graphic Converter (für Macintosh), Paint Shop (für Windows). Im professionellen Bereich wird viel mit Adobe Photoshop gearbeitet. Wer den Kauf eines Bildbearbeitungsprogramms erwägt, sollte darauf achten, dass es einige Grundfunktionen mitbringt – was allerdings bei modernen Programmen ohnehin der Fall sein dürfte:

- eine gute Regulierung der **Schärfe** (diese Funktion ist für den Laien einfacher, wenn die Option einer automatischen Bearbeitung vorhanden ist);
- die Möglichkeit einer **Farbabstimmung** (besonders für mit der Digitalkamera aufgenommene Bilder);
- eine Möglichkeit, die **Kontraste** zu verstärken (Kontrastfilter oder -maske), um kleine Details besser hervorzuheben.

VON DER DATEI ZUM AUSDRUCK

Auf ein A4-Blatt (21x29,7 cm), das man in einen Drucker einlegt, lassen sich leicht zwei Bilder im Format 10x15 cm ausdrucken, wobei die **Qualität des Papiers** entscheidend mit beeinflusst, wie der Ausdruck aussieht. Mit handelsüblichen **Farbtintenstrahldruckern** erreicht man auch im Vollformat ein schönes Ergebnis.
Dafür muss das Ausgangsbild jedoch eine **hohe Anzahl an Informationen** (Auflösung) liefern.

Der SprintScan 45 von Polaroid ist ein Scanner für transparente Originale im Format 35 mm bis 10x15 cm.

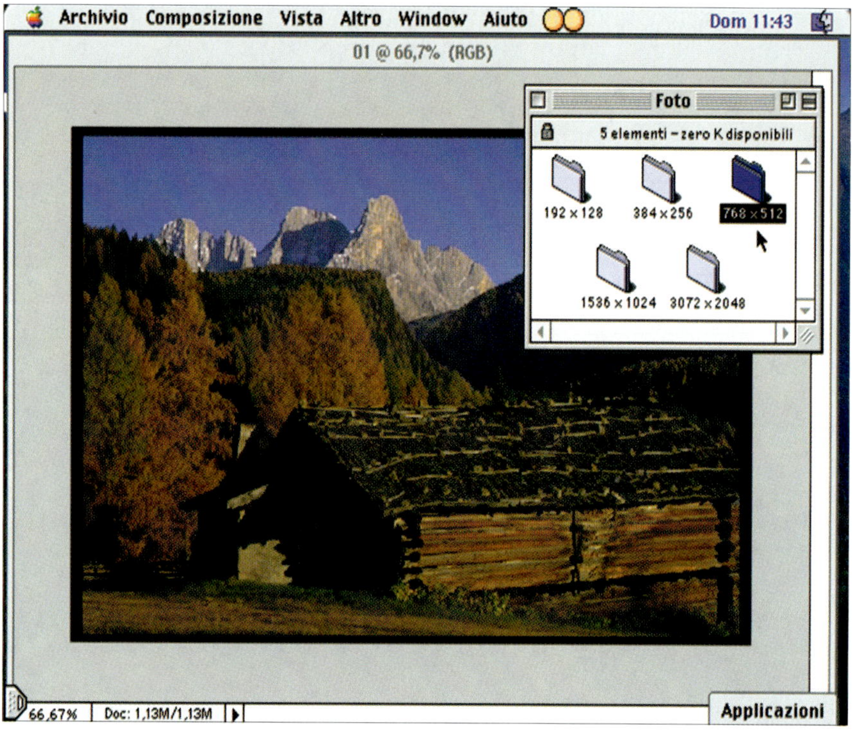

Der Bildschirm zeigt uns ein Bild im Programm Photoshop. Im Befehlsfenster auf der rechten Seite sind die Auflösungen in Pixel angegeben, mit denen jedes einzelne Bild auf Foto-CD gespeichert ist.

Die Auflösung sollte nicht weniger als **1600x1100 Pixel** betragen. Bei Digitalkameras ist das bisher der Standard, den Apparate der mittleren bis höheren Preisklasse gewährleisten. Wenn man von einer **Foto-CD** ausgeht, nimmt man für den Ausdruck die höchste Auflösung mit **3072x2048 Pixel.** Bei einem Flachbettscan geht man von **3300x2400 Pixel** aus, das entspricht einer Auflösung von **300 dpi** *(dot per inch)*. Man sollte auch daran denken, dass eine so umfangreiche Datei entsprechend viel Bearbeitungszeit benötigt.

EIN DIGITALES FOTOALBUM

Vorsicht! Beim Digitalisieren von Fotos mit hoher Auflösung erhält man ziemlich umfangreiche Dateien. Eine gute Archivierung ist daher nicht ganz einfach zu konzipieren. Hier einige Arten, wie es funktionieren könnte:

- Eine **hohe Auflösung** ist am einfachsten auf CD zu speichern. Man sucht sich die schönsten Fotos aus und brennt sie auf **CD-ROM.** Dieses Medium kann eine ansehnliche Menge an Daten aufnehmen (bis zu 650 MB).

- Eine Alternative wäre es, die Bilder in ein Fotolabor zu geben und sich eine **Foto-CD** machen zu lassen. Sie kann etwa **100 Fotos** aufnehmen.

- Zum Speichern von Fotos auf gewöhnlicher **Floppy Disk** sollten sie in **sehr kleinem Format** gespeichert sein, etwa mit 320x240 Pixel. Auch durch **Komprimieren,** zum Beispiel im Format JPEG, kann man Bilder auf Floppy Disk speichern.

- Man kann die eigenen Fotos auch im **Internet** veröffentlichen. Auch hier empfiehlt es sich, ein **kleineres Bildformat** zu wählen, damit die Dateien nicht zu groß zum Laden sind (nicht mehr als **600x450 Pixel**). Hier bevorzugt man komprimierte Dateiformate (zum Beispiel JPEG mit einer Kompression von 4 bis 7).

- Im Internet gibt es auch kostenlose Programme zum **Herstellen von Sequenzen** oder Auflösungen der eigenen Bilder.

FÜR PROFESSIONELLE ZWECKE

Wer an Bildern für professionelle Zwecke arbeitet, die an eine Druckerei weiter geliefert werden sollen, muss mit dem Empfänger klären, welches Dateiformat benötigt wird. Einige Möglichkeiten:

- **TIFF-Datei**

- **Vierfarbformat CMYK** (Cyan, Magenta, Gelb, Schwarz) statt das herkömmliche RGB (Rot, Grün, Blau)

- Nach der Konversion von RGB zu CMYK muss die **Farbkorrektur** nochmals überprüft werden.

- Die Datei muss auf einem **geeigneten Datenträger** geliefert werden (Zip, Jaz, CD-ROM etc.).

AUSDRUCK

Man kann ein Foto auf verschiedenen Druckern ausdrucken, wie etwa auf **Tintenstrahl-** oder **Thermosublimationsdrucker.** Mit Thermosublimationsdrucker nimmt man gewöhnlich **eine Auflösung von 300 dpi.** Bei den weit verbreiteten Tintenstrahldruckern kommt es ganz auf die Größe der Abbildung an. Entscheidend ist auch die **Qualität des Papiers.**
Auf einem A4-Blatt kann man zwei 10x15 cm große Bilder unterbringen. Papier für Fotoausdrucke findet man im Fachhandel, die verschiedenen Hersteller bieten Produkte **mit optimalen Absorptionseigenschaften** für die Farben verschiedener Druckermarken an. Am besten probiert man einige verschiedene Papiersorten aus. Die **Farbwiedergabe** ist jeweils unterschiedlich, mit ein wenig Erfahrung wird man bald wissen, welches Papier für welchen Drucker am besten geeignet ist. Auch die verschiedenen Farben führen zu unterschiedlichen Ergebnissen.

Auf einer Foto-CD sind die Bilder in verschiedenen Auflösungen gespeichert. Hier zeigt der Bildschirm das Vollbild, das als Miniaturabbildung in der Übersicht erscheint.

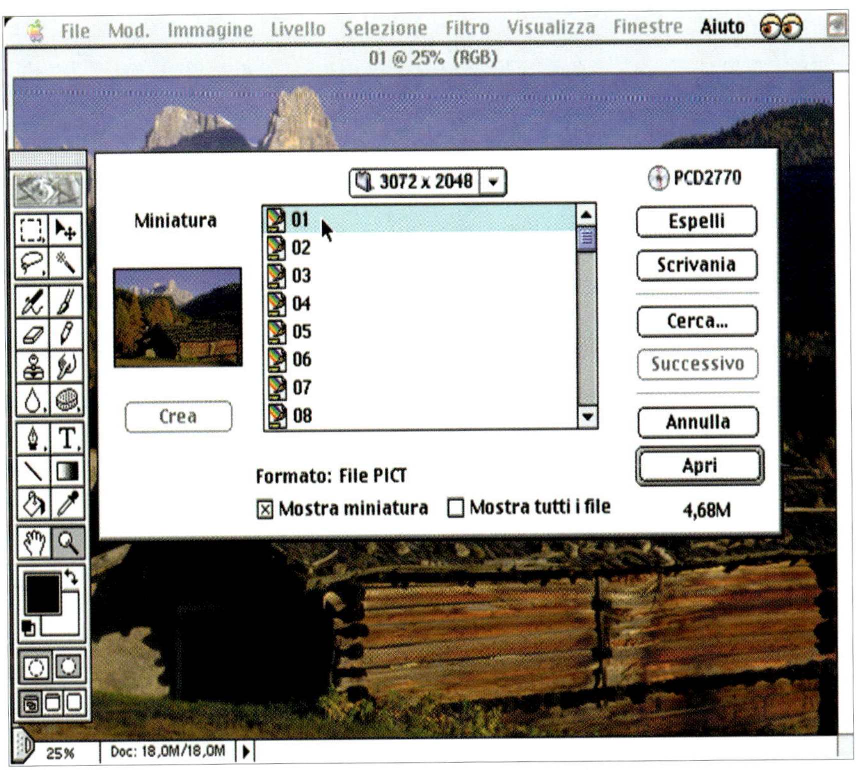

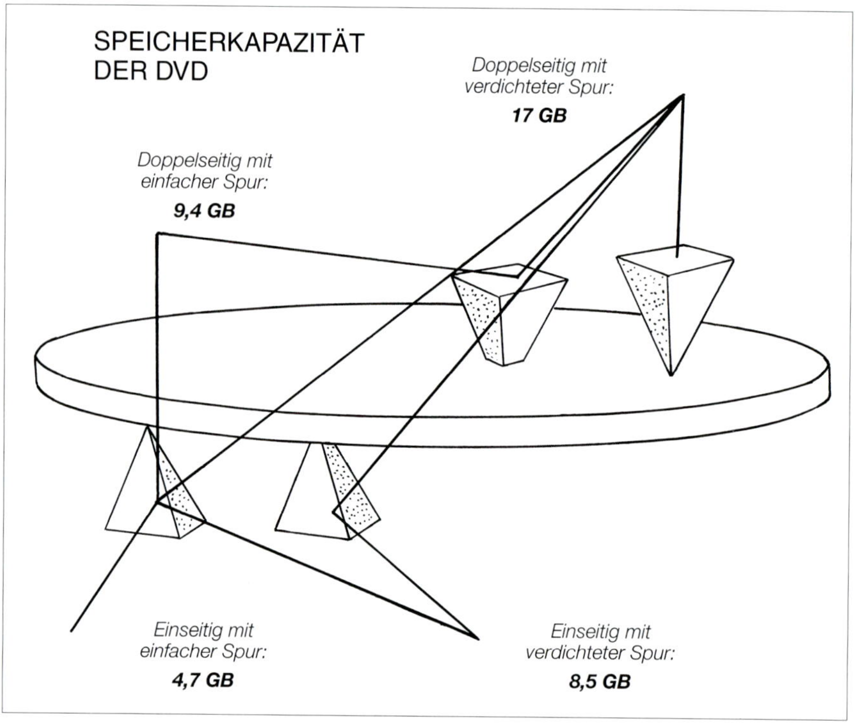

DER NACHFOLGER DER CD-ROM: DVD

Die CD-ROM ist heute einer der verbreitetsten Datenträger für **große Datenmengen.** Sie hat eine Kapazität von bis zu 650 MB. Es gibt jedoch bereits einen Nachfolger für dieses Produkt, die DVD (Digital Versatile Disc). Sie ist für **weitaus größere Datenmengen** konzipiert und kann 4,7 Gigabyte bzw. 8,5 Gigabyte (in der mit doppelter Dichte beschriebenen Video-DVD-Version) an Informationen aufnehmen. Es gibt auch eine **doppelseitige Version** mit 9,4 Gigabyte (mit doppelter Dichte 17 Gigabyte). Die erhöhte Speicherkapazität der Video-DVD-Technologie kommt durch eine **Verdichtung der Spuren** zustande. Dieser Datenträger wird mit feineren Laserköpfen beschrieben, die Streuung ist enger als jene beim IR-Laser der CD-ROM-Brenner. Auf einer Seite einer Video-DVD kann man einen ganzen Spielfilm **in voller Länge** unterbringen.

Dieses Rückwandteil verwandelt eine Mittelformatkamera in eine Digitalkamera (Rollei DSP-104). Der große Sensor ist gut zu sehen.

Auch für die Archivierung einer großen Menge an Fotos bietet sich die DVD daher an.

Digitale Aufnahmen

Digitale Fotokameras kann man grundsätzlich in zwei Kategorien unterteilen: jene, die das ganze Bild **auf einmal aufnehmen** (und mit denen auch Schnappschüsse möglich sind) und jene, die das Bild **in mehreren Durchgängen »abtasten«.** Diese so genannten Scan-Kameras bieten eine hohe Auflösung, doch man kann nur statische Aufnahmen damit machen. Die erste Art wiederum bietet nur dann eine ausreichende Bildqualität, wenn der Sensor eine hohe Anzahl an Pixel besitzt, was bisher in der Fertigung kompliziert und daher mit höheren Kosten verbunden ist.

Technisch gibt es mehrere Lösungen. Grundsätzlich muss das Bild abgetastet und **in einzelne Bildpunkte zerlegt** werden. Das kann mit Hilfe von mobilen, linearen Sensoren geschehen, die in drei Schritten jeweils mit dem Rot-, Grün- oder Blaufilter auf dem Cursor über das Bild verlaufen, oder mit einem **drehbaren RGB-Filter** auf einem Vollbildsensor, oder auch – bei sehr großen Geräten – mit **einzeln** gefilterten, in Dreiergruppen angeordneten Pixel.

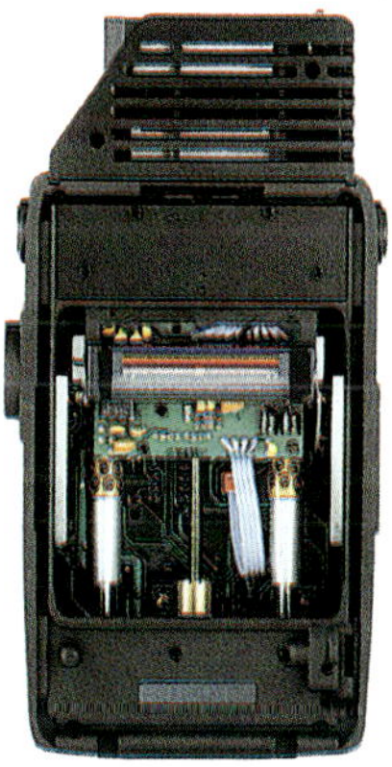

Digitales Rückwandteil (Rollei Digital Scan Pack, links auf Rolleiflex 6008) mit linear angeordneten CCD-Sensoren. Unten: Verschiedene technische Lösungen für digitale Aufnahmen: ein mobiler Sensor, mit dem die Bildfläche abgetastet wird (ungeeignet für bewegte Motive), ein Vollbildsensor mit für die Grundfarben empfindlichen Pixel (geeignet für Momentaufnahmen) und ein System mit drei Sensoren und optischen Trennprismen (ebenfalls geeignet für Momentaufnahmen).

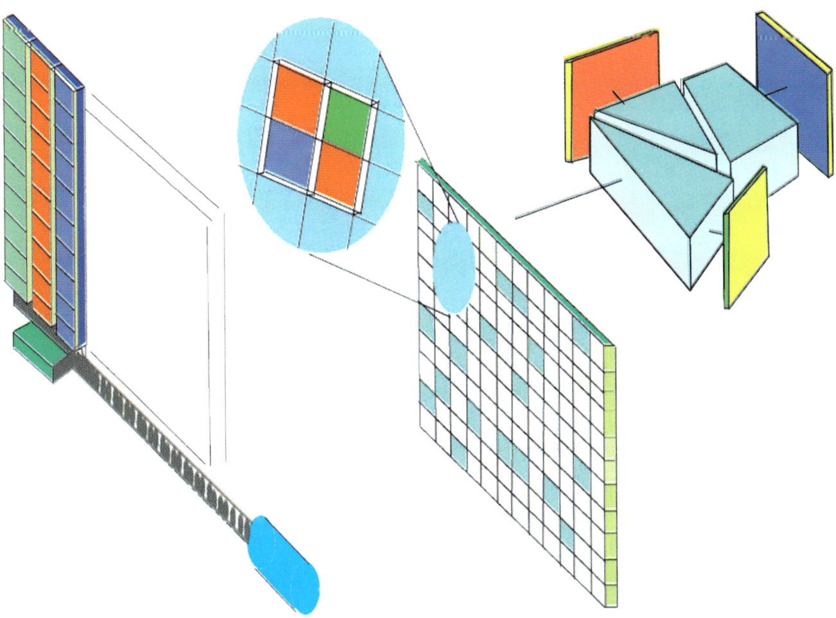

Eine Digitalkamera mit Vollbildsensor: Damit kann man Momentaufnahmen und auch mehrere Bilder in rascher Folge hintereinander machen. Eine solche Digitalkamera kann ohne Weiteres auch in der Reportagefotografie verwendet werden.

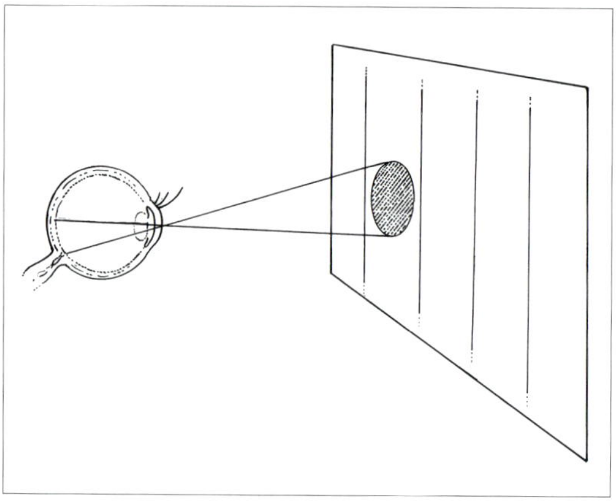

Rechts: Das menschliche Auge kann maximal 12 Linien pro mm unterscheiden.
Rechte Seite:
Oben: Das Bedienungsfenster eines Flachbettscanners (Agfa Snap Scan 600), in den ein 10x15 cm großes Foto eingelegt wurde.
Mitte: Mit dem Befehl Visualisieren kann man das Bild im Vollformat betrachten. Man kann den zu digitalisierenden Bereich genau eingrenzen.
Unten: Bevor das Bild digitalisiert wird, wählt man die gewünschte Auflösung aus.

Weiters gibt es noch Systeme, die ähnlich wie Fernsehkameras mit **drei Sensoren** (einer für jede Farbe) mit optischen Trennprismen arbeiten. Derzeit werden auch Lösungen mit **zwei Sensoren** als weniger komplexer Ersatz für die kostenintensive Bauweise mit drei Sensoren erprobt (G und R+B).

Auflösung: Wann wir scharf sehen

Beim Betrachten eines Fotos (oder eines anderen Gegenstandes) kann das menschliche Auge kleinste Details unterscheiden. Wie klein können diese Details sein, um noch getrennt wahrgenommen zu werden? Zur näheren Definition der diesbezüglichen **Fähigkeiten des menschlichen Auges** stelle man sich einen Raster aus gleich starken Linien vor. Eine bestimmte Anzahl von Linien pro Millimeter werden vom Auge noch getrennt wahrgenommen, darüber hinaus verschmelzen die Linien zu einer Fläche. Beim menschlichen Auge geht man davon aus, dass es **maximal 6 Linien pro Millimeter** wahrnehmen kann.

Natürlich muss man hier auch bedenken, dass das Auge, um eine schwarze Linie zu erkennen, eigentlich auch die dazwischenliegende weiße Linie getrennt wahrnehmen muss. Daher kann das Auge in Wirklichkeit **12 Linien pro Millimeter** sehen. Da die Länge der Linien diesbezüglich keine Rolle spielt, können wir auch von Punkten sprechen, die noch getrennt wahrgenommen werden.

Ähnliche Angaben im Computerbereich erfolgen **vorwiegend in Inch**. Um die Fähigkeiten des Auges daher mit jenen der Bildschirme, Drucker oder Digitalkameras vergleichen zu können, müssen wir die 12 Punkte pro Millimeter in Punkte pro Inch verwandeln. 1 Inch entspricht 25,4 mm, daher erhalten wir **12x25,4 = 304,8 dpi** *(dot per inch)*. Nun wissen wir, dass das menschliche Auge, um ein digitales Bild klar und scharf wahrzunehmen, eine Auflösung von **mindestens 300 dpi** benötigt.

Wie viel Speicherplatz benötigt ein Foto?

Stellen wir uns vor, wir möchten ein Foto auf ein **A4-Blatt** drucken. Die Auflösung soll **300 dpi** betragen, die Standardmaße des A4-Formats sind **21x29,7 cm.** Mit 300 dpi haben wir eine für das menschliche Auge zufriedenstellende Fotoqualität. Wieviel **Speicherplatz** benötigen wir für die entsprechende Anzahl an Informationen?

Das lässt sich unschwer errechnen:

- Das **endgültige** Format soll 21x29,7 cm betragen, das sind 210x297 mm.
- Um diese Maße **in Inch umzurechnen,** müssen wir sie durch 25,4 teilen und erhalten damit 8,267x11,692 Inch.
- Nun müssen wir die beiden so erhaltenen Maße mit der gewünschten Auflösung von 300 dpi multiplizieren. So erhalten wir die **Anzahl von Pixel** *(picture elements)*, um das Bild in der gewünschten Auflösung drucken zu können. 2480x 3507,6 ergibt 8.698.848 Pixel. Dies gilt allerdings **nur** für das Bild in Schwarzweiß.
- Für ein Farbbild benötigen wir die **dreifache Anzahl** an Informationen für die drei Grundfarben Rot, Blau und Grün. Somit ergibt sich eine Gesamtanzahl von 26.096.544 Pixel für unser Bild.
- Am Endresultat sehen wir, dass wir für ein A4-Foto in der Auflösung 300 dpi **26 Megabyte** an Speicherplatz benötigen.

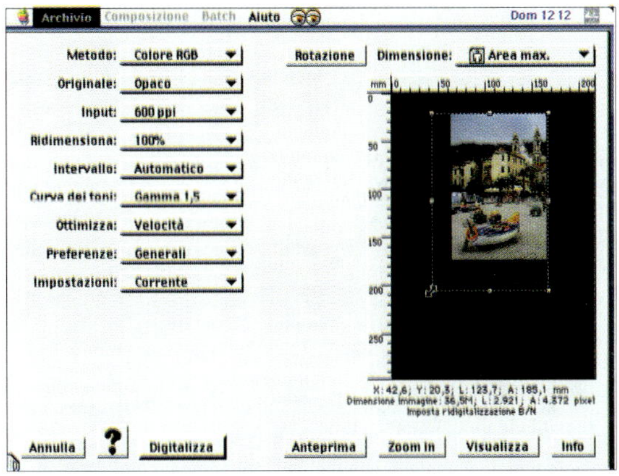

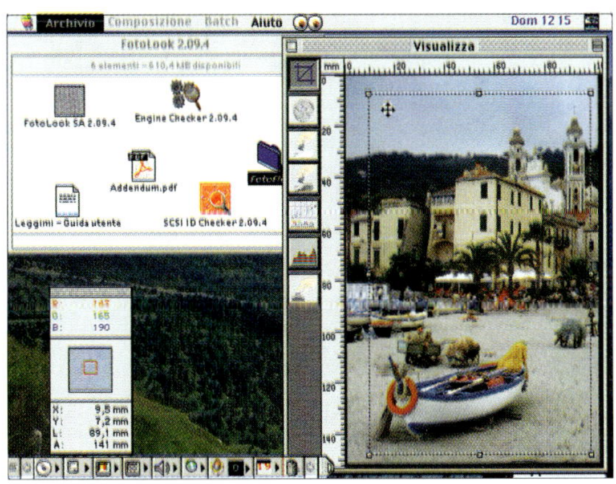

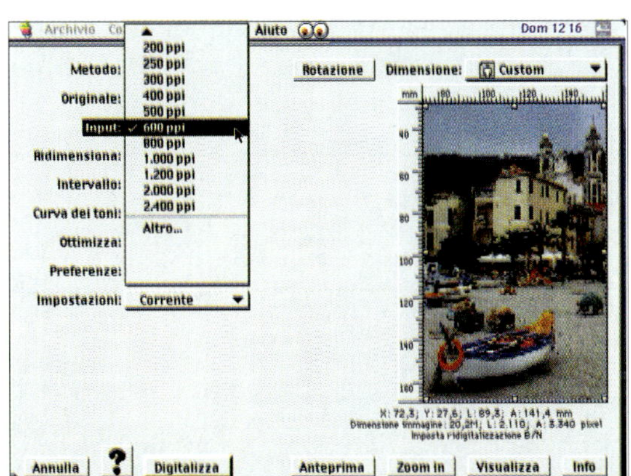

Drucker für Digitalfotos

Nach dem Digitalisieren der Fotografie ausgehend vom Negativ, Diapositiv oder Papierabzug können wir sie über einen mit dem Computer verbundenen Drucker ausdrucken. Manchmal ist es auch möglich, die Digitalkamera direkt an den Drucker anzuschließen.

Es gibt verschiedene Arten von Druckern: **Tintenstrahl-, Thermosublimations-** und **Laserdrucker.** Sie alle arbeiten mit unterschiedlichen Technologien.

Für den Fotoamateur sind bestimmt die **Tintenstrahldrucker** am interessantesten, sie können Ausdrucke in verschiedenen Formaten liefern, die meisten gängigen Typen bis zu A4, kostspieligere Modelle bieten auch das Format A3 an.

Das beste Resultat erzielt man mit Tintenstrahl- oder **Ink-jet**-Druckern mit speziellem Papier für Fotoausdrucke. Dieses wird von verschiedenen Herstellern angeboten, oft auch von den Druckerherstellern selbst, was den Vorteil hat, dass die Saugeigenschaften optimal auf die Art der verwendeten Tinte abgestimmt ist.

Anders arbeiten die so genannten **Thermosublimationsdrucker,** das sind meist kostenintensivere Lösungen, die jedoch den großen Vorteil haben, ein **homogenes Bild** ohne die feinen, oft noch sichtbaren Punkte der Tintenstrahldrucker zu liefern. Allerdings gibt es diese Variante auch in einem kleineren Format für Ausdrucke von 10x15 cm **zum direkten Anschluss** an manche Digitalkameras.

Schließlich sollte nicht vergessen werden, dass man immer auch die Möglichkeit hat, das Bild in Form der digitalisierten Datei einem Fotolabor zu übergeben, wo Abzüge auf richtigem (lichtempfindlichem) **Fotopapier** gemacht werden, das anschließend auf normalem Weg entwickelt wird.

Die Qualität des Endresultats hängt stark vom Papier ab, das für den Tintenstrahldrucker verwendet wird. Hier ein Hewlett Packard 120C für das Format A3.

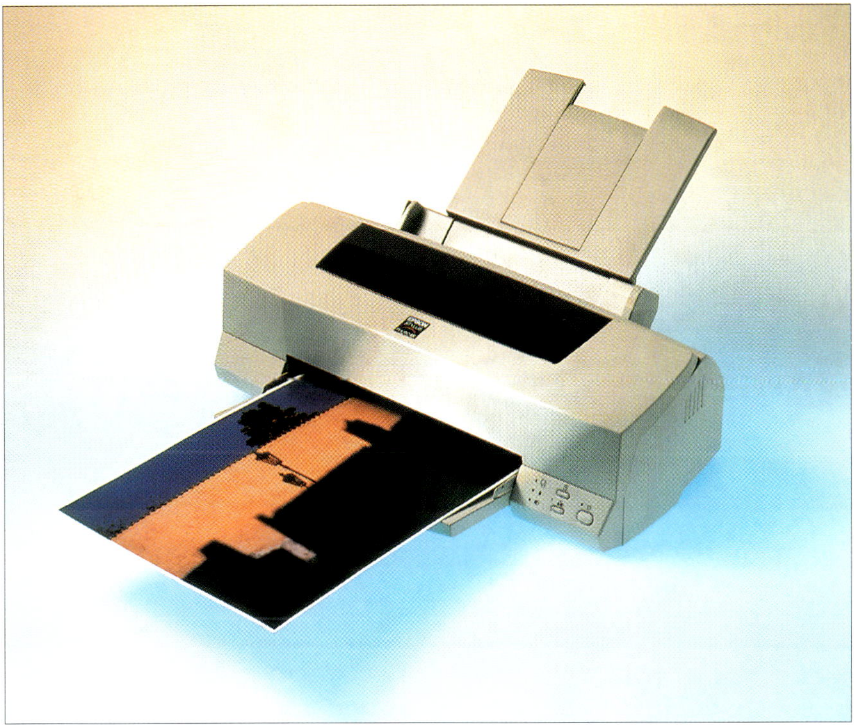

Ein Tintenstrahldrucker Epson Stylus Photo Ex mit Piezotechnik. Man kann bis zum Format A3 drucken.

DIE TECHNIKEN DER DIGITALEN DRUCKER

Viele Fotografen, die genauer wissen wollen, wie das von ihnen fotografierte Bild eigentlich entsteht, werden es vielleicht ebenso interessant finden zu erfahren, wie das digitale Bild zu Papier gebracht wird.

Es gibt heutzutage eine **große Bandbereite an verschiedenen Drucktechniken,** und ständig werden neue Methoden entwickelt.

Grundsätzlich wird zwischen **IP** (Impact Printing) und **NIP** (Non Impact Printing) bei den Druckverfahren unterschieden. Zu den bekannteren Impact Printern zählen beispielsweise die heute nicht mehr oder nur mehr für Spezialzwecke verbreiteten Nadeldrucker, bei denen feine Nadeln von elektrischen Impulsen gesteuert ein Farbband gegen das Papier drücken. Für NIP-Druckmethoden gibt es verschiedene Technologien:

• **Thermodruck** (man benötigt spezielles Thermopapier, der Druckkopf wird stellenweise erwärmt, er löst die Schutzschicht des Papiers auf und die Farbe kann eindringen). Viele Faxgeräte arbeiten mit dieser Technik.

• **Thermosublimation** (ein Wärmeübertragungssystem, bei dem ein Druckkopf ein Band mit farbigem Pigment und Tinte erwärmt, wodurch die Farbe ohne Übergang in den flüssigen Aggregatzustand auf das Papier aufgedampft wird. Man braucht dazu spezielle Farbbänder und mehrere Durchläufe).

• **Elektrowiderstand** (ein Elektrodenkopf auf einem thermoresistenten Aluminiumband mit einer harzversiegelten Pigmentschicht erhitzt das Band stellenweise, das Harz löst sich und gibt das Pigment frei). Das ist eine aufwändige, professionell genutzte Technologie.

• **Elektrofotografie** (auf einer Fotohalbleiterschicht wird durch Belichtung ein Ladungsbild erzeugt, das geschieht mittels eines Lasers, der Punkte und Linien aufzeichnet. Das noch unsichtbare Ladungsbild durch einen Toner aus elektrostatisch geladenen Teilchen sichtbar gemacht und auf das Papier übertragen).

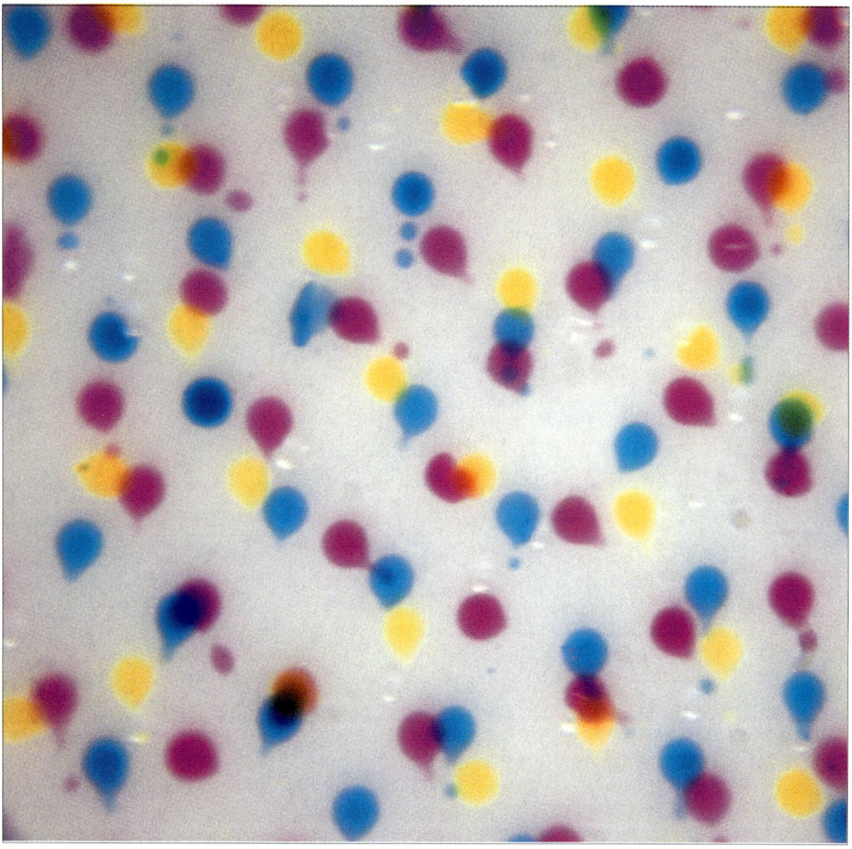

Die Tintentröpfchen aus einem Tintenstrahldrucker in 50facher Vergrößerung (Originalbild 24x36 cm).

Dieses Blatt Papier läuft dann durch zwei Walzen, von denen eine erwärmt ist. Dadurch schmilzt das Harz im Toner und die Pigmente werden gegen das Papier gepresst.
Im Zentrum dieses Prozesses können verschiedene Systeme stehen, die das Bild aufzeichnen:

• **Laser** (zum Beispiel eine Infrarot-Laserdiode, deren Strahl von einer rotierenden Optik geleitet Linien und Punkte produziert).

• **LED Array** (ein Streifen aus Dioden, die dicht genug für die gewünschte Auflösung stehen).

• **Tintenstrahl** mit verschiedenen Techniken:

• **Continuous Ink-jet** (eine piezoelektrische Membran ruft einen Fluss kleinster Tintentropfen hervor, der elektrisch aufgeladen und auf dem Papier gelenkt wird).

• **Bubble-jet:** Durch Erhitzen werden kleine Tintentröpfchen durch die Kanälchen der Düsen gedrückt.

• **Piezotechnik:** Die Kammer der Tintenpatrone verändert ihre Größe unter elektronischer Kontrolle, die Tinte wird dadurch in einem feinen Sprühnebel aufgebracht.

PAPIER FÜR DEN DRUCK
Oft spricht man beim Papier für den Ausdruck von digitalen Bildern auch von Fotopapier, was aber im engeren Sinne nicht korrekt ist, da es **nicht lichtempfindlich**

ist. Es handelt sich um Papier, das eine ganz bestimmte Saugfähigkeit besitzt und in der Lage ist, Bilder mit **besonders hoher Farbsättigung** zu liefern. Speziell bei den Tintenstrahldruckern hängt die Qualität des Bildes entscheidend **von der Güte des verwendeten Papiers** ab.
Die **Saugfähigkeit** spielt dabei eine ebenso wichtige Rolle wie die **Geschwindigkeit,** mit der die Tinte **auftrocknet.**
Verschiedene Papierqualitäten führen zu unterschiedlichen Resultaten. Papier verschiedener Marken kann ungeachtet der Qualität vorherige Farb- oder Kontrastkorrekturen am Computer erfordern.
Die besten Papierqualitäten erlauben eine hervorragende Kontrolle der **Verteilung** und **Brillanz** der Farbe sowie des **Kontrastes.** Sie können oft Resultate liefern, die durchaus mit herkömmlichen, nach klassischer Methode entwickeltem Fotopapier vergleichbar sind. Zwischen einem Papier und einem anderen kann es aber **große Unterschiede** beispielsweise hinsichtlich der **Detailzeichnung** in den dunklen Bereichen geben.
Nicht speziell für Fotoausdrucke konzipiertes Papier hat einige Nachteile:

• Mehr oder weniger deutliche parallele Streifen quer zur Laufrichtung des Papiers zeugen von zu großer **Verformbarkeit** durch den Druckkopf, woraus sich **unhomogene Saugeigenschaften** ergeben. Bei gewöhnlichem Büropapier, wie es auch für Kopierer verwendet wird, geschieht das häufig. Bei manchen Druckern ist der Effekt weniger deutlich zu sehen.

• Wenn die Saugeigenschaften des Papiers nicht ideal sind, können Umrisse verlaufen, was die Schärfe des Bildes beeinträchtigt.

• Die Qualität eines Fotoausdrucks hängt auch mit der Fähigkeit des Druckers zusammen, Farb- und Helligkeitskontraste in feinen Abstufungen abzubilden. Fotodrucker sind aufgrund ihrer **Tintentechnik** besonders dafür geeignet. Mit verschiedenen Methoden wird eine besonders feine und gut steuerbare Dosierung der Farbe erreicht. Außerdem arbeiten Fotodrucker mit **6 Farben** (5 Farben und Schwarz) anstelle der ansonsten üblichen **4 Farben** (3 Farben und Schwarz).

Die Farbe kommt beim Tintenstrahldrucker aus sehr feinen Düsen.

• Auch bei den Papieren schreitet die Entwicklung immer weiter voran, mittlerweile gibt es Papiere mit zwei saugfähigen Schichten und einer Trennschicht, um die **Farbverteilung** besser zu kontrollieren.

Der richtige Computer für die Bildbearbeitung

Hier ein rascher Überblick für den an digitaler Bildbearbeitung interessierten Fotografen.

DER PROZESSOR

Der Prozessor, auch **Central Processing Unit** (CPU) genannt, ist das Herzstück eines jeden Computers. Gerade in diesem Bereich schreitet die Entwicklung **unaufhörlich** voran, es werden immer noch schnellere, leistungsfähigere Prozessoren entwickelt. Für die Bildbearbeitung ist die **Rechengeschwindigkeit** (die in MHz angegeben wird) ein wichtiges Kriterium, ebenso wie die Fähigkeit, eine bestimmte Anzahl an Bits gleichzeitig zu bearbeiten, doch es ist auch wichtig, **über genügend RAM-Speicher zu verfügen.** Es gibt spezialisierte Prozessoren, die zum Beispiel in Grafikkarten integriert sein können und die Arbeitsgeschwindigkeit für Grafikaufgaben optimieren. In jedem Fall sollte man bei der Anschaffung eines Computers für die Bildbearbeitung darauf achten, dass alle Komponenten im Spitzenbereich des jeweils aktuellen technischen Standards liegen.

RAM-SPEICHER

Das ist der Arbeitsspeicher des Computers. RAM bedeutet **Random Access Memory.** Hier werden Daten nur **zeitweilig** gespeichert, und zwar für die Dauer ihrer Verarbeitung. Sie werden rasch verarbeitet, aber nach jeder Sitzung, wenn der Computer ausgeschaltet wird, gelöscht. In den RAM-Speicher werden die **Bilder,** an denen man **gerade arbeitet,** das **Betriebssystem** und die **Software für die Bildbearbeitung gespeichert,** es ist daher wichtig, dass der RAM-Speicher groß genug dimensioniert ist, um so große Datenmengen wie Bilder in hoher grafischer Auflösung verarbeiten zu können. Man muss davon ausgehen, dass man für das Datenpaket eines Bildes bereits **sehr viel Speicherplatz** benötigt, vielleicht will man zugleich an einer Kopie mit den nötigen Änderungen arbeiten, und auch das Betriebssystem und das Bildbearbeitungsprogramm **benötigen noch Platz.** Ausgehend von diesem Minimum lässt man sich am besten im Fachhandel über den derzeitigen Standard beraten. Man sollte möglichst vermeiden, dass der Computer, um die **Masse der Daten** trotz ungenügendem RAM-Speicher verarbeiten zu können, zeitweilig auf die viel langsamere Festplatte zugreifen muss.

FESTPLATTE (HARD DISK)

Die Festplatte ist das interne Speichermedium des Computers. Dort sind Daten und Programme **permanent gespeichert.** Man kann Dateien wie etwa bearbeitete Bilder ablegen, bis sie auf CD-ROM transferiert, an einen Drucker übertragen oder über die Telefonleitung versendet werden. Neben der Festplatte kann man noch andere Medien **für große Datenmengen** einsetzen, wie etwa ein **Zip-** oder **Jaz-Laufwerk.** Damit werden die Daten auch leichter transportierbar.

BESCHLEUNIGUNGSCHIPS UND GRAFIKKARTEN

Sie sind in den Computer **eingebaut** oder als **Steckmodule** erhältlich. Sie dienen dazu, die Datenübertragungsgeschwindigkeit zu beschleunigen. Vom Beschleunigungschip und dem Speicher der Grafikkarte hängt die Geschwindigkeit ab, mit der ein Bild **visualisiert** wird. Man wird daher auch darauf achten, eine Grafikkarte mit **möglichst hoher Speicherkapazität** zu erwerben.

VRAM

Dabei handelt es sich um einen **Speicher auf der Grafikkarte,** der veranlasst, dass mehr oder weniger Farben auf dem Monitor visualisiert werden. Für den Betrieb eines großen Monitors mit 32 Millionen Farben in hoher Auflösung benötigt man einen großen VRAM-Speicher.

BESCHLEUNIGER

Das sind zusätzliche Module, die die Leistung integrierter Grafikkarten verbessern. Sie sind von großem Nutzen bei der **Visualisierung dreidimensionaler Effekte.**

Ein Blick auf den Computer

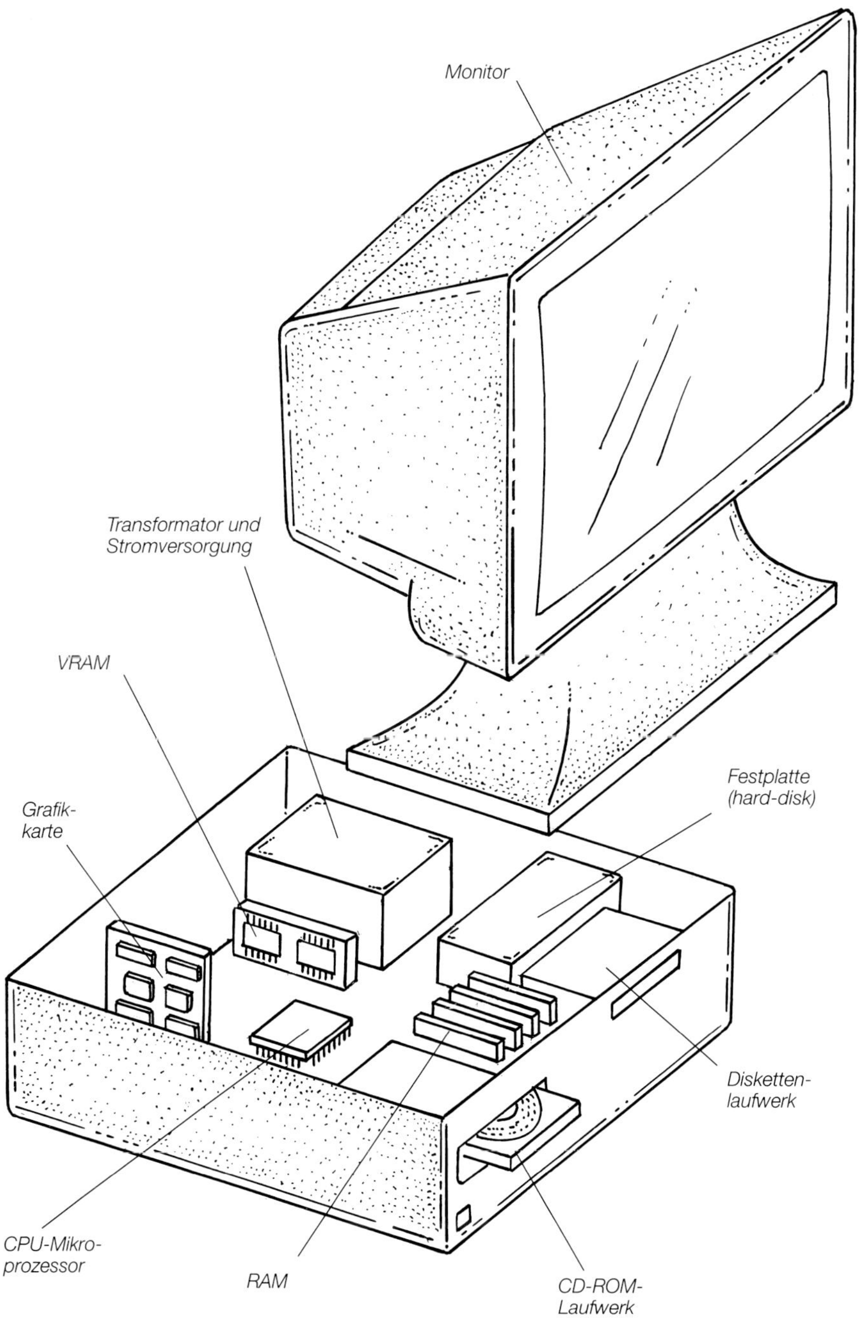

Index